- 2024年度辽宁省社会科学规划基金重点建设学科项目"教育强国视域下中小学教师课程思政能力模型构建与应用研究"（L24ZD042）
- 2024年度辽宁省教育厅基本科研项目"学前教育公费师范生教师身份建构研究"（LJ112410167015）

资助成果

RESEARCH ON THE IDENTITY CONSTRUCTION OF MIGRANT CHILDREN

流动儿童身份建构研究

田雪 ◎ 著

华中科技大学出版社
http://press.hust.edu.cn
中国·武汉

图书在版编目（CIP）数据

流动儿童身份建构研究 / 田雪著 . -- 武汉：华中科技大学出版社, 2025. 4. -- ISBN 978-7-5772-1494-8

Ⅰ. D669.5

中国国家版本馆 CIP 数据核字第 20250LB779 号

流动儿童身份建构研究

田　雪　著

Liudong Ertong Shenfen Jiangou Yanjiu

策划编辑：张馨芳
责任编辑：林珍珍
封面设计：廖亚萍
责任校对：张汇娟
责任监印：周治超

出版发行：华中科技大学出版社（中国·武汉）　　电话：（027）81321913
　　　　　武汉市东湖新技术开发区华工科技园　　邮编：430223

录　　排：华中科技大学出版社美编室
印　　刷：武汉科源印刷设计有限公司
开　　本：710mm×1000mm　1/16
印　　张：15.5　插页：2
字　　数：287 千字
版　　次：2025 年 4 月第 1 版第 1 次印刷
定　　价：98.00 元

本书若有印装质量问题，请向出版社营销中心调换
全国免费服务热线：400-6679-118　　竭诚为您服务
版权所有　侵权必究

前言

随着21世纪以来大规模的人口流动，流动儿童的数量日趋增长，成为一个值得关注的受教育群体。加快建设高质量教育体系，为宏大的人才队伍建设提供长链条教育支撑，成为新时代我国教育事业发展的重要目标之一，这意味着教育要从过去的扩大规模转向提升质量，而解决好流动儿童的教育问题是实现教育高质量发展的本质要求。由于人口流动带来城乡空间结构的变化，流动儿童不得不面对流入城市后的身份建构问题，流动儿童的身份建构实质上是其适应新环境的过程。流动儿童在身份建构过程中经历了什么，应当成为教育关注的重要问题，为流动儿童身份建构提供必要的支持也是现代教育的职责之所在。"流动"体现了流动儿童从农村到城市所经历的空间结构变化，空间转向将为流动儿童身份建构研究打开新的视野。

从已有研究来看，以空间结构为视角分析流动儿童身份建构的研究尚不系统，并且缺乏对流动儿童身份建构过程的深入探讨。有鉴于此，本书以空间结构为视角分析流动儿童身份建构；运用扎根理论研究法生成流动儿童身份建构过程理论模型，在此基础上运用访谈法、问卷调查法、个案研究法，展开对流动儿童身份建构现状与过程的研究，并分析促进其形成的空间机制，进而提出相应的教育干预策略。本书对于流动儿童适应城市学校学习生活，在未来顺利融入城市社会具有重要意义。

闫雪

2025年3月5日

CONTENTS 目录

第一章 绪论 /1
- 第一节 问题提出 /1
- 第二节 文献综述 /4
- 第三节 研究方法与研究思路 /15
- 第四节 理论回顾与概念界定 /18

第二章 流动儿童身份建构过程的理论模型 /39
- 第一节 扎根理论研究方法 /39
- 第二节 扎根理论研究过程 /44
- 第三节 扎根理论研究发现 /59

第三章 流动儿童身份建构现状 /79
- 第一节 问卷设计与检验 /79
- 第二节 流动儿童身份建构总体状况 /111
- 第三节 流动儿童身份建构各维度状况 /113

第四章 流动儿童身份建构过程剖析 /117
- 第一节 群体图像：流动儿童群体身份建构的过程及其特征 /117
- 第二节 个案深描：不同身份类型流动儿童的身份建构过程 /139

第五章　空间：身份建构的重要面向　　　　　　　　　　/ 164
    第一节　空间结构下身份建构的特征　　　　　　　　　　/ 164
    第二节　空间结构与身份建构关系的阐释　　　　　　　　/ 169

第六章　空间结构的力量：流动儿童身份建构的空间机制　/ 178
    第一节　制度化身份：流动儿童身份建构的制度空间机制　/ 178
    第二节　沉默的群体：流动儿童身份建构的互动空间机制　/ 183
    第三节　骨子里的"农村人"：流动儿童身份建构的文化空间机制　/ 194
    第四节　"我"可以成为谁：流动儿童身份建构的自我空间机制　/ 198

第七章　流动儿童身份建构的教育干预策略　　　　　　　/ 206
    第一节　打破制度化身份壁垒，建立公平包容的制度空间　/ 206
    第二节　发挥家校协同育人力量，建立关怀与民主的互动空间　/ 209
    第三节　创设融合包容的文化空间，促进流动儿平稳适应学校文化　/ 215
    第四节　增强流动儿童自我主体意识，建构具有积极心态的自我空间　/ 217

第八章　研究结论与展望　　　　　　　　　　　　　　　/ 221
    第一节　研究结论　　　　　　　　　　　　　　　　　　/ 221
    第二节　研究局限与展望　　　　　　　　　　　　　　　/ 222

参考文献　　　　　　　　　　　　　　　　　　　　　　/ 225

附录A　流动儿童身份建构访谈提纲　　　　　　　　　　/ 235
附录B　流动儿童身份建构调查问卷　　　　　　　　　　/ 237

第一章 绪论

第一节 问题提出

一、流动儿童：一个值得关注的受教育群体

随着工业化、城镇化以及市场经济的持续推进和深入，从20世纪90年代开始，我国流动人口大幅增加，城乡间的人口流动不仅推动了我国的城市化进程，而且补充了城市所需劳动力，进而推动了城市经济发展，而城市经济发展又为人们提供了更多的就业机会，这便吸引了更多的人口流向城市。21世纪初，我国流动人口开始呈现"家庭化"态势，从"单打独斗"到"举家搬迁"，这一人口流动的新态势催生了一个特殊群体——流动儿童。

在社会转型时期，大规模人口流动使我国人口结构发生了巨大的变化。我国社会结构变革的步伐滞后于人口结构变化的速度，社会公共服务保障体系急需进一步完善，以应对人口流动产生的包括流动儿童教育问题在内的一系列问题。当前，建设高质量教育体系的目标要求教育从过去单纯追求扩大规模转到关注质量提升上来，而高质量教育体系的一个重要衡量指标便是教育公平。针对流动儿童教育公平问题，国家出台了"两为主"（以公办学校为主，以流入地政府为主）政策，促进流动儿童享有与城市儿童平等的受教育机会。这样，以往由户籍制度屏障带来的教育机会不均等问题得到了缓解。然而，新的分化也随之出现，具体体现在流动儿童在城市社会中经济地位的获得以及教育过程公平等方面。从现代化理论上来讲，流动儿童教育机会增长，教育不平等的程度应当有所下降，然而实际研究发现，在教育机会增长时，流动儿童教育不平

等问题并没有显著缓解。流动儿童教育公平问题事关我国新时代高质量教育体系建设。作为跨越城乡、见证当前我国社会转型与人口变迁的年幼受教育者，流动儿童本身是值得关注的，而这背后所指向的教育公平问题也值得我们深入研究。

二、身份建构：影响流动儿童环境适应的重要因素

与其父辈相比，流动儿童的农村生活经验较少，对于农村老家的记忆多是碎片化的、模糊的，他们的生活方式更偏向城市化。然而，难以突破的户籍界限、文化烙印以及从父母身上习得的习惯无不提醒他们自己的身份——农村人。流动儿童虽然来自农村，但是又与身在农村的儿童不同：一来，流动儿童父辈在城市打拼已经取得一些成果，有能力将子女接到城市接受教育，他们希望自己的子女能够通过教育巩固现有成果，对于子女在城市扎根成为地道的城市人抱有较高期望；二来，我国农家子弟素有"离农"的价值倾向，在这一价值倾向的引导下，流动儿童希望"逃离"农村，虽然流动儿童不一定都排斥自己农村人的身份，但不可否认的是，他们的确抱有城市人身份期望。这样，作为有城市人身份期望的农村人，流动儿童不得不直面流入城市后的身份建构问题。

在新的城市环境中，身份建构是流动儿童无法回避的问题，身份建构是流动儿童在新的城市环境中不断调适、修正自我以适应环境的过程。让-保罗·萨特曾说，重要的不是我们将自己变成了什么，而是我们在改变自己时做了什么，因而流动儿童在身份建构过程中经历了什么是教育应当重视的问题。与农村留守儿童相比，流动儿童占有更优质的教育资源，能体验与父母一起生活的快乐，但为此他们也付出了一定的代价。大量抽样调查数据表明，流动儿童在适应新环境的过程中，会因为自己的农村身份而存在歧视知觉[①]、不安全感、不稳定感和疏离感[②]等负面心理情绪，会因与教师、同学互动不畅而出现一些问题行为[③]。面对难以融入的城市和再也回不去的农村老家，流动儿童成为生

---

① 李娜，庄玉昆.处境不利学生歧视知觉与心理健康的关系：基于本土样本的元分析[J].教育研究预实验，2022（1）：103-112.
② 张樱樱，叶海，叶一舵.流动儿童学校归属感、相对剥夺感与其攻击行为之间的关系[J].中国临床心理学杂志，2021（5）：986-990.
③ 谢其利，张鸿冀.师生同学关系和学校态度对流动儿童外化问题行为影响的追踪研究[J].中国学校卫生，2021（9）：1348-1350，1355.

存在"夹缝"中的人。这种由身份引发的内心挣扎与煎熬在法国社会学家迪迪埃·埃里蓬的自述中得以清晰展现：从一个叫兰斯的小村庄到巴黎这样的大都市，埃里蓬无时无刻不在体味着自己农村底层身份烙印带来的羞耻感，并且为与城市上流知识分子的相形见绌而饱尝自卑，埃里蓬小心地用农村口音和说话方式与亲人交流，努力用"我去过"而不是"我曾经前往"来表达、沟通，却又渴望逃离农村和原生家庭的桎梏，在城市生活中极力回避自己的农村身份，努力像城市人那样谈论高雅艺术，同时也会因城市人鄙夷农村人而感到愤怒。这样的经历对于埃里蓬来说是"一场自己改变自己的劳作"，以适应变化了的环境，这其中充满了抽离感、负罪感、孤独感，可谓一场"苦行"。①

现代教育职能与传统教育职能存在一定的区别：传统教育是面向少数精英的，其目的在于促进人的个性发展，实现人的自我完善，培养的是自由独立的人；而现代教育则承载着更多的社会职能，其主要目标是为社会培养未来的合格公民，将人培养成为未来能够担任某一角色的社会人，而不仅仅是个体层面上的人。既然现代教育承担着为社会培养合格公民的使命，那么，为流动儿童适应新环境提供支持理应是教育的职责之所在。以教育为支持的身份建构过程为流动儿童更好地适应新的环境提供了契机。流动儿童平稳地适应新的城市学习生活环境，与其日后如何塑造这个世界息息相关。为流动儿童身份建构提供教育方面的支持，使其适应新环境的过程不再是一场纯粹自我心灵世界的"苦行"，理应成为现代教育关注的问题。

三、空间转向：流动儿童身份建构研究的新转向

时间和空间是框架，共同承载着现实存在。离开时间和空间这两个条件，我们无法构想任何真实存在的东西。然而，在很长一段时间内，二者地位悬殊。一方面，受历史决定论的影响，时间被认为是丰富的、变化的、生动的，得到了学者们的极大关注，而空间则被认为是单调的、固定的、静止的，这使得空间研究基本处于沉寂状态。另一方面，物理学、几何学意义上的空间思维依然居统治地位。比如，涂尔干用"道德密度"来描述社会成员之间的互动频率和强度如何影响道德规范的形成和维持，将同一空间中道德问题的复杂程度用物理学中的密度单位来表示。与此类似的还有齐美尔的"人际关系的几何学"，它认为人们的互动所形成的空间就像几何学中点与线的连接一样，构成

---

① [法]迪迪埃·埃里蓬.回归故里[M].王献，译.上海：上海文化出版社，2020：165.

了人际互动的空间网络。直到亨利·列斐伏尔将空间从历史决定论、物理学、几何学中解放出来,引入社会学这一全新的领域,空间才开始被赋予新的社会意义。

自列斐伏尔的空间理论出现以来,社会学理论逐渐发生空间转向。与其他分析视角相比,空间视角的优势在于其情境性与实践上的复合性。①在国外,芝加哥学派的城市空间研究、布尔迪厄的场域理论、福柯的权力空间、哈维的空间正义理论、苏贾的后现代空间批判理论等成为人们理解社会空间的新视角。在国内,费孝通的乡土空间、林聚任的城乡二元空间、李培林的城市流动人口生存空间等为社会学研究打开了新视野。空间成为理解社会现象与问题的新视角,学者们用空间去解释社会不平等、资本积累、社会结构以及阶层差异等。

如今,流动儿童身份建构研究的空间转向成为可能。流动儿童从农村流入城市,其学习、生活的空间结构发生变化,以空间结构分析流动儿童身份建构达到了研究视角与研究对象适切的状态。对于身份建构而言,目前学者们主要持两种观点,即自为的身份建构与再生产的身份建构。自为的身份建构突出个体的能动性,认为身份建构取决于个体的主动性、能动性,即个体认为自己是谁;而再生产的身份建构则突出社会环境因素在个体身份建构中的决定性作用,认为个体身份不取决于自我建构,而是社会生产的结果。这两种身份建构观似乎与空间的结构达成了某种一致,因为空间结构是可以同时涵盖自为与再生产两种身份建构思维路径的。对身份建构的既有研究已经呈现空间转向的态势②,空间转向将为流动儿童身份建构研究打开新的视野。

第二节 文献综述

一、关于流动儿童教育问题的研究

有关流动儿童的研究涉及诸多领域,如医疗卫生、社会学、人口学、教育学等。国内教育学领域关于流动儿童的研究主要包括流动儿童教育机会均等问

---

① 营立成.作为社会学视角的空间:空间解释的面向与限度[J].社会学评论,2017(6):11–22.

② 吴莹,周飞舟.空间身份权利:转居农民的市民化实践[J].学术月刊,2021(10):142–153.

题研究、流动儿童学校研究、流动儿童教育财政政策研究、流动儿童家庭教育研究、流动儿童学业与行为表现研究等。

1. 流动儿童教育机会均等问题研究

流动儿童教育机会均等问题研究可以分为两部分。一部分是流动儿童入学阶段的教育机会均等问题。《流动儿童少年就学暂行办法》规定，流动儿童就学问题应当由流入地城市负责管理。然而，实际却面临流入城市接纳程度有限的问题，长期城乡区隔的户籍制度以及差别化的社会经济发展格局成为城市学校不愿接纳流动儿童的重要因素。流动儿童只能被迫选择进入民办学校、打工子弟学校、农民工子弟学校接受教育。另一部分是流动儿童升学阶段的教育机会均等问题。在流动儿童升学阶段，学者们主要关注异地升学制度造成的流动儿童与城市儿童教育机会不均等。由于城乡二元户籍制度带来的身份歧视，流动儿童在城市实现异地升学阻力重重，异地升学制度对流动儿童的排斥，导致流动儿童在升学阶段遭受不平等对待。此外，由于城市优质的高中阶段教育、高等教育尚未完全对流动儿童（青少年）开放，很多流动儿童（青少年）只好被迫返回农村户籍地接受高中阶段教育[1]，并且在流入地参加高考的流动儿童（青少年）自主选择高校的权限有限，如北京的流动儿童（青少年）高考只能选择高职院校，上海的流动儿童则需要积分达到120分，而这种积分要求的达成是有一定难度的[2]。异地升学制度的不完善，导致流动儿童平等接受城市公立中等教育的机会被剥夺，造成教育机会的不平等。

2. 流动儿童学校研究

由于城市公立教育资源有限，起初流动儿童只能进入民办学校、打工子弟学校等就读，这些学校主要依靠流动儿童的学费运转。为了最大限度地节约运营成本，这类学校的办学条件十分简陋，教学硬件设施不齐全，师资力量十分薄弱，卫生条件较差。[3]虽然个别民办流动儿童学校资质不健全，办学条件简陋，但在过渡时期存在的打工子弟学校也有其合理之处，比如收费较低。一些进城农民工对其子女的教育期望较低，认为孩子只要有学上就行，而且在打工

---

[1] 马晓娜，何雪松，李伟涛.教育现代化视域下流动儿童"管"的变革[J].中国教育学刊，2021（3）：57-61.

[2] 熊春文.两极化：流动儿童群体文化背后的教育制度结构[J].探索与争鸣，2021（5）：31-34.

[3] 姚薇薇.北京城市打工子弟学校的现状和问题[J].北京社会科学，2010（3）：78-81.

子弟学校就读的都是流动儿童，不用担心他们受到城市儿童身份歧视的问题，打工子弟学校的收费标准及其所能提供的服务正好能够满足农民工对子女教育的需求。①因而在相关政策规定尚不健全时，打工子弟学校比较普遍。如今，在"两为主"政策及其相关规定促进下，多数流动儿童得以进入城市公立学校就读。

3. 流动儿童教育财政政策研究

流动儿童教育财政政策是学者较为关注的问题。有学者认为，与流动儿童有关的一系列教育问题的根本是财政问题，是流入地城市的教育成本支出问题，是对流入地城市财政承载力的考验。②在《流动儿童少年就学暂行办法》颁布之初，流动儿童以缴纳借读费的方式接受城市公办义务教育，由于户籍制度规定了地区资源是按照该地户籍人口进行分配的，所以流动儿童教育经费支出常处于"两不管"状态，流动儿童教育经费支出具有明显的负向空间外溢特征，即流出地地方财政对流动儿童义务教育的经费供给水平降低，同时流入地地方教育经费支出供给不足。③在这种情形下，流动儿童成为教育中的弱势群体。针对这种情况，2014年国家推出"两纳入"（纳入义务教育体系、纳入公共服务体系）政策，将流动儿童义务教育纳入各级政府教育发展规划和财政保障范畴。这一政策明确了流入地政府承担流动儿童教育支出的责任，以流入地政府财政支持来保障流动儿童义务教育资源充足。然而，该项财政政策无疑给流入地政府带来较重的教育经费负担。为解决这一问题，中央开始与地方分项目、按比例承担流动儿童教育公用经费，中央开始承担更多的财政支出责任，缓解了地方政府由于财力薄弱消极抵抗中央政策而导致流动儿童教育质量和资源配置效率低的情况。

4. 流动儿童家庭教育研究

流动儿童家庭教育研究主要包括社会阶层视角中的流动儿童家庭教育、家庭资本视角下的流动儿童家庭教育、流动儿童家庭亲子关系等方面的研究。

---

① 范先佐.“流动儿童”教育面临的问题与对策[J].当代教育论坛，2005（4）：24-28，29.
② 褚宏启.城镇化进程中的户籍制度改革与教育机会均等——如何深化异地中考和异地高考改革[J].清华大学教育研究，2015（6）：9-16，52.
③ 胡阳光，张翼.我国省域间义务教育经费支出的空间外溢——基于随迁子女空间权重矩阵的证据[J].教育与经济，2021（6）：81-88.

(1) 社会阶层视角中的流动儿童家庭教育

流动儿童与城市儿童的家庭教养模式存在较大差异，城市儿童家庭多采用协作培养模式，而流动儿童家庭则多采用"散养"的家庭教育模式，参加学科类课外培训机会较少。①中产阶层家庭子女更多地参与结构性活动，如寒暑期学习计划、夏（冬）令营，而流动儿童家庭子女的活动则多是非结构性活动，缺乏一定的计划安排，多是参与诸如在家看电视、与同伴玩耍这类较为自由松散的活动。造成这种差异的主要原因是流动儿童家庭教育资源的有限性。②

(2) 家庭资本视角下的流动儿童家庭教育

高收入家庭更可能采用民主合理的教养方式，父母更容易给予流动儿童情感温暖与理解，满足孩子的心理需求，孩子心理健康水平更高，最终促使孩子取得较好的学业成绩。而家庭经济资本薄弱则会阻碍流动儿童发展，农村流动儿童容易因为经济因素而压制求学欲望、弱化受教育机会。③家庭文化资本缺乏容易引发流动儿童与教师、流动儿童家长与教师的沟通障碍。研究证实，文化资本处于低阶层家庭的学生人际交往能力不佳，而其父母也往往存在不同程度的交往障碍。师生互动可以说是一种场域，学生会采用一种符合自己阶层的方式与教师互动，而文化资本处于高阶层家庭的学生与教师互动更加顺畅，也与教师拥有更多的共同语言，因为这符合教师提出的要求。④

(3) 流动儿童家庭亲子关系

有研究发现，流动儿童家庭呈现低亲密度、低知识性、高矛盾性的特征。⑤有学者通过对流动儿童群体进行长期跟踪观察发现，流动儿童家长权威具有随意性的特点，家长规训子女的行为往往建立在情绪化基础上，具有不稳定性，并且家长经常选择用简单粗暴的方式解决子女的教育问题，导致亲子互动冲突激化。⑥

---

① 高雪莲.区隔的童年：城市儿童与乡村流动儿童的课余世界[J].北京社会科学，2017（9）：24-33.
② 丁百仁.教育再生产的双重逻辑——以流动儿童与城市儿童假期活动安排为例[J].教育与经济，2019（1）：87-96.
③ 彭拥军，刘冬旭.寻找平衡点：优化流动儿童教育处境的可能策略[J].教育研究与实验，2020（3）：59-63.
④ 任春荣.义务教育公平问题研究——从资源均衡配置到社会阶层关照[M].北京：知识产权出版社，2016：151.
⑤ 杨明.学校环境对流动儿童积极心理资本的影响[J].中国健康教育，2019（6）：517-520.
⑥ 熊易寒.城市化的孩子：农民工子女的身份生产与政治社会化[M].上海：上海人民出版社，2010：102.

5.流动儿童学业与行为表现研究

教师普遍认为流动儿童的学业表现与城市儿童相比要差一些,他们对流动儿童的学业表现、家庭环境与生活习惯往往持有消极的刻板印象。[①]在教师眼中,既有对流动儿童学业表现的否定性评价,也有对流动儿童道德品质的肯定性评价,"勤奋""迟钝""吃苦耐劳""胆怯"等词往往出现在教师对流动儿童的评价中。

国外学者在对流动儿童教育问题的研究中,首先肯定了学校教育在支持流动儿童融入社会方面发挥着关键作用。一些学者认为,学校教育对于流动儿童具有重要意义,因为对于流动儿童,学校可以履行两种融合职能:一种是通过正规教育融合,另一种是通过同学网络的非正规教育融合。在这里,学校为学生日常的非正式接触和互动提供了空间。[②]Bottia也认为,对于流动儿童来说,学校是第一个也是唯一一个有影响力的直接经验来源,是一个"主流的"社会化机构;学校对于流动儿童的重要性还体现在它会影响个体成年早期的公民参与意识,学校教育可以提升流动儿童的参与规范与实践。[③]然而,流动儿童在学校接受公平的教育这一权利始终难以保障,他们不仅面临入学机会的不均等,而且在班级这一微观教育活动空间中也面临被区别对待的危险。能力分组研究结果表明,当流动儿童与城市儿童同时在场时,教师更倾向于使用能力分组作为教学实践,教师会下意识地将流动儿童与城市本地儿童进行分组,流动儿童更有可能被教师分配到能力水平较低的组别当中,教师在与能力较低的群体合作时,通常采用严格的差异化和结构化的教学方法,包括较低水平的期望值,独立学习的较低自由度,以及把更多教学时间花在学生行为管理上。[④]除了区隔的学校教育之外,流动儿童家庭教育也很薄弱,由于流动儿童家庭照看

[①] 汪传艳,林芸.流动儿童发展的再审视——基于中小学教师刻板印象的研究[J].当代教育论坛,2019(4):50-59.

[②] Aufenvenne P, Kuckuck M, Leimbrink N, et al.Integration through Peers: A Study on the Integration of Migrant Children in Pupil Networks in four German Secondary Schools[J]. American Journal of Educational Research and Reviews, 2018(3): 1-13.

[③] Bottia M C. Immigrant Integration and Immigrant Segregation: The Relationship between School and Housing Segregation and Immigrants' Futures in the U.S.[R]. Poverty & Race Research Action Council, 2019.

[④] McGillicuddy D, Machowska-Kosciak M.Children's Right to Belong?—The Psychosocial Impact of Pedagogy and Peer Interaction on Minority Ethnic Children's Negotiation of Academic and Social Identities in School[J].Education Science, 2021(11): 1-19.

能力有限，出现了大量无人照看的流动儿童，其面临的教育问题尤为严峻。①并且，在社会中，流动儿童在日后劳动力市场上处于弱势，与一些欧洲国家相反，在加拿大具有移民背景的儿童一般比非移民儿童更有可能开始并完成中学后教育，然而具有移民背景的青年在劳动力市场中依然容易遭到排斥。②

为了解决流动儿童接受教育的问题，各国政府积极为流动儿童的教育轨迹做顶层设计。智利颁布了《学校包容法》（The Law of School Inclusion），以法律形式规定了流动儿童享有公平的受教育权利，将教育视为公民的基本社会权利，归全体公民平等享有，还取消了流动儿童家庭的学费分担；此外，智利还出台了解决流动儿童就学问题的相关政策，承认和重视多元化，取消等级制度与歧视，以跨文化的方式创造出新的融合形式，将不同背景学生融合在一起度过快乐的学校时光。③奥地利专门为流动儿童开设"特殊学校"SPZs（Sonder Pädagogik Zentrums），为有学习障碍的流动儿童提供帮助，其中包括语言适应、阅读、算术等学科。在奥地利，类似于SPZs这样为流动儿童提供特殊帮助的学校还有十余种，并且都在运行着。④在美国，政府对流动儿童家庭进行帮扶支持，通过对流动人口进行专业技术培训，将流动人口从语言密集型劳动力市场转移至技术密集型劳动力市场，流动人口更多地成为技术劳动者，这样其子女将来进入技术密集型劳动力市场的可能性就会增加，规避了其语言弱势的短板，这将有利于发挥流动儿童的比较优势。实际中，越来越多的流动儿童会选择数学与科学课程作为其技术积累的途径，为其日后在STEM（科学、技术、工程、数学）领域的职业发展做准备。⑤另外，日本还为流动儿童建立了专门的"以福利为本的学校"（welfare-oriented school），这种学校区别于普通学校，肩负着教育与福利的双重职责，更加注重对流动儿童的情感关怀与福利保障。在以福利为本的学校中，教师的重要任务之一便是了解流动儿童的日常生活，

---

① López R M. The (Mis) Treatment and (Non) Education of Unaccompanied Immigrant Children in the United States[R].National Education Policy Center，2021：7-9.

② Turcotte M. Education and Labour Market Outcomes of Children with An Immigrant Background by Their Region of Origin[R].Statistics Canada，2019-11-15.

③ Saavedra A C.Migrant Children in a Chilean School：Habitus, Discourses and Otherness[J]. Journal of Sociology，2022（3）：342-358.

④ Mohsin M N，Shabbir M，Saeed W，et al. Status of Muslim Immigrants' Children with Learning Difficulties in Vienna[J].US-China Education Review B，2013（5）：319-325.

⑤ Rangel M A. Early Patterns of Skill Acquisition and Immigrants' Specialization in STEM Careers [J]. Proceedings of the National Academy of Sciences，2019（2）：484-489.

包括居住环境、家长情况、内心活动、身心健康等方面。①虽然教师的教学职能有所削弱,但教师给予流动儿童更多的人文关怀,这将有利于流动儿童适应变化了的社会生活环境。

二、关于身份建构的研究

1. 从不同视角理解身份建构

已有研究中,学者们对身份建构的理解大致可以分为三种。第一种观点认为身份建构是个体主观心理活动的过程。有学者认为,个体身份建构受主观观念、情感的影响。共识即共同的价值观对个体身份构建具有重要作用。②第二种观点认为身份建构受社会互动、社会环境等外部因素影响,是在外部因素影响下形成自我的过程。有学者指出,社会资源与权力是个体身份建构的重要影响因素。③还有学者认为,文化-心理维度、政治-法律维度都会对个体身份建构产生影响,可以坐标原点为圆心,绘制次国家、国家、跨国家和超国家四个同心圈层,根据不同行为主体在圈层中的位置分布来表征个体身份④。第三种观点认为,身份建构兼具个体与社会维度,是个体与社会共同作用的结果。Jenkins将个体和群体的身份建构定义为一个持续的反思性过程、一个内部自我定义与外部他者定义之间的协商过程,强调内外部身份定义互动过程中界限的重要性。⑤

2. 教育对身份建构的作用

多数学者都肯定教育具有促进个体身份建构的功能,教育对流动儿童的城市融入具有促进作用。以户籍为代理的制度嵌入和以文化风俗为代理的文化嵌

---

① Homma T. Education-Welfare for Immigrant Children: How Schools Are Involved in the Daily Lives of Immigrants[J]. Educational Studies in Japan: International Yearbook,2021(15):95-107.
② 杨菊华,王毅杰,王刘飞,等.流动人口社会融合:"双重户籍墙"情景下何以可为?[J].人口与发展,2014(3):2-17.
③ 杨建科,李慧.从"失语者"到"屏民老铁"——边缘青年群体基于快手平台的文化公民身份构建[J].中国青年研究,2021(2):22-29.
④ 于春洋,于亚旭.从双分联动到多态重叠:个体身份研究范式转向[J].新疆大学学报(哲学·人文社会科学版),2022(1):64-71.
⑤ Jenkins R. Social identity[M].London:Routeledge,2008:89.转引自:黄亚婷.全球化与大学教师学术身份重构:情境变革与分析框架[J].外国教育研究,2015(3):86-97.

入显著阻碍了二代流动人口的城市融入，而以受教育水平为代理的认知嵌入和以社会网络为代理的网络嵌入则对其产生显著的促进作用。然而，由于学历身份功能的缩减，教育的社会流动功能也大不如前，也有学者对教育促进个体身份建构方面的作用表示怀疑，"小镇做题家"们在特定空间范围内属于教育竞争中的获胜者，而当其迈入顶尖的高等学府，进入城市社会之时，往往会陷入某种身份困境，具体表现为自我设限、自我拉扯、自我铭写、自我疗愈。①

3. 流动儿童身份建构的影响因素

有学者指出，歧视知觉是流动儿童身份建构的消极影响因素，相关研究表明，歧视体验和知觉对流动儿童的学校适应具有单向的、消极的影响。②有歧视知觉的流动儿童在人际互动中既无法感知"城市人"这一身份符号的意义，也会因为受到城市人群体的排斥而强化"农村人"身份认同，这将不利于流动儿童对"农村人"与"城市人"两种身份进行有效整合，导致流动儿童的身份认同处于不确定的状态。③也有学者认为，流动儿童身份认同困境很可能受到父母影响，流动儿童父母的农村人身份认同高于城市人身份认同，受此影响，流动儿童也会形成农村人身份认同。④有学者看到了流动儿童身份建构过程中的积极因素，认为虽然农村儿童缺乏家庭教育经验支撑，但他们依旧能够汲取自然心性、人伦传统、亲密关系等农村文化资本，这有助于农村儿童发挥"差别优势"，使他们在日后城市高等教育阶段获得学业成就⑤，并生成向上的力量。

三、关于空间的研究

1.城乡空间的研究

城中村是我国城乡二元体制及快速城镇化背景下的特殊产物，有学者将城

---

① 李沁柯，夏柱智.破碎的自我："小镇做题家"的身份建构困境[J].中国青年研究，2021（7）：81-88，95.
② 张光珍，姜宁，梁宗保，等.流动儿童的歧视知觉与学校适应：一项追踪研究[J].心理发展与教育，2016（5）：587-594.
③ 迟新丽，洪欣，谢爱磊.身份识别与情感归属——影响深港跨境学童身份认同的因素分析[J].青年研究，2019（1）：76-83.
④ 袁晓娇，方晓义.亲子身份认同代沟与流动儿童孤独感：亲子关系的中介作用[J].中国特殊教育，2017（8）：85-91.
⑤ 许程姝，邬志辉.农村文化资本与文化生产——基于农村儿童"差别优势"的理论构型[J].教育学报，2021（3）：144-153.

中村流动人口分为扎根型流动人口、漂泊型流动人口、落脚型流动人口，并通过访谈调查发现，城中村流动人口职住关系受到城市职住空间结构因素的影响。①也有学者关注到流动人口城市融入与空间存在相关性，比如胡逸群等认为流动人口心理融入水平的高低与流入城市的规模以及公共服务水平有关，且各影响因素的作用呈现空间聚集特征。②朱镕君认为，农村流动人口虽然流入城市空间，但是其心理并未完全融入城市空间，还与乡土社会保留着空间与文化上的联系。③也应当看到，这种流动张力是有积极意义的，它能缓解城乡区域空间造成的阶层矛盾，为实现城乡融合提供了精神支持。除了对城市空间的关注外，也有学者专注于对农村空间的研究。

2. 关于教育空间的研究

一方面，学者们关注教育活动的空间布局。有学者认为，教育空间布局应当转变传统的自然空间观念，化"私有"空间价值观为"共享"空间价值观，打破县域内中小学校之间的空间区隔，实现多所学校师生之间的对话，达成县域教育空间共享的价值共识。④另一方面，教学空间进入研究者的视野。在教学过程中，学生的身体与空间是动态交互的，可以通过"身体-空间"互动的具身教学模式，促进课堂师生、生生和人机之间的多元主体互动。⑤在教育过程中，除了空间的积极意义外，也有学者对现代教育空间布局持批判态度，认为教育中的层级空间会强化规训体系，近现代教育空间是充满知识权威的空间，教师享有教育空间中的权力势能，学生因此容易成为被规训的对象。⑥

---

① 安黎,冯健."空间错配"视角下城中村流动人口职住关系研究——以北京市挂甲屯村、皮村为例[J].城市发展研究,2020（12）：123-131.
② 胡逸群,刘冰洁,赵彦云.中国流动人口心理融入的空间分布特征研究[J].统计与决策,2022（1）：59-63.
③ 朱镕君.走出乡土、文化脱域与城乡融合——农村教育精英的社会流动张力研究[J].教育研究与实验,2021（6）：11-19.
④ 刘剑玲,卢鉴策.县域义务教育布局优化：空间生产理论的视角[J].当代教育科学,2023（1）：56-64.
⑤ 陶慧,孙业红.身体与空间的互构：具身教学的创新路径研究[J].黑龙江高教研究,2022（1）：156-160.
⑥ 李宏亮.空间重构：学校教育变革的新动能[J].教育理论与实践,2022（28）：14-19.

3.空间的功能研究

对于空间的功能,学者们认为空间具有划分等级、产生区隔的功能。张智林认为,微观教室空间内"排座位"产生了"差序格局"式的空间等级秩序,从这一视域可以更加清晰地理解中国父母对于教育和阶层流动的认识和焦虑。①也有学者指出,空间可以作为一种机制,该机制的运行可以生成特定阶层的文化资本。朱镕君将我国底层文化资本形式分成三种:内生型模式,主要存在于家庭空间;外嵌型模式,主要存在于乡土社会空间;弥补型模式,主要存在于城镇学校空间。农村青年在家庭空间中养成勤奋、踏实的习惯,在乡土社会空间中确定读书的功利性目的,在城镇学校空间中学习具体的知识与技能;这三者共同作用生成其高学历成就。②王权坤等注意到了空间的身份建构功能,将空间实践分为身份、流动、权力三个维度。其中,流动构成了占据空间的行为,权力又在空间中发挥作用。空间是个体身份建构的依托,个体基于空间实践中的社会关系网络不断建构自我身份。③

四、对已有文献的述评

(一)已有研究取得的成绩

第一,在研究范式与方法上,实证研究是大趋势。主要方法有问卷调查法、访谈法、建立理论模型、社会网络分析等。在实证研究中,学者们多注重对中介变量的探讨,将社会认同、亲子关系等作为中介变量,使得研究更加具有科学性,实证研究所得结论为今后相关研究提供了有效论据。

第二,研究视角广泛,主要有社会学视角、心理学视角、人口学视角、经济学视角。社会学视角主要从社会阶层、社会资源、权力关系等方面入手进行研究;心理学视角主要注重对流动儿童身份认同、歧视知觉、学习动机、自我效能等方面进行研究;人口学视角多从人口流动、社会变迁角度进行研究;经

---

① 张智林."排座位"中的空间等级与父母焦虑——基于N市M中学的人类学考察[J].湖北社会科学,2021(10):54-62.
② 朱镕君.城乡之间:底层文化资本生成的空间机制[J].中国青年研究,2021(4):98-105.
③ 王权坤,胡雪瑶,艾少伟.身份、流动与权力:街头摊贩的空间实践[J].人文地理,2020(6):35-43.

济学视角主要探讨了流动儿童"流动"所带来的经济利益、流动儿童家庭经济投入以及流动儿童教育财政投入与分摊等方面的问题。

第三,在研究价值取向上,学者们不再禁锢于流动儿童作为弱势群体的刻板认知,也发现了流动儿童身上具有的积极品质,如勤奋、吃苦、抗逆性强、乐观向上等,并积极探索如何发挥流动儿童差异优势的路径。另外,随着社会的发展,网络空间进入学者们的研究视野,网络空间在促进教育公平中的正向作用得到了学界的肯定。

(二)已有研究存在的不足

首先,身份建构的研究视角相似,缺乏创新。已有研究大多是以社会学、心理学为视角研究流动儿童身份建构,以空间结构为视角分析身份建构的研究并不多见,即使有,也只是针对社会中的流动人口展开的研究,很少涉及教育中的流动儿童。时空结构只是作为教育生活的背景要素,很少有研究聚焦空间结构对流动儿童身份的塑造和影响,对时空要素,特别是空间的挖掘还需要进一步拓展。流动必会产生空间的变化,但学界忽视了以空间结构为视角分析流动儿童身份建构。

其次,对空间结构的理解较为浅表化。已有研究对空间结构的理解并不深入,就教育领域而言,多将空间结构的理解停留在学校空间、家庭空间、社会空间、课堂空间等物理性浅表化的层面。实际上,空间结构是丰富的,包含宏观、中观、微观等不同层面,这种将空间结构浅表化的划分,造成了已有研究对空间结构分析的不足。这种浅表化的空间结构理解会引发一系列连锁反应,如学界对空间与身份建构逻辑关系理解不深、已有研究仅从权力空间视角研究身份建构、对空间结构缺乏系统性理解等。为此,深入理解空间结构,明晰空间结构中的身份建构过程,是我们进行研究的关键理论突破点。

最后,在研究方法上,已有实证研究多为定量研究,虽然具有严谨性、科学性的优点,但是深入的理论分析较为薄弱;也有部分定性研究,它们虽然贴近生活实践,赋予了教育研究生动的情感色彩,但是在科学性上稍显逊色。综合来看,将定量研究与定性研究相结合的文献并不多见,本研究将结合定量与定性研究,既运用关涉普遍性的问卷调查法,也运用访谈法、个案研究法加强研究的深度,弥补问卷调查法的不足,使研究更加贴近实际,且触及教育情感。

第三节 研究方法与研究思路

一、研究方法

根据研究问题与研究目标,本研究综合运用扎根理论研究法、问卷调查法、访谈法、个案研究法探索流动儿童身份建构的现状与过程,揭示空间结构在流动儿童身份建构过程中的作用机制。

(一) 扎根理论研究法

扎根理论研究法的特征在于从实践资料中生成理论。"编码"是扎根理论研究过程的标志,通过自下而上逐级编码,最终生成理论。扎根理论编码过程主要分为两种:一种是巴尼·格拉斯(Barney Glaser)的二级编码,另一种是安塞尔姆·施特劳斯(Anselm Strauss)的三级编码。本研究运用施特劳斯的三级编码,基于9所中小学34名流动儿童的访谈资料,运用扎根理论研究法的思维模式,将原始资料逐级编码,建构流动儿童身份建构过程理论模型。

(二) 问卷调查法

问卷调查法是通过提出问题收集资料的一种研究方法,它需要研究者事先将所要提出的问题编制成问题表格,以邮寄、当面作答或是基于网络平台发放的方式获取数据资料,从而了解被试对某一问题的看法或意见。问卷调查法具有方便、省时、节约成本的优点,得出的结论较为客观,能够进行大样本收集,同时便于整理、归类、统计。对流动儿童身份建构的研究将运用问卷调查法,试图通过自编的"流动儿童身份建构调查问卷"探清两个问题:一是流动儿童身份建构的总体状况及变化过程;二是流动儿童身份建构的空间机制。

(三) 访谈法

访谈是一种研究性的交谈,它以口头问答的形式,根据受访者的回答收集客观真实的资料。访谈法适用于对比较复杂的问题进行深入研究,与问卷调查法相比更加适用于个性化、个别化的研究。同时，访谈法也弥补了问卷调查法所得数据表面化的缺陷。研究者在实施访谈时，应当注意运用访谈技巧。首先，在访谈前要排除主观刻板印象的影响，制定访谈提纲，确保访谈达到预期目标，访谈提纲要具有一定的灵活性和适用性。其次，要营造畅所欲言的谈话氛围，与受访者建立平等、互信、合作的关系，尽可能多地收集受访者的材料。最后，研究者实施访谈过程中要注意自己的行为举止，做到真诚、谦虚、有礼，保证访谈顺利进行，并且有利于从受访者那里获得更多有价值的信息。本研究运用半结构化访谈法，事先设计流动儿童身份建构现状的访谈提纲，访谈对象包括流动儿童及其教师、家长，访谈与问卷相结合，探索有关流动儿童身份建构的深层次问题，使研究更加全面、深入、客观。

（四）个案研究法

本研究从流动儿童群体中选取建构不同类型身份的典型个案，通过收集与个案有关的详尽材料，呈现流动儿童典型个案的身份建构过程。个案是某个社会群体的缩影，典型个案是窥探整个世界的"窗口"。[①]我们通过选取流动儿童中的典型个案，试图了解流动儿童群体流入城市后经历了哪些情境、事件，产生了何种心理，进而建构出不同类型的身份。

二、研究思路

本研究遵循"提出问题—理论回顾—模型建构—现状分析—过程剖析—影响机制揭示—提出策略"的思路研究流动儿童身份建构的现状、过程及机制，并提出流动儿童身份建构的教育干预策略。通过总结国内外相关文献找到本研究的理论基础，并界定核心概念。在模型建构阶段，运用扎根理论研究法对访谈所得材料逐级编码，生成流动儿童身份建构过程理论模型。在现状分析阶段，通过编制调查问卷获取流动儿童身份建构现状的数据资料，并利用SPSS、AMOS软件进行检验、统计、分析。在过程剖析阶段，运用问卷调查法与个案研究法，力图从宏观与微观两个层面剖析流动儿童身份建构过程。在影响机制揭示阶段，主要以空间结构为分析视角，探索流动儿童身份建构的空间机制，本阶段将综合运用问卷调查法、访谈法、参与式观察法，以揭示流动儿童身份

---

① 吴康宁.个案究竟是什么——兼谈个案研究不能承受之重[J].教育研究，2020（11）：4-10.

认同是如何在空间结构下建构而成的。在提出策略阶段，综合流动儿童身份建构的过程、现状、机制，提出有针对性的教育干预策略。

本研究思路如图1-1所示。

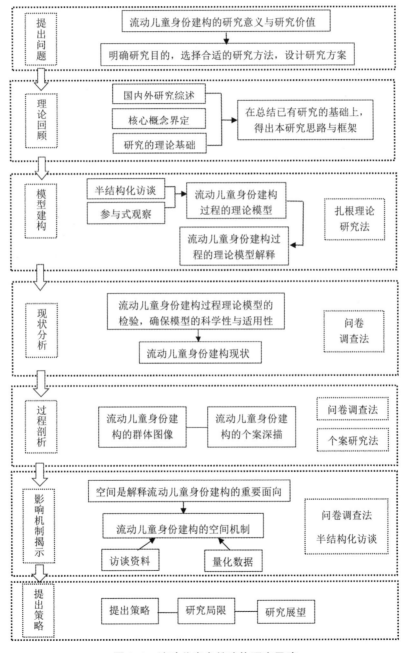

图1-1 流动儿童身份建构研究思路

第四节 理论回顾与概念界定

一、相关理论回顾

(一) 空间生产理论

19世纪后期至20世纪初期,学界已经开始关注对社会空间的研究,但依然没有脱离物理学的基本立场。涂尔干在《社会分工论》中指出,同一空间内人口的增长,使得人口密度增加,人与人之间的交往互动更加密切,进而人们之间的道德、精神活动频率更高,所面临的道德关系也更复杂。同一空间内人口密度的增长,必然导致人与人之间的生存竞争更加激烈,最终产生劳动分工与专业化。这便是涂尔干基于空间视角得出的物质密度与道德密度关系的理论。齐美尔发现了社会研究的空间特征,提出了"社会关系的几何学"概念,认为社会能够在时间和空间上形成自身运转的秩序。社会空间包含两种类型:一种是物理意义上的空间,比如某事物发生的场所;另一种是心灵意义上的空间,它并不是一个具体的、可见的物理空间,而是在心灵互动过程中形成的具有一定社会意义的空间。美国芝加哥学派对城市空间的研究丰富了空间社会学理论研究的视角。该学派以城市空间为研究对象,在分析城市居住状况和群体关系的基础上,得出城市空间分布的理论模型,并指出城市绝非简单的物质现象,城市已同其居民们的各种重要活动密切地联系在一起,它是自然的产物,且尤其是人类属性的产物[①]。这一学派在坚持实证分析的同时,注重传统文化、风俗习惯、心理状态对城市空间的影响,使城市空间社会研究更具人文色彩。

20世纪70年代,空间社会学研究范式开始出现新的变化。与此前以物理学为基础的空间社会学不同,在理论基础上,这一时期的空间社会学开始由物理学向现象学转移,研究方法也随之发生变化,开始由传统的结构论向空间论转变,研究视野更加广阔,涉及地理空间、社会空间、网络空间以及表象空间。

---

① [美]R. E. 帕克,等. 城市社会学[M]. 宋俊岭,等,译. 北京:华夏出版社,1987:1. 转引自:关颖. 构建学习型城市对城市发展的战略意义[J]. 天津社会科学,2003(3):65-69.

以往物理学意义上的空间忽视了对人性自由、生命价值的探讨，将空间简单化、抽象化了。以梅洛-庞蒂为代表的知觉现象学派对这种以物理学为基础的空间社会研究展开了批判，更多从个体的交互性、生命价值、生活意义等角度去研究空间。由此，空间社会学研究的理论基础开始转向现象学。现象学将人们生活的空间理解为知觉空间，认为一个空间平面是世界的构成方式之一，当知觉能向人们提供清晰的景象时，人们的身体就能把握世界，身体空间可以通过知觉去感受进而占有社会空间。

正是受到现象学的启示，亨利·列斐伏尔认为，以往的空间研究从来都没有产生过空间认识论，为此他致力于将空间研究由物理学结构范式转向社会学空间范式，产生了社会学领域的空间认识论。

1. 空间是社会的产物

列斐伏尔反对将空间视为几何学所说的"一块空旷地带"，也对传统经典社会学说中对空间的狭义理解进行了批判，并在此基础上提出空间是社会的产物。[①]这种对空间的理解是具有开创性的。

首先，空间是社会的产物意味着自然空间正在消失。自然空间是社会活动的原初状态，树木、青草、山川构成一幅自然空间图。然而，随着社会的不断发展，工业文明的兴起，自然空间逐步消失，各种规模的城市相继出现，无数高耸的建筑拔地而起，车辆川流不息。在这样的空间中，自然成为工业生产的原材料。树木、河流等都成为工业建设中的原材料，抑或仅是一种象征的符号。今日的城市空间不再是自然生长的空间，而是被人类，更准确地说是被生产力塑造、生产出来的。由于社会、政治、经济需要，人们在城市中塑造、生产出一些建筑群。比如，象征着权力与威严的政府部门、展现经济前沿的中心街区等；再如，为了开辟更加广阔的空间填海造陆。社会运行的过程正是空间生产的过程，城市空间的生产伴随着自然空间的消失。

其次，每个社会都会生产出一个属于它自己的空间，因为空间体现了社会生产力与生产关系。列斐伏尔指出，传统社会再生产由生命的再生产（家庭繁衍后代）以及社会经济的生产构成，而现代社会大大增加了社会本身的复杂性，社会生产与再生产由"两个层面"变为"三个层面"，即生命的再生产、劳动力的再生产、生产关系的再生产。[②]空间正是通过生产一个社会的生产关

---

① [法]亨利·列斐伏尔.空间的生产[M].刘怀玉，等，译.北京：商务印书馆，2021：47.
② [法]亨利·列斐伏尔.空间的生产[M].刘怀玉，等，译.北京：商务印书馆，2021：49.

系而创造出这个社会特有的空间的。在欧洲中世纪社会,空间以庄园、修道院、教堂为基点,形成中世纪特有的农舍、林荫小径,这种空间结构可以说是中世纪独有的。换言之,中世纪封建社会的生产力、生产关系造就了这样一个空间。而现代社会同样生产出属于现代社会的空间,现代社会的空间被商业中心、银行、机场、公路、通信网络占据着,中世纪的空间结构瓦解了,产生了一个崭新的、属于现代社会生产力与生产关系的空间。

2. 空间的生产

列斐伏尔使用"空间生产"这一概念,主要是为了反驳以往人们对空间的物化认知。空间并不是以普遍方式存在的,而是以社会的方式被生产,只有放在特定的社会中才能被理解。列斐伏尔认为,空间不仅是社会的产物,还可以反过来作用于社会,作用于人类,而且空间是具有能动性的,它可以成为生产人类社会的"材料"。这是列斐伏尔空间理论的独特之处,即将"空间"与"生产"联系起来,进而阐释为什么"空间"是"生产性的"以及生产是"空间性的"。

列斐伏尔所用的"生产"概念源于马克思的唯物主义,但又超出了马克思的唯物主义范畴。马克思所说的"生产"是物质生产实践意义上的,而列斐伏尔提出的"生产"则超出了物质生产实践维度,伸向一种社会空间向度的、身体化的"诗性创造实践"本体论。[①]此外,列斐伏尔还将"生产"延伸到社会关系的生产层面。以往学者仅将空间看作社会关系的背景,没有深入探讨空间对于社会关系的意义。而社会关系的存在方式的确是一个困扰人类的问题,对此列斐伏尔运用空间生产理论给出了答案——空间体现社会关系,同时又生产社会关系,社会关系在生产空间的同时把自身镌刻其中。换言之,社会关系只有在某种空间性存在时才有意义。[②]

3. 空间结构的三元辩证法

在列斐伏尔的空间生产理论中,空间包括三个基本要素,即空间的实践(spatial practice)、空间的表征(representations of space)、表征的空间(spaces of representation)。这三种空间要素分别与感知的(perceived)、构想的(conceived)、亲历的(lived)空间相对应,构成了"感知的-构想的-亲历的"三位

---

① 刘怀玉,鲁宝.简论"空间的生产"之内在辩证关系及其三重意义[J].国际城市规划,2021(3):14-22.
② 刘怀玉,鲁宝.简论"空间的生产"之内在辩证关系及其三重意义[J].国际城市规划,2021(3):14-22.

一体空间框架。①空间结构的三个维度具有同等重要性,不存在谁更占有优先地位的问题。

空间的实践发生于社会空间,人们不可能直接理解空间,而是通过空间实践形成经验,再由已有经验形成一种对空间的感知。对此,列斐伏尔采用了形象的比喻——"现代性"的空间实践可以通过"一位居住在政府补贴和规划的高层住宅中的租户的日常生活"被人们感知到。空间的表征是一种概念化了的空间,是通过语言符号表达出来的空间,它可以是某种秩序、知识,也可以是人们构想出来的空间。表征的空间倾向于非语言象征,通过关联物或符号,象征性地对空间进行描述,其通常被展现在艺术作品中,是对创作者生活经历的一种象征与描述。

(二)社会认同理论

1.理论背景

亨利·泰弗尔是社会认同理论(social identity theory, SIT)的奠基者,在进行大量"最简群体范式"(minimal group paradigm)实验后,泰弗尔及其研究团队得出类化、比较、认同、建构、解构等理论,这是社会认同理论的雏形。但最初泰弗尔的社会认同理论只关注群际过程与群际关系,聚焦于人们如何在群际活动中认识自我,对群体内部的自我概念研究尚不深入。之后,泰弗尔的学生约翰·特纳在泰弗尔原有理论的基础上,进行了实验模型修正、理论补充,将个体与群体联系起来,认为个体的自我归类是其建构社会认同的重要部分,并提出了个体与群体间进行转化的元对比率(meta-contrast ratio)概念。简单来说,元对比率描述了在不同情境下,人们对同一对比度的敏感度或感知强度的变化。在同一群体中,如果群体成员在某一品质上的相似性小于差异性,那么该群体成员就会根据这个品质分化为两个群体。至此,社会认同理论得到发展完善,成为社会心理学研究领域的重要理论支撑。

2.社会认同形成的过程

社会认同是群际过程,它产生于个体与群体互动的过程。社会认同的形成经历了三个重要过程,即归类(categorization)、比较(comparison)和认同(identification)。

---

① [法]亨利·列斐伏尔.空间的生产[M].刘怀玉,等,译.北京:商务印书馆,2021:62.

在归类这一过程中，强调差异性的作用。差异性是形成自我归类的前提条件。在沃切尔（Worchel）的想象实验中，要么被试的两组群体都穿白色外套，要么一组被试群体穿白色外套而另一组被试群体穿红色外套。实验发现，当两组群体成员都穿白色外套时，两组群体成员的界限不明显，他们更倾向于群际合作；而当其中一组被试群体穿白色外套而另一组被试群体穿红色外套时，群体成员感知到的群际差异性显著，他们会根据群际物理差异而分出类别。并且，差异性越显著，个体认同感越强。[①]巴斯（Buss）和伯特尼（Portnoy）的实验发现，当将俄罗斯与美国进行比较时，美国被试群体的国家认同要比在加拿大与美国进行比较时更强[②]，也就是说，个体会根据群际差异，找到自己所属的群体。

比较是增强个体社会认同的重要方式。个体会将内群体与外群体进行比较，在某一维度上突出内群体优势，给予内群体成员以积极评价，而且个体选取的比较维度通常是内群体的优势维度。这种比较会产生两种结果：其一，个体通过比较，提升自尊，更加认同自己所属的群体；其二，比较会产生个体的内群体偏好与外群体偏见，个体会给予内群体积极评价，也必然会为了突出内群体优势而贬低外群体，这容易导致群际间的歧视、冲突行为。

认同表现为个体与内群体成员知觉到的一致性，个体可以确认自己的内群体成员身份，确认自己是内群体中的一员，而不是单独的个体。认同的形成同时是自我刻板化（self-stereotyping）过程，"人们开始将自己视作某个社会类别中可交换的范例，而不是由他们不同于他人的个体差异性所确定的独特个人"[③]。

（三）符号互动理论

符号互动理论是一种微观的社会学理论，关注人际互动的基本过程。达尔文进化论、华生的行为主义、杜威的实用主义以及库利的"镜中我"理论都对符号互动理论有启发作用。其中，对符号互动理论影响最大的是实用主义与行

---

① [澳]约翰·特纳，等.自我归类论[M].杨宜音，王兵，林含章，译.北京：中国人民大学出版社，2010：127.
② [澳]约翰·特纳，等.自我归类论[M].杨宜音，王兵，林含章，译.北京：中国人民大学出版社，2010：128.
③ [澳]约翰·特纳，等.自我归类论[M].杨宜音，王兵，林含章，译.北京：中国人民大学出版社，2010：53.

为主义。但符号互动理论比实用主义更注重情境性，比行为主义更具社会性。实用主义强调人类对环境的适应，认为人们是在适应环境的过程中形成自我的，而符号互动理论还考虑到了自我在社会情境中的能动性，认为个体和环境是相互决定、相互依存的，个体在某种程度上造就了其所在的环境。符号互动理论是社会的行为主义，而不是个人的行为主义，以往的行为主义过于简单化，只将社会中的个体部分抽取出来进行研究；此外，行为主义中的语言并不是社会互动中的语言，只是社会互动中的现象，而符号互动理论中的语言是一种复杂的姿态，个体通过这种姿态感受群体中的自我。

1. 自我在社会符号互动过程中形成

符号互动理论的代表学者是乔治·米德。但在符号互动理论提出之前，已有学者关注"自我"这一概念。比如，美国心理学之父威廉·詹姆斯提出的自我概念中，认为自我包括生物自我、精神自我与社会自我。其中，社会自我是个体在与社会互动过程中形成的自我。再如，库利提出了"镜中我"理论，认为个体是通过在群体中与他人的符号互动形成自我概念的。在总结借鉴前人研究的基础上，米德提出自我是在社会符号互动过程中形成的。

姿态作为一种互动符号，是米德符号互动理论中的重要概念之一。最初，姿态只代表一种社会动作，是社会动作的开端，是做出反应的工具。人的姿态与低等动物的姿态是不同的，动物的姿态可能成为一种刺激，使其他动物对刺激做出相应的反应，这些反应还会成为再调整的刺激；而人类的姿态不仅是刺激反应，还是对情绪、意义与思想的表达。吸收意味着个体能够对姿态进行适恰的回答，并唤起其他人的态度。而且，姿态还具有表达情绪的功能，一个姿态消失后，它所表达的情绪还会保持。[①]正是根据这种不同，米德将互动符号分为两类：表意符号与非表意符号。表意符号是具有一定意义的互动符号；非表意符号是没有意义的互动符号，只是对符号的反应。动物的姿态属于非表意符号，动物在互动中只能做出动作或改变位置，而这些姿态多是没有经过思维的反应；而人类的姿态大多属于表意符号，它符合一个人经验中的一种意义，且在另一个人那里唤起了这种意义[②]。例如，人类的语言就是一种表意符号，

---

① [美]乔治·H.米德.心灵、自我与社会[M].赵月瑟，译.上海：上海文译出版社，2005：13.
② [美]乔治·H.米德.心灵、自我与社会[M].赵月瑟，译.上海：上海文译出版社，2005：36.

它表示一种意义,这种意义能够在自我与社会的互动中形成①,通过语言互动,双方都能够感受某种意义。

符号互动理论打破了传统观念中的语言概念,对语言的内涵做了扩充,使语言包含态度。语言是一种有意义的符号,是社会行为的一部分;语言包含行动目的与行动意义,是在互动中产生的。一个个体的某种态度引起另一个个体的反应,后者又引起不同个体的态度与反应,并且可以不停地进行下去。②

心智是自我的重要标志,是人类有别于低等动物的反思性智能。它是在社会互动的经验中产生的,只有对处于群体中的个体而言才是可能的,对于脱离群体的个体而言是不可能的。也就是说,个体只有处于群体之中,才能拥有自我意识,才能拥有心智。只有具备表意符号的姿态,心智才可能存在,因为表意符号中包含思维过程。表意符号是正在使用的符号,是有意义的符号,而不仅仅是对符号做出反应,因此人们会从表意符号中获得心智。

2. 自我中的"主我"与"客我"

米德将自我分为"主我"与"客我"两部分。"主我"是自我的自然属性,"主我"发现自己的独特和优势,"主我"使个体对他人的态度做出回答。个体通过体验他人有组织的态度会形成"客我"。"客我"是自我的社会属性,他人的态度与评价投射到自我的身上就形成了"客我"。"客我"接受群体规则并使之成为自己的行动准则。"客我"不再是单独的个体,而是拥有组织的成员,采取行动时必须考虑到群体其他成员对该行动可能做出的反应。"客我"还体现着群体中他人的态度,个体需要参照他人的态度,以便其行动准备与群体保持一致。当个体采取所属群体中他人的态度时,便在群体中维护了自我,这个自我是得到他人承认的自我,属于"客我"。

符号互动理论认为,人具有扮演他人角色的能力。"客我"是经过"泛化的他人"后的自我。"泛化的他人"是角色扮演的普遍化,是有组织的社会群体,它使自我获得统一,在社会群体中个体可以是任何一个他人。个体通过扮演他人的角色,进行换位思考。正是通过"泛化的他人"的形式,社会过程对个体行为产生影响。同时,"客我"是一个遵循规矩的自我,因为"客我"必须与所属群体成员的习惯、行动保持一致,否则就不能成为群体中的一员。

---

① 严孟帅.符号互动理论对教育戏剧育人的作用[J].北京社会科学,2022(8):83-93.
② [美]乔治·H.米德.心灵、自我与社会[M].赵月瑟,译.上海:上海文译出版社,2005:11.

自我产生的社会条件有以下两个：一是玩耍，二是有组织的游戏。玩耍是一个角色到另一个角色的简单延续，个体在玩耍中扮演不同的角色，在对刺激的反应中构造自我。由于玩耍并没有形成组织，因而形成一个没有充分发展的自我。在玩耍中，个体需要参照其他参与者的态度，玩耍中的自我是由自身或他人个体态度构成的。有组织的游戏是有游戏规则和明确目标的活动，通过有组织的游戏，个体可以获得一个组织化的"泛化的他人"形象。

3. 自我的形成与社会情境密不可分

由"主我"和"客我"构成的自我在社会情境中实现。米德通过现实例子说明了自我与社会情境的联系。例如，看到别人摔跤，我们会不由自主地发出笑声，对别人摔跤这个社会情境做出发笑反应的自我，就是"主我"，是自我的最自然状态，毕竟看到有人四脚朝天躺在地上的样子很好笑，发笑是人们对该情境的自然反应，而且这种反应不带有恶意，因为我们并不希望别人摔伤。之后，我们止住笑声前去将其扶起，对别人摔跤这个社会情境做出止住笑声将其扶起反应的自我，就是"客我"，因为将摔跤的人扶起更加符合社会群体中的普遍规范，"客我"会选择遵循群体普遍规范而行动。可以看出，"主我"对社会情境做出的反应是自然的、朴素的，而"客我"对社会情境做出的反应是社会的、老练的。[①]

符号互动理论的价值体现在理论与实践两个方面。在理论方面，符号互动理论为后续相关理论探索提供知识基础。戈夫曼的戏剧论、哈贝马斯的交往行为理论都受到符号互动理论的启发。人不是单纯的个体，而是群体中的个体，人具备独特的心智能力，即一种视他人态度和意向而行动的能力，每个人都是根据对社会群体中他人角色的领会而实现自我发展的。在实践方面，符号互动理论有利于个体在社会互动中平衡自身与社会的关系。"主我"和"客我"是密切联系、不可分割的。"主我"是具有创造性的自我，它会在客观社会情境中不断调适、修正自我，使自我的概念不断丰富、成熟；"客我"让自我实现个体社会化，使个体行为更加符合社会群体规范，有利于社会活动的有序进行，同时，"客我"以"泛化的他人"形象出现在社会互动中，有利于个体学会换位思考，走出个人狭窄的视域，站在更加普遍的视角去看待世界、理解他人。

---

① [美]乔治·H.米德.心灵、自我与社会[M].赵月瑟，译.上海：上海译文出版社，2005：162-163.

二、主要概念界定

(一) 流动儿童

在我国，"流动儿童"一词最早出现在医学领域。最初，由于流动儿童无本地户籍，居住流动性强，经常出现迟种、漏种疫苗情况，小儿流行病局部暴发，所以流动儿童的防疫接种情况受到医学界的关注。鲜文在分析武汉市"四苗"接种不合格因素时，将流动儿童界定为：城区内异地居住和乡镇进入城区的长短期无户口居住者①。在教育领域，学者最先关注流动儿童在城市中的入学问题，这事关流动儿童教育起点之公平。1998年，国家教委、公安部颁发的《流动儿童少年就学暂行办法》规定流动儿童为6至14周岁（或7至15周岁）随父母或其他监护人在流入地暂时居住半年以上有学习能力的儿童少年。此后，这一界定被学者们普遍采纳。随着流动儿童数量增加，在教育中显现的问题越来越多，大量学者展开对流动儿童的研究。其中，有代表性的流动儿童概念界定详见表1-1。

表1-1 相关学者对流动儿童的界定

年份	学者	流动儿童界定
2007	陈伟风	6~14周岁（或7~15周岁），随父母或其他监护人在流入地暂时居住半年以上有学习能力的儿童少年[1]
2009	温颖等	跟随父母（或者一方）到城市里生活和学习，居住半年以上的具有农村户籍的未成年人[2]
2010	金灿灿等	随父母离开家乡外出生活学习，在流入地居住半年以上，没有流入地户口的6~15周岁（义务教育阶段）儿童[3]
2014	韩嘉玲等	户口是"外县市农业"且父母至少有一方长期与其共同生活的儿童可以称作流动儿童[4]
2015	卓然	18周岁以下，持有农村户口，随父母或其他监护人从农村流入城市并在流入地居住半年以上者[5]

---

① 鲜文.武汉市"四苗"接种不合格因素分析[J].中国公共卫生，1989（9）：15-16.

续表

年份	学者	流动儿童界定
2017	杨东平	居住地与户口登记地所在的乡镇街道不一致且离开户口登记地半年以上，不包括市辖区内人口分离，年龄在18周岁以下的人口[6]
2018	尚伟伟	6至14（或7至15）周岁随父母或其他监护人在流入地暂时居住半年以上的非流入地户口的农民工子女[7]
2021	徐延辉，李志滨	年龄在0～17周岁，居住地与户口登记地不一致且离开户口登记地半年以上[8]
2022	袁博等	跟随父母或其他监护人在流入地居住半年以上，但没有流入地户口，在当地学校就读的6～15周岁（义务教育阶段）儿童[9]
2024	贾琳	未满18周岁，跟随父母从农村进入城市生活，并接受了半年以上义务教育的儿童[10]

注：[1] 陈伟风.城市学龄流动儿童义务教育现状成因及对策分析[J].人口与经济，2007（S1）：135-137.

[2] 温颖，李人龙，师保国.北京市流动儿童安全感和学校归属感研究[J].首都师范大学学报（社会科学版），2009（S4）：188-192.

[3] 金灿灿，屈智勇，王晓华.留守与流动儿童的网络成瘾现状及其心理健康与人际关系[J].中国特殊教育，2010（7）：59-64.

[4] 韩嘉玲，高勇，张妍，等.城乡的延伸——不同儿童群体城乡的再生产[J].青年研究，2014（1）：40-52，95.

[5] 卓然.流动儿童社会融合的特点及家庭环境的影响研究[D].长春：吉林大学，2015：5.

[6] 杨东平.中国流动儿童教育发展报告2016[R].北京：中国社会文献出版社，2017：2.

[7] 尚伟伟.流动儿童教育融入及其治理研究[D].上海：华东师范大学，2018：14.

[8] 徐延辉，李志滨.居住空间与流动儿童的社会适应[J].青年研究，2021（3）：73-81，96.

[9] 袁博，廖苏霞，郭俏俏，等.流动儿童的社会善念水平及其提升[J].心理与行为研究，2022（2）：268-273.

[10] 贾琳.城市小学破解流动儿童"融入难"问题的实践探索[J].中国教育学刊，2024（S2）：3-5.

从表1-1中可以看出，流动儿童的概念要素通常包括户口、年龄和在迁入地居住时长。在流动儿童户口的界定上，可以看到学者们用"农村户口""外县市农业户口""农民工子女""非流入地户口"等词语来界定；在流动儿童年龄的界定上，主要出现"0～18周岁""6～15周岁"两个核心词；对于流动儿童在迁入地居住时长,学者们的界定较为一致,均为"半年以上"。本研究在借鉴上述概念要素的基础上,有选择性地做出取舍,以界定符合我们研究需要的流动儿童概念。

首先,对流动儿童户口的界定。相关学者对"流动儿童户口"有两种说法:一种认为流动儿童是农村户口,或称其为农民子女、农民工子女;另一种将流动儿童户口界定为"居住地与户口登记地不一致"。与此相对应,我国流动儿童数据也出现了两种,这是国家统计局与教育部对流动儿童统计路径不一致造成的。[①]其一,在国家统计局对流动儿童数量的统计中,我国共有流动儿童3426万人,其中2896万人居住在城镇地区,占全部城镇儿童总数的21.8%,也就是说,每5名城镇儿童中就有1名是流动儿童。[②]在人口学领域,对流动儿童的统计主要依据其"流动"的事实,即发生地域上的"流动",人口学领域所指的流动儿童既包括"乡—城"流动儿童,也包括"城—城"流动儿童。其二,在教育部对流动儿童的统计中,我国共有流动儿童1364.68万人,这是因为教育部对流动儿童的界定是:户籍登记在外省(区、市)、本省外县(市、区)的乡村,随务工父母到输入地的城区、镇区(同住)并接受义务教育的适龄儿童少年。[③]也就是说,教育领域中所指的流动儿童是处于国家九年义务教育阶段的具有农村户籍的学龄儿童,因而其相较于人口学领域的流动儿童而言,在数量上要少很多。

本研究中的流动儿童采用教育部对流动儿童户口的界定,即流动儿童的户口所在地为农村。这不仅是因为本研究属于教育领域,还是出于对本研究实际的考虑。从本研究实际来看,空间结构分析的视角侧重于流动儿童所经历的空间变化,进而讨论空间结构变化给流动儿童身份建构带来的影响,而"城—城"流动儿童是在城市间流动的儿童,其经历的空间结构变化并不明显。"乡—城"流动儿童则不然,由于我国社会长期处于城乡二元结构,"乡—城"流动儿童亲身经历了城乡二元空间的对立,对空间结构变化以及由此引发的身份体验更加深入。

---

① 韩嘉玲,张亚楠,刘月.流动儿童与留守儿童定义的变迁及新特征[J].民族教育研究,2020(6):81-88.
② 王卫国,万东华,Rana Flowers.中国儿童发展指标图集2018[R].北京:国务院妇女儿童工作委员会办公室,国家统计局,联合国儿童基金会,2018.
③ 中华人民共和国教育部.2020年全国教育事业发展统计公报[EB/OL].(2021-08-27)[2022-07-01].http://www.moe.gov.cn/jyb_sjzl/sjzl_fztjgb/.

其次，对流动儿童年龄的界定。流动儿童年龄实质上反映了其所在教育阶段，0~18岁包括学前教育阶段、义务教育阶段以及高中阶段，而6~14岁或7~15岁则对应义务教育阶段。本研究将流动儿童年龄界定为九年义务教育阶段的6~14岁或7~15岁儿童。原因有以下两个。其一，就学前教育阶段流动儿童来说，其"身份"感知、理解能力十分有限，因而学前教育阶段流动儿童不在本研究考虑范围。其二，义务教育阶段的（6~14岁或7~15岁）儿童已经具备对"身份"的感知能力，且样本数量较为充足，能够达成本研究的研究目标。

最后，对于流动儿童在迁入地居住时长的界定。在教育政策的规定上，自1998年《流动儿童少年就学暂行办法》出台后，学界对流动儿童在迁入地居住时长界定为"半年以上"。国务院第七次人口普查领导小组办公室在《2020年第七次全国人口普查主要数据》中指出，流动人口是指人户分离人口中扣除市辖区内人户分离人口。其中，人户分离人口是指居住地与户口登记所在地不一致且离开户口登记地半年以上的人口。①在学术研究当中，研究者普遍采用"半年以上"来界定流动儿童在迁入地居住时长。因此，本研究将流动儿童的迁入地居住时长界定为半年以上。

综上所述，本研究中的流动儿童是指户口所在地为农村，随父母或其他监护人从农村流入城市，并在流入城市居住半年以上，正在接受九年义务教育的6~14岁或7~15岁儿童。

（二）身份建构

表示"身份"的英文单词有两个：一个是identity，本义是一致性、相似、认同，这是从自我视角来看身份的，它侧重于突出身份的自我面向、自我意识、自我认同，通俗地说，就是一个人怎样看待他自己，他认为自己是谁；另一个是status，有地位、阶层、声望的意味，是从社会视角来看身份的，它强调身份的社会性特征。status所表示的身份更侧重于突出一个人的身份是在特定社会情境中形成的，即使称为"自我"，也是社会的中的自我，离开社会，自我就是毫无意义的纯粹抽象物，自我概念是个体心理上一个为社会所建构的

---

① 国务院第七次人口普查领导小组办公室.2020年第七次全国人口普查主要数据[M].北京：中国统计出版社，2021：81.

领域。①相应地，对身份的研究也是沿着identity范畴上的身份和status范畴上的身份这两条路径展开的。

identity范畴上的身份研究主要涉及两种观点。其一，身份是对自我的认知。叶菊艳认为，身份关涉"我是谁"以及"我如何看待自己"的问题，是个体在认同过程中所形成的对自己从事某种工作或作为人存在的意义的感知。②邱德峰指出，身份意味着个体对自我及其相关要素如话语、行为、角色的感知与确认。③其二，身份是对自我与他人的区分。身份正是在个体体验"我"与"他"或"我们"与"他们"之间的区别中形成的，正是因为有这种区别，人们才更加清晰地感知"我"与"我们"的相似，以及"我"与"他""他们"的相异，这种相似与相异的比较，构成了个人在社会网络中的位置，从而确定了个人的身份。④

status范畴上的身份是指某人或某个群体在社会等级中所处的位置，是社会地位的象征。持这种研究观点的代表人物是马克斯·韦伯。他认为，身份可以通过生活方式、正规教育、继承的或者职业的声望来获得。虽然阶级地位并不决定某人或某个群体身份的获得，但对其有着重要的影响。比如，财产减少并不意味着丧失了获得相关身份的资格，但可能是丧失身份的一个重要原因。⑤社会层面的身份是外显的，我们可以通过受教育程度判断某人的身份是大学生或研究生，也可以通过法律、职业制度规定判断某个群体的身份是教师、工人、医生等。

与身份的两个解释范畴相对应，身份建构也存在主体自我塑造和社会代为建构两种方式。本研究认为，身份并不完全是由社会代为建构的（社会代为建构忽视了流动儿童的主体能动性），也不是一场纯粹的自我心灵之旅，而是发生在一定社会情境中的自我生成过程，是在社会情境中的自我建构。毕竟自我是社会中的自我，只有把"我是谁"这个问题置于社会中去审视，才是有意义的。正如查尔斯·莫里斯在《心灵、自我与社会》导言中所提到的，社会这项

---

① [澳]约翰·特纳等.自我归类论[M].杨宜音，王兵，林含章，译.北京：中国人民大学出版社，2010：69.

② 叶菊艳.教师身份建构的历史社会学考察[M].北京：北京师范大学出版社，2017：22-23.

③ 邱德峰.学生作为学习者的身份建构研究[D].重庆：西南大学，2018：23.

④ 张淑华，李海莹，刘芳.身份认同研究综述[J].心理研究，2012（1）：21-27.

⑤ [德]马克斯·韦伯.经济与社会（第1卷）[M].阎克文，译.上海：上海人民出版社，2009：425.

魔术帽，从里面可以变出心灵与自我。每个人如何看待自我、如何成为自我，是取决于社会的。不存在纯粹意义上的自我，对自我身份的感知或区分，也都是建立在一定的社会情境基础之上的。

综上所述，本研究的身份建构是指在社会因素与自我因素共同作用下，流动儿童所经历的身份感知、身份冲突、身份调适，进而建构身份认同的过程。

（三）空间结构

有学者认为，空间的本质是结构，且是具有一定功能的结构。我们应将空间理解为一种结构，当事物组合成为某种结构并产生某种功能时，我们就认为这些事物构成了空间。[①]本研究试着从结构视角出发去分析空间。

在现象学兴起之前，物质空间与精神空间二元空间结构论一直居于主导地位。加斯东·巴什拉从微观现象学视角出发，将空间结构分为脊椎动物栖居空间、飞禽栖居空间、无脊椎动物栖居空间，具体来说分别是人类居住的房屋、鸟类搭建的鸟窝、贝类寄居的贝壳。这是充满诗歌意象的空间结构解读。空间与身体的关系是密不可分的，主体正是通过身体来感受空间的。人类通过身体感受到房屋，从而产生"家"的安稳感，鸟类搭建的鸟窝是与其身体大小相适应的，而贝类寄居的贝壳是其身体的一部分。巴什拉的空间结构观试图打破长期占统治地位的二元空间论，去寻找能够将自然空间与人类感知空间相联系的第三种空间，这对后来社会学家对空间结构的探索有着重要的启发作用。

随着社会学领域对空间议题的重视，人们开始对三元空间结构论进行探索。列斐伏尔的空间三元理论对空间结构的理解在人类空间研究史上具有里程碑意义。以列斐伏尔的空间三元理论为基础，爱德华·苏贾延伸出新的"第三空间"的概念，认为空间结构包含第一空间、第二空间和第三空间，其中，第一空间是客观的物质空间，第二空间是主观的精神空间，第三空间是超越所有空间的混合体。他认为，第三空间既基于第一空间（物质空间）的真实性，又离不开第二空间（精神空间）的想象性，它解构并重构了二者，它既是真实的，又是想象的，既是真实空间，又是想象空间，是一种创造性的组合和拓展[②]。

---

① 许伟，罗玮.空间社会学：理解与超越[J].学术探索，2014（2）：15-21.
② 候斌英.去往真实的和想象的空间的旅程——析爱德华·苏贾的"第三空间"理论[J].新疆大学学报（哲学·人文社会科学版），2010（2）：109-113.

不可否认的是，自然空间正在消失，空间正在朝着社会的方向被人们理解。从物理学领域到现象学领域再到社会学领域，研究领域的拓宽使得空间的概念得以深化。最早物理学中质地均匀的空旷地带、两点间的距离等概念已经不足以描述今天我们所说的空间。时至今日，不论是后现代地理学家还是社会学家，都必须承认一个事实，那就是现代社会中的空间已经发生重要变革：自然空间正在消失，空间被赋予社会意义。有学者将苏贾的"第三空间"引申为社会空间，认为空间结构可以分为物质空间、精神空间与社会空间。①有学者指出，空间结构除了包含物质空间之外，还应当包括社会空间与价值规范空间。②价值规范空间也应当属于主观的精神空间，因而这也是三元空间结构论的一种观点。

除了二元空间结构论与三元空间结构论之外，还有一些学者从结构功能视角探讨空间结构。有学者认为，分隔与连接将空间结构分为两类，第一空间要素由闭合或半闭合的结构形态组成，所代表的意义是分隔，分隔将这个空间与周围其他空间隔离开来，使之成为有别于其他区域的空间。例如房屋，每间房屋所占有的闭合半闭合空间就属于第一空间要素。第二空间要素是具有连接功能的空间结构形式，城市空间中不仅有房屋，还有公路、桥梁、航线、隧道等具有连接功能的空间将房屋连接起来，第二空间要素将第一空间要素中独立、分隔的空间连接在一起，共同组合成人类存在的复杂空间。③也有学者认为，空间结构包含聚集与混合，聚集程度与混合程度是评价与衡量空间结构的标准，过度的空间聚集或过于缺乏空间混合都是不良的社会空间结构。④

本研究中的空间不是某种先验物质，不是物理学、几何学中的空旷地带，也不是精神分析领域的纯粹精神空间，而是主体亲历的、真实的、具有社会意义的空间。以主体为出发视角，空间可以分为外部空间与内部空间。其中，主体以外的空间为外部空间，主体主观精神世界的空间为内部空间。由于本研究的目标是以空间结构为切入点研究流动儿童身份建构的问题，所以本研究的研究要义在于探讨流动儿童如何在空间结构作用下建构身份。流动儿童身份建构

---

① 宋胜晖.乡村教师专业身份自我建构的三维空间审视[J].中国成人教育，2020（9）：93-96.
② 陈映芳."违规"的空间[J].社会学研究，2013（3）：162-181，244-245.
③ 童强.空间哲学[M].北京：北京大学出版社，2011：134-148.
④ 陈映芳，伊沙白，等.城市空间结构与社会融合[J].读书，2019（2）：20-31.

离不开制度、人际互动、文化以及自我因素的影响，正是在这些因素的合力作用下，流动儿童才建构出属于特定空间结构的身份。

综上所述，本研究对空间结构做出如下界定：空间结构是影响流动儿童身份建构的因素，其中包括制度空间、互动空间、文化空间、自我空间四个要素。

1. 制度空间

制度空间是因社会制度而产生的空间，通过制定社会制度进行空间控制，社会制度按照一定的规则将空间重新改组。现代社会通过监控能力对空间进行控制，从而区分出由于社会制度不同而产生的不同空间。一定程度上说，制度空间起到资源分配、规范行为、方便管理的作用，它为人们的行动提供了参照标准与依据。然而，也应当看到，由制度形成的空间往往会引起不平等，这种不平等并不是人与人之间年龄、健康、智力方面的自然不平等，而是由某些传统惯例、特权引发的人为不平等。在卢梭看来，这种人为的制度空间不平等甚至可以与人的善恶相关联，人天生是善的，是各种制度让人变恶[①]。制度空间制造了区隔的边界，分落在不同制度空间的人们形成截然不同的两个世界，如本国公民与外来移民、美国的本土白人与非裔黑人、城市居民与农村居民等。

制度空间将会产生以下两方面的影响。其一，社会制度对空间的划分会导致权力分配的不对称，致使某个或某些群体占主导地位，其他群体处于从属地位。典型的例子便是城乡户籍制度。城市与农村，不再是作为自然的空间实体而存在，而是被户籍制度划分为两个具有不同社会意义的空间。其二，制度的转型会使个人空间与公共空间重新排序。由于近代学校教育制度的兴起，儿童群体开始与成人群体出现分化，尽管儿童与成人社会空间密不可分，但学校教育制度还是为儿童群体提供了一个相对密闭的学习空间，这样学校空间与社会空间、属于儿童的空间与成人的社会空间便得以区分开来。

流动儿童群体触及的制度空间主要体现在户籍制度与教育制度两个方面。首先，流动儿童的"非户籍流动"导致其被排除在城市优质教育资源之外。从生存空间来看，流动儿童已经生活在城市，应当属于城市人，而从户籍制度上看，"非户籍流动"的流动儿童属于农村人。我国教育经费的分配是与户籍挂钩的，按照户籍制度，流动儿童的教育经费应当由流出地农村政府来承担，

[①] [英]伯特兰·罗素.西方哲学史[M].刘常州，译.南昌：江西人民出版社，2017：266.

因而流动儿童被排除在城市教育体系之外,这直接引发了流动儿童的就学问题。随着"两为主"政策的不断深入,流动儿童底线的"有学上"需求基本得到解决,然而"上好学"的需求还没有得到充分满足,流动儿童难以与城市儿童平等地享有城市优质教育资源。其次,以异地升学考试为代表的教育制度将流动儿童推向边缘化境地。在现有异地升学考试政策下,流动儿童的选择大体可以分为两种:一是留在城市考高职或技校;二是返回流出地读高中。而多数城市儿童的选择是返回流出地读高中。可见区隔的教育制度就像一双无形的手,将流动儿童和城市儿童置于不同的空间。基于户籍制度与教育制度对流动儿童产生的直接而深刻的影响,本研究的制度空间要素包含户籍制度与教育制度。

2. 互动空间

有了互动,空间才有意义。其一,互动可以将空间连接起来,使空间具有意义。在齐美尔提出"社会关系的几何学"时,空间便具有互动意味了。这个空间和邻近的那个人的空间之间是未填充的空间,实际上一无所有。但这二者进行相互作用的那一刻,它们之间的空间被填满了,而且变得有生机了。正是人与人之间的互动让彼此相聚成为可能,空间与互动是相互依存的。[1]其二,互动产生边界,而边界恰恰是空间的基本属性。社会互动的功能之一是形成边界。有了边界,空间的边界特征才得以形成。空间边界的形成主要取决于人们的观念与互动的方式。人与人互动边界的形成首先是由于人们头脑中具有某种观念。比如,通常发生在低收入社区流动儿童身上的"词汇鸿沟"(word gap)。"词汇鸿沟"体现了不同阶层之间的互动边界,尽管外来移民在语言表达上尽力采用本地中产阶层常用词汇,然而他们的词汇仍然被本地中产阶层认为是有缺陷的、贫乏的。[2]主流中产阶层头脑中的既有观念会让他们将自己与外来移民的互动空间区分开来,形成一条清晰的互动边界。此外,不平等的互动方式也会产生互动空间的边界,在传统制度为教师安排的空间中,讲台、讲桌以及教师在学生目光中所处的焦点位置,都能够使教师获得与学生保持距离并受到尊重的条件[3],正因如此,互动空间边界的两

---

[1] 刘思达.社会空间:从齐美尔到戈夫曼[J].社会学研究,2023(4):142-159,229.
[2] Aponte G Y. Centering the Marginalized Identities of Immigrant Students of Color in the Literacy Classroom[J].Texas Education Review,2018(2):90-97.
[3] [法]皮埃尔·布迪厄,J-C.帕斯隆.再生产:一种教育系统理论的要点[M].邢克超,译.北京:商务印书馆,2021:121.

边通常是不平等的。其三,互动可以削弱空间的分化。某一闭合区域的空间是具有边界的,能够将周围其他空间排除在外,正是空间的这种排他性使得相互独立的空间容易产生分化。空间的接触能够改变社会参与者之间的关系,空间中的群体流动有助于削弱空间分化。[①]人与人之间的关系可以演化为空间与空间的关系,当人与人之间的关系流动频率上升时,空间与空间的分化会随之削弱。

本研究所说的互动空间,是指流动儿童在与教师、同伴、家长进行互动的过程中形成的空间。与流动儿童关系较为密切的空间便是学校与家庭。教师不仅在课堂教学活动中与流动儿童互动密切,还是流动儿童社会化任务的重要承担者。帮助流动儿童顺利适应城市学校的学习生活是教师的职责之所在。同伴亦是学校空间中与流动儿童密切接触的群体,甚至同伴互动对流动儿童的影响更大。个体正是在与同伴游戏活动的过程中习得社会化能力的,更多的时候,个体更倾向于与同伴分享彼此的"小秘密"。由同伴组成的群体可以为个体提供庇护,达到团结伙伴、"一致对外"的目的。在家庭环境中,与流动儿童互动最为密切的就是家长,家长承担着传统的养育、照护、管理责任,此外,现代教育还将传统的亲职范围扩大,要求家长承担教育参与的新职责。流动儿童的互动空间由流动儿童的教师、同伴及家长共同构成,因而本研究互动空间要素包括师生互动空间、同伴互动空间和亲子互动空间。

3. 文化空间

文化空间是由习惯、语言等构成的具有一定稳定性的空间。本研究中的习惯是指流动儿童在农村或城市养成的生活习惯,语言是流动儿童在与他人交流时使用的是普通话还是家乡方言。语言与习惯在一定程度上体现了流动人口的文化适应性。当然,这里的习惯与语言是具有社会化意味的社会群体的习惯与语言,而不是个体层面的具体生活习惯与交流工具。在国外研究中,移民群体的文化空间受到关注,正是移民群体不同于主流群体的文化创造了城市中带有区隔意味的文化空间,也正是通过异质的文化空间,城市中的不同群体才得以区分开来。虽然我国流动儿童群体与国外研究中的不同种族移民不尽相同,但是其流动性与城市外来者的身份与之有相似之处。在我国,城乡文化迥异,流动儿童的生活习惯与城市儿童相比有很大差异,这种差异很容易将其从城市文

---

① 刘少杰.西方空间社会学理论评析[M].北京:中国人民大学出版社,2020:49.

化空间中区隔出来,形成流动儿童特有的文化空间。本研究中的文化空间要素包括习惯和语言。

以习惯为表征的文化空间具有三重含义。其一,习惯在空间中被形塑。为了突出习惯的社会化属性,在布尔迪厄的场域空间理论中,习惯被称作"惯习"或"习性"。习惯是社会空间的产物,具有稳定性,不易改变。某一社会群体的习惯是在"场域"这一空间中被形塑的。某一群体特有的认真、细致、严密、有效率的习惯性行为品德,也是来源于特定的空间。其二,习惯赋予空间价值与意义。习惯是区分的操纵者,具有产生区分的能力,空间中的个体由于习惯不同而形成不同的类别,而这种区分的差异性正是空间发展的原动力。此时的空间不再是无意义的空旷地带,而是一个充满意义与价值的世界,它值得处于这个世界中的人们去投资精力。① 其三,在有"习惯"的空间中,个体会形成属于该空间的特定行为方式。"对于知识极点的人们,听音乐会、看戏剧的频率很高,……看知识性杂志和左派或者极左派报纸(《人道报》)的频率很高,……而在世俗支配极点的那一边,人们听音乐会、看戏剧的频率较低,从事体育活动的频率较高,读《快报》和《费加罗报》更普遍。"② 当空间成为有"习惯"的空间时,处于空间中的个体会选择自身适合的特定的行为方式,从而形成不同群体行为方式的差异,使不同群体处于不同的文化空间。

语言是文化空间的另一种表现形式。首先,语言连接同质性空间。同质性空间的典型代表是移民群体生存空间。移民群体构成一个具有高度同质性的"小环境"空间,移民群体通过语言、宗教、宗族、婚姻等方式加强自身群体内部的机会积累,通过排斥不同语言、不同宗教、不同国家的人来为本群体成员增加机会。在具有流动性的移民群体中,语言是连接彼此、形成高度同质且排外"小环境"空间的重要媒介。其次,语言分化异质性空间。语言资本在各阶层间的不平等分配是形成不同阶层异质性空间的重要因素。"如果不同时得到一种语言关系,人们便不能掌握一种语言。在文化方面,掌握方式以某种使用这一所得的方式的形式永远存在于这一所得之中,……所以,人们正是在语

---

① 包亚明.文化资本与社会炼金术——布尔迪厄访谈录[M].包亚明,译.上海:上海人民出版社,1997:175.
② [法]皮埃尔·布尔迪厄.国家精英:名牌大学与群体精神[M].杨亚平,译.北京:商务印书馆,2020:275.

言关系中，发现了资产阶级语言与大众语言最明显的差异本源。"①资产阶级的语言编码通常表现为高雅、有分寸、更加自如，而大众语言编码则表现为直接地从个别到个别，从形象到语言，避免过于夸大那些重要的讲话或强烈的感情。这样，不同形式的语言编码将异质性阶层空间分开，形成具有各自阶层特征的文化空间。

4. 自我空间

齐美尔承认空间是具有心理层面意义的，他认为"空间从根本上讲不过是心灵的一种活动"②。个体如何感受空间、认识空间，离不开个体的心灵体验与主观认知。任何空间结构观都不否认自我空间的存在，空间结构中存在属于自我心灵的、精神层面的空间，这相当于苏贾所说的"第二空间"。自我空间不同于物理学所说的宇宙的"绝对空间"，是蕴含着主体思维运作的空间。本研究中的自我空间是流动儿童的内心世界，是流动儿童储存有关身份的知识经验与采取身份调适策略的空间。

首先，自我空间是储存有关身份的知识经验的空间。只有具备一定的知识经验，流动儿童才能对外部世界中发生的事件进行思维运作。唯有精神上产生感知与推理，物质才能为我们所知。假如我们在大街上看到一个由上衣和帽子组成的"上身"，并不等于我们看见了某个人，之所以我们会说自己看见了某人，是因为自我空间中的思维运作。③因而我们感受到"我"这一客观存在，是因为自我空间中的思维运作。流动儿童在已有知识经验的基础上，对所遇情境加以思维运作，进而形成对"我"的认识。其次，自我空间是流动儿童采取身份调适策略的空间。流动儿童选取何种身份调适策略，主要取决于自我空间中的主观信念结构。④与城市儿童群体相比，流动儿童属于弱势群体，倘若流动儿童主观上相信自己是可以打破群体边界流动到优势群体中去的，那么流动儿童将更可能采取个体流动（individual mobility）策略，即离开本群体流动到城市儿童群体中去。如果流动儿童主观上不相信自己能够跨越群体边界，那么他们将倾向于采取社会竞争（social competition）策略或者社会创造（social creativity）策略。采取社会竞争策略的流动儿童依然持本群体认同，他们会通过

---

① [法]皮埃尔·布尔迪厄, J-C.帕斯隆.再生产：一种教育系统理论的要点[M].邢克超, 译.北京：商务印书馆, 2021：130.
② 刘少杰.西方空间社会学理论评析[M].北京：中国人民大学出版社, 2020：40.
③ [英]伯特兰·罗素.西方哲学史[M].刘常州, 译.南昌：江西人民出版社, 2017：218.
④ 郝振.流动儿童的社会融入及其策略选择研究[D].上海：华东师范大学, 2015：16.

流动儿童身份建构研究

努力提高自身所属群体的社会地位来增强自尊水平,比如通过努力取得学业成就,证明自己并不比城市儿童差。采取社会创造策略的流动儿童不会离开本群体,而是尝试重新设定群际比较标准,以勤劳、朴实、吃苦来作为自己与城市儿童的比较标准,并努力使这种新的标准得到广泛认可,进而获得积极的社会形象。

第二章　流动儿童身份建构过程的理论模型

第一节　扎根理论研究方法

扎根理论（grounded theory）并非一种实体理论，而是一种研究方法。[①]它由美国学者巴尼·格拉斯与安塞尔姆·施特劳斯于1967年首次提出。扎根理论研究方法最显著的特征就在于沟通理论与实践，希望搭建起沟通理论与实践的桥梁。

首先，扎根理论研究方法致力于以实践资料生成理论，而不是验证理论。扎根理论对学界长期存在的理论资本主义进行批判，反对自上而下以实践资料去验证某一宏大理论的研究范式，认为这种自上而下逻辑演绎的方法会使得少数学术大师垄断理论生产，而大部分学者沦为验证学术理论的"无产阶级"[②]，导致验证理论的方法层出不穷，而真正生成新理论的研究则凤毛麟角。特别是在科学研究技术突飞猛进的当下，不少研究仍在用先进的技术或复杂的方法去验证某一宏大理论。而扎根理论研究方法反其道而行之，以实践资料为根基，自下而上不断提取、归纳，从而生成新的理论。扎根理论研究方法生成的理论不是宏大理论，而是介于宏大理论与低层理论之间的"中层理论"，以保罗·威利斯《学做工：工人阶级子弟为何继承父业》一书中的理论为例来说，"阶层再生产"是宏大理论，"来自劳动阶层家庭的学生反抗学校权威，他们对学

[①] 陈向明.扎根理论在中国教育研究中的运用探索[J].北京大学教育评论，2015（1）：2-15.

[②] 陈向明.扎根理论在中国教育研究中的运用探索[J].北京大学教育评论，2015（1）：2-15.

校提供给自己的东西不珍惜"属于低层理论,而劳动阶层子女的"反学校文化"是扎根理论研究方法所生成的"中层理论"。[①]

其次,扎根理论研究是将实践资料理论化的行动过程。扎根理论研究方法强调事先不对研究问题做理论假设,但并不排斥研究者既有的理论知识对实践资料的帮助。扎根理论研究方法立足于对实践资料的收集,自下而上地通过比较、分析、归纳,概括出理论。这是一种不断将实践资料理论化的过程,"在进行理论化的时候,你向下要抓住基础,向上要进行抽象,并要深入经验之中。理论化的内容要切入被研究生活的核心,要提出关于它的新问题"[②]。理论化的过程不是研究者对资料印象式的描述,而是借助研究者自身已有的理论基础和理论概括能力,将现象转化为理论,这就要求研究者保持对理论的敏感性,也就是坚持理论敏感性原则。理论敏感性原则是扎根理论研究需要遵循的重要原则,研究者对理论要时刻保持警觉,不能错过任何有可能生成理论的资料信息,如果研究者不具备多元理论的背景知识,就很难将现有资料与理论知识联系起来,也就很难实现资料的理论化。扎根理论研究方法的一个风险就是,建立了一系列相互联系却分析不足的过程。[③]同时,开放的思维品质亦是扎根理论研究所追求的,研究者应摒弃个人偏见或刻板印象,对一切实践资料持开放、包容的心态,为理论化过程中重要理论概念的识别提供保障。

最后,扎根理论研究方法生成的理论是动态的,而非"定论"。一方面,扎根理论研究是不断修正、深化的过程。不同于量化研究方法所寻求的线性的、确定的结论,扎根理论研究方法并不试图得出某种线性关联或确定的结论,而是通过不断收集数据、定义样本、编码数据、分析数据、撰写备忘录、做图表、评论文献、生成理论等累积的研究过程,它不是线性的,而是在自我修正中不断获得深化,发现新概念,生成新理论。另一方面,扎根理论研究者所从事的研究是长期而深入的。研究者要了解每一位研究对象,与研究对象展开对话,用心倾听。为了保证所生成的理论经得起检验,研究者要持续关注研究问题,保持与研究对象的联络,进行长期的追踪研究,不断对实践资料进行微观分析,推动研究深入发展,以便补充、更新理论。扎根理论研究的精髓就在于:它是流动的、演进中的、有无限可能的。选择扎根理论研究方法不仅因

---

① 陈向明.质的研究方法与社会科学研究[M].北京:教育科学出版社,2000:325.
② [英]凯西·卡麦滋.建构扎根理论:质性研究实践指南[M].边国英,译.重庆:重庆大学出版社,2009:171.
③ [英]凯西·卡麦滋.建构扎根理论:质性研究实践指南[M].边国英,译.重庆:重庆大学出版社,2009:173.

为这种方法本身的适合性,更在于它能够不断满足研究者的好奇心。①

编码是扎根理论研究过程的标志,正是通过自下而上逐级编码,最终生成理论。在发展、演进的过程中,扎根理论编码也历经变迁。起初,格拉斯提出扎根理论研究方法只有两级编码,即开放编码与选择编码,这被称为经典扎根理论。后经施特劳斯、科宾的发展,扎根理论研究方法形成三级编码,即开放编码(open coding)、主轴编码(axial coding)和选择编码(selective coding),这被称为程序化扎根理论。目前,多数学者采用施特劳斯和科宾的三级编码进行研究。

开放编码(一级编码)是将原始资料打散,分别赋予其概念,然后以新的方式将其组合起来的操作化过程。②在这一过程中,研究者要在资料中发现概念,并对概念进行命名。例如,科宾在做扎根理论编码时收集到越战老兵的如下资料:

> 你只是适应环境,但那时的生活却呈现出一种几乎正常的感受。你举行派对。最大的担心常常是"我们从哪里可以获得足够的啤酒?"或者"我们能用一些青霉素与另一群人换威士忌吗?"或者类似的事情。我们从未考虑过也许还有另外一些人需要这些药品。③

在开放编码过程中,研究者要保持开放的思维,悬置既有理论观点,通过对收集的资料进行逐词逐句的分析、比较,形成编码。当然,开放的思维并不等同于头脑中空空如也,扎根理论并不排斥研究者头脑中既有的理论知识背景与研究技能技巧,而是主张利用这些知识与技巧去更好地理解编码,而不是受既有知识与技巧的"摆布",试图去解释编码。比如在科宾的资料中,"环境""适应""换""需要"极有可能需要研究者具备与环境、道德相关的知识背景,倘若研究者真的大脑空白,那么就很难对这样的"代码"保持敏感性。在开放编码过程中,研究者应尽量保留资料中的本土概念,特别是研究对象所说的原话,这可能是新理论的重要生长点,如"青霉素""威士忌""另外一些人""药品"这些词都可以作为开放编码。需要注意的是,开放编码都是临时的,

---

① [美]朱丽叶·M.科宾,安塞尔姆·L.施特劳斯.质性研究的基础:形成扎根理论的程序与方法[M].朱光明,译.重庆:重庆大学出版社,2015:15.
② 陈向明.质的研究方法与社会科学研究[M].北京:教育科学出版社,2000:332.
③ [美]朱丽叶·M.科宾,安塞尔姆·L.施特劳斯.质性研究的基础:形成扎根理论的程序与方法[M].朱光明,译.重庆:重庆大学出版社,2015:352.

因而研究者不需要在开放编码过程中做到精确，开放编码的目的在于提取一切有可能生成类属的信息，为下一步编码打下基础。研究者要思考的并不是"青霉素""威士忌""另外一些人""药品"这些词编成"代码"是否准确，而是要追问这些"代码"意味着什么、对接下来的研究有何意义。

主轴编码（二级编码）的主要任务是发现和建立一级编码各类属之间的有机联系，其相较于一级编码分析更加深入。主轴编码的目的在于将开放编码中的概念范畴化。研究者不但要思考这些类属之间的关联性，还要将这些类属放在具体的历史环境中加以分析，找出类属背后所反映的研究对象的真实意图。在科宾收集的资料中，"派对"与"啤酒"之间是有关联的，士兵通过喝啤酒、开派对可以暂时逃避残酷的"战争"现实。"青霉素"与"威士忌"两个"代码"也存在关联性，它们通过"换"联系在一起，研究者应当考虑到"青霉素"本是战时药品，士兵用"青霉素"来"换""威士忌"，其背后体现出战争中士兵希望短暂"逃避现实"的意图，而士兵认为用"另外一些人"急需的药品去交换"威士忌"是战争中的"正常"现象，认为这是"适应环境"。在后续跟踪研究中，这些士兵认为当时这种"正常"的行为突破了良心的底线，他们将面临"协调不同的真实"这种内心冲突。

选择编码（三级编码）是在主轴编码的所有范畴中，通过系统的分析、归纳、概括得出核心范畴，这个核心范畴在所有概念类属中占据核心位置，并与各类属存在关联。依然以科宾收集的资料为例，经过系统分析，科宾将"战争""逃避现实""正常行为""协调不同的真实"这些概念类属概括为"战争情况下的道德调适"这一核心概念。由于"战争情况下的道德调适"这一概念与其他各类属联系紧密，因而需要更多检验才能确认其是否达到理论饱和。理论饱和即现有概念已经包含了所有代码，没有新的代码生成的状态。理论饱和是决定是否继续收集资料的依据。①如果理论没有达到饱和状态，就需要重新进行理论抽样，逐级编码。只有扎根理论三级编码达到饱和状态，才能生成理论。

为了探索流动儿童身份建构的过程，本研究深入流动儿童实际生活，收集大量真实可靠的原始资料，通过对原始资料进行扎根理论逐级编码，生成流动儿童身份建构过程理论模型。具体研究思路如图2-1所示。

---

① 谢爱磊，陈嘉怡.质性研究的样本量判断——饱和的概念、操作与争议[J].华东师范大学学报（教育科学版），2021（12）：15-27.

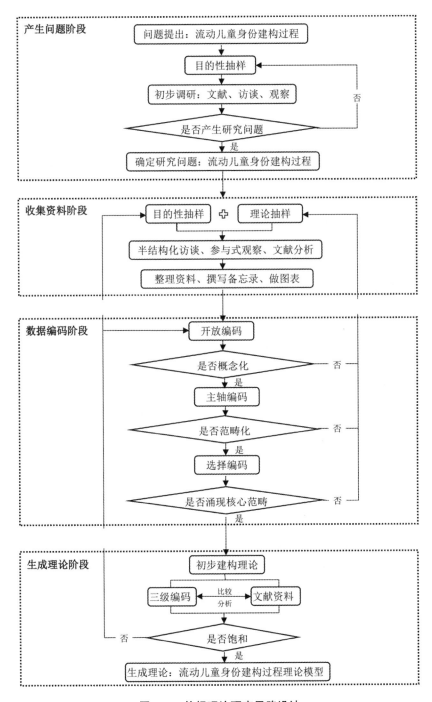

图 2-1 扎根理论研究思路设计

第二节 扎根理论研究过程

一、研究对象的选择

本研究的扎根理论研究对象通过目的性抽样和理论抽样来进行选择。

目的性抽样是按照一定的研究目的,对研究现象进行随机抽样。[1]目的性抽样在扎根理论编码之前进行。与量化研究中的随机抽样不同,目的性抽样是在一定的研究目的下,为保证研究结论的可信度而进行的。也就是说,目的性抽样是要使研究更加有力地说明"发生了什么"以及"它是怎样发生的",而不是发现或验证某现象发生的频率和比例关系,因而研究者应当选取那些最有潜力提供有效信息的样本。

扎根理论研究的最终目的在于生成理论,其研究抽样过程是以生成理论为驱动的。理论抽样在扎根理论编码过程中进行,可以进行多次。研究者收集资料,对形成的概念类属进行分析、比较,随后进一步收集资料,直到理论达到饱和状态。本研究运用理论抽样的方法,以保证理论达到饱和,避免疏漏;在对访谈资料进行分析、比较的过程中,及时记录资料中涌现的新概念类属,同时通过将访谈资料与已有文献研究进行比较,及时发现有可能生成理论之处,适时调整样本和准备下一次访谈内容。

通过目的性抽样和理论抽样,本研究选取D市公立中小学的34名流动儿童作为扎根理论访谈对象,访谈对象基本信息涉及性别、年级、年龄、迁居城市时长等方面。其中,对于访谈对象年级与迁居城市时长这两方面,需要给予必要的说明。访谈对象年级选取小学四年级至初中三年级,这是因为低于四年级的小学生的认知、判断分析能力有限,很难通过访谈从他们那里获得对本研究有价值的信息;而且,就其身心发展特征而言,对于"身份"一词的理解,需要达到一定的心智成熟程度。研究者在前期调研中了解到,流动儿童流动经历主要分为两种:一种是具有一定的农村生活经验,到了受教育年龄才跟随父母流入城市,这类流动儿童有一定的农村生活记忆;另一种是没有农村生活经验,出生于城市的流动儿童,这类流动儿童没有多少农村生活经验与记忆,对农村的了解仅仅是节假日回老家探亲的短暂片段。考虑到本研究采取

---

[1] 陈向明.质的研究方法与社会科学研究[M].北京:教育科学出版社,2000:110.

空间结构分析视角，即以城乡空间结构变化为视角分析流动儿童身份建构过程，按照扎根理论目的性抽样原则，最大限度地寻找能够为研究提供有价值的资料的对象，因而选取那类具有一定农村生活经验的流动儿童为访谈对象。流动儿童访谈对象基本信息详见表2-1。

表2-1 流动儿童访谈对象基本信息

编号	性别	年级	年龄（岁）	迁居城市时长（年）
S1	男	初一	13	4
S2	女	五年级	11	5
S3	女	六年级	12	6
S4	男	初三	15	9
S5	男	五年级	11	4
S6	女	四年级	10	2
S7	女	初一	13	5
S8	男	初二	14	8
S9	女	六年级	13	2
S10	男	初二	14	7
S11	女	初一	13	6
S12	女	初三	15	2
S13	男	五年级	11	3
S14	女	六年级	12	5
S15	男	初二	14	6
S16	男	四年级	10	4
S17	女	初一	13	6
S18	女	五年级	11	5
S19	男	六年级	12	1
S20	女	初二	14	7

续表

编号	性别	年级	年龄（岁）	迁居城市时长（年）
S21	女	初三	15	9
S22	男	初一	13	7
S23	男	五年级	11	3
S24	男	初一	13	7
S25	女	四年级	10	1
S26	男	初二	14	5
S27	女	初二	14	10
S28	女	六年级	12	6
S29	男	初三	15	8
S30	女	五年级	11	4
S31	女	四年级	10	4
S32	男	初一	13	2
S33	男	六年级	12	6
S34	女	六年级	12	6

本研究扎根理论访谈对象中有男生16名、女生18名。其中，小学阶段的流动儿童有17名，初中阶段的流动儿童有17名，访谈对象的年龄为10～15岁，迁居城市时间最长的是10年，最短的是1年。在扎根理论访谈对象的选择上，本研究尽力做到样本均匀分布，涵盖所有可能的情况，以求获得尽可能丰富的资料。

为了深入研究主题，获得流动儿童学校空间与家庭空间的详细真实资料，本研究在34名流动儿童访谈对象中抽取与之相对应的教师9名、家长12名。其中，教师基本信息涉及性别、教龄、任教年级、任教学科以及是否为班主任，家长基本信息涉及家庭角色、职业和学历。教师访谈对象基本信息详见表2-2，家长访谈对象基本信息详见表2-3。

表2-2 教师访谈对象基本信息

编号	性别	教龄	任教年级	任教学科	是否为班主任
T1	女	11	初一	数学	是
T2	男	9	六年级	科学	否
T3	女	5	初二	英语	是
T4	男	14	初三	物理	是
T5	男	2	初一	数学	是
T6	女	24	五年级	语文	是
T7	女	17	四年级	音乐	否
T8	男	8	初二	语文	是
T9	女	4	五年级	美术	否

表2-3 家长访谈对象基本信息

编号	家庭角色	职业	学历
P1	父亲	维修工人	大专
P2	父亲	个体户	初中
P3	母亲	保洁	中专
P4	父亲	货运司机	高中
P5	母亲	无业	初中
P6	母亲	销售员	初中
P7	父亲	工厂工人	中专
P8	母亲	工厂工人	小学
P9	父亲	建筑工人	初中
P10	母亲	销售员	中专
P11	母亲	餐厅服务员	高中
P12	父亲	个体户	高中

二、数据收集与分析工具

(一)深度访谈

美国学者塞德曼认为,要想获得受访者较为深入的经历和看法,至少要做三次访谈。本研究通过面对面访谈与线上访谈相结合的方式,对34名流动儿童进行多轮访谈,在征得受访者同意的情况下将访谈内容录音,在每次访谈结束后,及时将录音资料转为文字,对于发现的问题进行反思并撰写备忘录,以备编码过程中生成新概念之所需。在访谈过程中,研究者还会留心观察受访者穿着打扮、目光、表情、动作等非言语信息,以便后期进行深入分析。

(二)参与式观察

参与式观察是研究者在不暴露自身身份的前提下,直接参与到观察对象的活动当中进行隐蔽性观察的方法。参与式观察的好处是不破坏观察对象的原有结构与内部关系,因而可以获得更深层次的结构与关系的材料。本研究在深度访谈的对象中抽取4名流动儿童进行参与式观察,以便将观察与访谈相结合,更加深入地了解流动儿童真实的学习、生活情况。在进行参与式观察的过程中,研究者及时做观察记录,注意提取重要信息,撰写反思记录。

(三)NVivo 12.0数据分析工具

NVivo 12.0软件的编码功能与扎根理论研究方法契合,并且能够使扎根理论编码过程更具科学性和严谨性。NVivo 12.0系统生成的概念图与层次图能够将扎根理论编码层次以可视化形式呈现,使研究结果更加直观且易于理解。

三、系统编码

本研究采用程序化扎根理论思维模式,对收集的原始资料进行自下而上三级编码,包括开放编码、主轴编码和选择编码,并利用NVivo 12.0辅助编码过程。运行NVivo 12.0,建立"流动儿童身份建构过程"空白项,逐字、逐词、逐句建立节点,同类节点进行归类,通过归纳概括得出上一级节点,与扎根理论研究自下而上逻辑思路切合,最终生成理论模型。

（一）开放编码

开放编码是将原始资料标签化，总结、归纳、界定概念，进而向上建立范畴的过程。在这一编码阶段，研究者应保持思维开放，特别关注本土概念，不要错过任何可能生成新概念的机会。将前期收集到的原始资料整理为文字，导入NVivo 12.0，从原始资料中提取现象，为每一现象贴标签，根据标签在系统中建立节点，就是原始资料标签化过程。

1. 原始资料标签化

原始资料标签化示例（部分）如表2-4所示。

表2-4 原始资料标签化示例（部分）

个案编号	原始资料举例	标签化
S4	刚来城市的时候我觉得这里很拥挤，人多、车多，过马路要看红绿灯，和以前在老家完全不一样，我有些不适应。我很想老家。我老家可好了，我家有一块地，以前最快乐的时候就是跟着妈妈去田里，顺便和我的小伙伴一起在那里玩耍。	密集空间 空间置换 不适应 故乡依恋 城乡比较
	我的老师有的时候温和，有的时候严厉，我们班老师按成绩排座位，最后一排是不学习的，老师就不管了，反正也考不上高中（普高）。有一次我考到倒数第二排，心里很着急，怕被放弃。明年就要中考了，我得努力了，因为以我目前的成绩，考公立高中费劲，而民办高中的话，学费很贵，爸爸的负担就更重了！职高的话爸爸倒是无所谓，妈妈不希望我上，她还是希望我考大学，妈妈比爸爸更看重这方面。	师生关系 差别对待 班级空间 升学考试 中考分流 家庭教育期望
	一开始我不喜欢和本地学生交朋友，我感觉他们嫌弃我，我没说过我是农村来的，我怕那样大家更不喜欢我，但我觉得他们能看出来。我平时穿的运动鞋不如他们，有个同学穿一千多块的运动鞋，他们有时候会说夏令营、旅游什么的，我接不上话，觉得自己很多余。不过，我现在找到志同道合的朋友了，我们放学后一起约打游戏，联机配合，我打得好，所以他们愿意和我搭档，而且打游戏的时候大家不会相互讲话，我终于不用担心遇到那些我接不上的话题了，这可以说是我最幸福的时候了。	同伴关系 自卑感 落差感 被排斥 自我效能 改变互动方式 存在感

续表

个案编号	原始资料举例	标签化
S11	这里的风特别大,而且经常刮,刮得人心烦。我老家不会。那里天气很好。刚来的时候,我感觉一切都很陌生。妈妈说城市里坏人多,让我注意安全。有一次我下楼拿快递,等电梯时我不知道该按哪个按钮,正犹豫要不要走楼梯时,邻居阿姨也来乘电梯,她问了我要去几楼之后帮我按了按钮,还和我搭了几句话,我觉得城市人好像也不像妈妈说的那么坏。	城乡比较 陌生感 身份认知 邻里关系
	我的老师找我谈过几次话。我刚转学过来时,英语成绩很不好,以前在农村,我没有上过幼小衔接班,我老家三年级才学英语,来到这我一点也不会,每次上英语课之前我都很害怕,我怕老师叫我起来回答问题。妈妈也被叫去学校好几次,她还给我报了英语补习班。老师总是说我学习落后得太多了,要加倍努力,不能总拖班级后腿。我觉得自己英语成绩差主要是农村教育条件落后,英语课开得晚,但这也不能全怪我啊!	师生互动 英语学科 成绩不好 家校沟通方式 课外补习 教师评价 课程设置差异
	我在班里有个好朋友,她叫婉婉,是本地人。我喜欢和她玩,但是有时候婉婉也不会只跟我玩,她也会去和别人玩。她们都是城市人,她们会讨论周末去哪儿玩或买什么东西之类的,每当这个时候就剩我一个人了,我就在座位上坐着,感觉挺孤独的。	同伴关系 城市同伴 城市习惯 被隔离 孤独感
	我以为来到城市就可以有很多好吃的、好玩的,但是来了之后我才发现城市里好吃的、好玩的是多,但是我们买不起。爸爸妈妈挣钱是比老家的时候多,但是城里物价高啊,挣的钱显得就很少了。周围的同学很多都参加过夏令营。为这个事情,我跟爸爸吵过几次,每次都失望,后来也就放弃了,毕竟要花挺多钱。	城乡比较 买不起 物价高 难以支付 课外活动 亲子关系

续表

个案编号	原始资料举例	标签化
S20	刚来的时候我的普通话很不好，一放松就不自觉地冒出家乡方言。有一次和同学开玩笑，不小心用了家乡方言，我赶紧改成普通话，但还是被几个男生嘲笑了。从那以后，下课他们经常学我讲话，然后哄笑一团。被他们笑话，我感到很自卑。有一次他们这样笑话我的时候正好被班主任看到了，老师狠狠地批评了他们，为我主持了公道。上学期我的绘画作品获奖了，为我们班赢得了荣誉，这个作品的灵感就源于我家乡的饮食风俗。现在大家学我的口音是出于好奇而不是嘲笑，还有同学说要去我老家旅游呢！	语言劣势 家乡方言 普通话 被嘲笑 感到自卑 教师公正 重要事件 自我效能
	过年我们会回老家。我从城市带回老家的很多东西，小伙伴们甚至都没见过，无论是吃穿还是学习条件他们都不如我，他们的确也很羡慕我在城市，说我是个"城市人"了。我也觉得自己和他们不一样，不是农村人，算是城市人吧，但是我又和城市本地人不一样，我是城市里特别的人。	空间置换 城乡比较 同乡评价 身份镜像 特别的人
S33	以前我在家乡的时候没感觉自己和别人有啥不一样的，来到城市后我才发现自己跟周围城市人不太一样，很不适应，有种明显的距离感，让我感觉不舒服。	群体身份 个体承载 不一样 不适应
	每次老师让借读生填表的时候，我就会想起我不是本地人，是外地来的。中考本地学生有机会加30分，像我们外地来借读的，不管成绩怎样，都没有加分的机会，这太不公平了！	距离感 不舒服 外地人 异地升学 不公平
	放假我会去爸爸妈妈的油条摊搭把手。为了供我读书，他们每天凌晨两点起床，和面、熬豆浆、做豆腐脑，早上四点半就得出摊了。他们很辛苦，城管也会欺负我们，赶我们走，而且对我们外地人态度很差，所以我要加倍努力学习，将来出人头地，不再被人欺负。有时候即便看到本地的果农摆摊被城管撵，我也会很气愤，不管是哪里的农村人受欺负我都会心里不舒服。当然，也有的农村人的确不争气，做些没素质的事，我都替他们感到丢人。	分担家庭负担 父母辛苦 权力空间 学习内驱力 群体身份 身份比较 身份认可
	城市人有什么了不起，往上数几辈大家不都是农村人！我就觉得自己是农村人挺好的，勤劳的农村人比懒惰的城市人强，只要努力学习，考上好大学，我也能成为城市人。	比较标准 成为城市人

2. 标签概念化

在原始资料标签化后,进一步将所得标签概括、提炼,归纳出概念,就是标签概念化过程。标签概念化数据表如表 2-5 所示。

表 2-5 标签概念化数据表

标签	概念化
密集空间、空间置换、城乡比较、地缘关系 故乡依恋、距离感、不适应、陌生感 卫生习惯差、衣服破旧	身份边界 边界感知 身份身体化
低人一等、父母职业、变成底层、落差感 物价高、零花钱少、穷人、条件差 不重要、可有可无、自己很没用、被冷落	地位落差 经济落差 效能落差
瞧不起、排斥、不重视 教师、偏袒、学校、不公平 表情歧视、话语歧视、行为歧视	被瞧不起 不公正对待 受到歧视
回老家、城市人身份、同乡评价、身份镜像 在城市、农村人身份、城市人评价	城市人镜像 农村人镜像
成为城市人、像本地人、希望 懂事、聪明、农村人好、朴实、诚实 比不过、比较差、贫穷、成绩差、能力不行	身份期望 农村人自尊 农村人自卑
父母、代沟、不一样、观点、不赞成 和父母一样、家庭、户口 不愿提起、没安全感、害怕、担心、不希望	代际认同危机 代际身份传递 身份焦虑
城市人好、喜欢、想成为、羡慕 模仿城市同学、穿着、行为、语调 城市人的一面、讲话、习惯、展示给别人	身份偏好 身份模仿 身份展示

续表

标签	概念化
反对、身份保护 维护自尊、隐瞒身份 外地人、不是农村人、特别的人	显性身份保护 隐性身份保护 身份替代
聪明、勤劳、朴实、刻苦、坚强 建设城市、不能缺少、做出贡献	品质标准 价值标准
是农村人、更像农村人 不是农村人、更像城市人 不确定、说不清、不完全是、一半是	农村人身份 非农村人身份 不确定型身份
属于城市、家的感觉 属于农村、临时住所	城市归属感 农村归属感
继续留下、学习普通话、改变习惯、城市就业期待 会回老家、升学策略、改变互动方式	城市人认同延伸 农村人认同延伸

通过标签概念化，本研究共得到32个概念，分别是身份边界、边界感知、身份身体化、地位落差、经济落差、效能落差、被瞧不起、不公正对待、受到歧视、城市人镜像、农村人镜像、身份期望、农村人自尊、农村人自卑、代际认同危机、代际身份传递、身份焦虑、身份偏好、身份模仿、身份展示、显性身份保护、隐性身份保护、身份替代、品质标准、价值标准、农村人身份、非农村人身份、不确定型身份、城市归属感、农村归属感、城市人认同延伸、农村人认同延伸。

（二）主轴编码

通过对得到的32个概念做进一步的整合、归纳、分析、比较，得到更高一级的范畴。本研究共生成12个更高一级的范畴，分别是身份边界感知、身份落差感知、歧视知觉、认知冲突、心理冲突、代际冲突、身份进取策略、身份防御策略、调适比较标准、身份归类、情感归属、身份认同延伸。

身份边界感知是指城乡空间结构变化使流动儿童感知到城市人与农村人身份存在边界，从而出现流动儿童感到自己与城市人"不一样"，并伴有"不舒服"或"孤独"的感觉。身份落差感知是指城市空间中的流动儿童感受到自身家庭经济地位与城市儿童存在落差，人际交往中的自我效能感降低。身份落差感知往往使流动儿童感觉自己是城市里的"穷人"，在与同伴的交往中感到自己是个"可有可无"的人。歧视知觉是指流动儿童感到自己受到歧视与不公正对待，这种不公平对待主要来自教师与学校。认知冲突表示不同的身份镜像使流动儿童对自身身份产生认知冲突，在以往农村同伴面前，流动儿童会形成自己是"城市人"的身份认识，而到了城市同学那里，流动儿童又感到自己是个"农村人"。心理冲突体现了流动儿童对农村人身份既自卑又维护，同时期望自己成为城市人的复杂心境。代际冲突是指流动儿童不再具有同其父辈一样的农村人身份认同，两代人之间在身份认同上存在分歧。身份进取策略是流动儿童为了让自己成为城市人而积极向城市儿童群体靠拢所采取的策略。身份防御策略是流动儿童对其农村人身份进行自我保护所采取的策略。调适比较标准是指流动儿童通过肯定农村人的品质与价值对内群体身份进行积极评价，流动儿童会认为农村人比城市人更加"勤劳""诚实""热情"。身份归类是指流动儿童通过判断、比较，将自己身份归类为城市人或者农村人。情感归属是在身份归类的基础上形成的。身份认同延伸是指由身份认同进而产生与之相适应的行为，依据不同的身份归类与情感归属，流动儿童做出未来继续留在城市或者返回农村的行为选择。扎根理论主轴编码数据表如表2-6所示。

表2-6 扎根理论主轴编码数据表

概念	范畴	范畴内涵
身份边界		
边界感知	身份边界感知	流动儿童感知到城市人与农村人身份存在边界
身份身体化		
地位落差		
经济落差	身份落差感知	城市空间中的流动儿童感受到自身家庭经济地位与城市儿童存在差距，人际交往中的自我效能感降低
效能落差		

续表

概念	范畴	范畴内涵
被瞧不起	歧视知觉	流动儿童感到自己受到歧视与不公正对待
不公正对待		
受到歧视		
城市人镜像	认知冲突	城乡空间不同的身份镜像使流动儿童对自身身份产生认知冲突
农村人镜像		
身份期望	心理冲突	流动儿童期望成为城市人，又极力维护自身农村人自尊，同时为农村人身份感到自卑的冲突心理
农村人自尊		
农村人自卑		
代际认同危机	代际冲突	流动儿童难以维持其父辈的身份认同，父辈身份对其发展构成威胁
代际身份传递		
身份焦虑		
身份偏好	身份进取策略	采取身份进取策略的流动儿童偏好城市人身份，模仿城市同伴，倾向于展示自己城市人的一面
身份模仿		
身份展示		
显性身份保护	身份防御策略	采取身份防御策略的流动儿童倾向于保护自己农村人身份，并力图用其他身份替代农村人身份
隐性身份保护		
身份替代		
品质标准	调适比较标准	流动儿童通过肯定农村人的积极品质与价值对内群体身份进行积极评价
价值标准		
农村人身份	身份归类	流动儿童对自身身份进行归类的过程
非农村人身份		
不确定型身份		
城市归属感	情感归属	在身份归类的基础上形成相应的情感归属
农村归属感		

续表

概念	范畴	范畴内涵
城市人认同延伸	身份认同延伸	根据身份认同产生与之相适应的行为
农村人认同延伸		

（三）选择编码

选择编码即在概括、归纳范畴的基础上，生成主范畴。各主范畴通过整合图式或故事线的形式构成一个核心范畴。核心范畴是一个能够将所有理论要素纳入其中的中心概念，它在资料中频繁出现，很容易与各概念、范畴建立联系，能够包容最大限度的变异，而且最有发展成为扎根理论的潜质。[1]通过对资料进行选择编码，本研究共生成4个主范畴和1个核心范畴。选择编码数据表如表2-7所示。

表2-7 选择编码数据表

范畴	主范畴	核心范畴
身份边界感知	身份感知	流动儿童身份建构过程
身份落差感知		
歧视知觉		
认知冲突	身份冲突	
心理冲突		
代际冲突		
身份进取策略	身份调适	
身份防御策略		
调适比较标准		
身份归类	身份认同	
情感归属		
身份认同延伸		

---

[1] 陈向明.扎根理论在中国教育研究中的运用探索[J].北京大学教育评论，2015（1）：2-15.

选择编码所生成的4个主范畴包括身份感知、身份冲突、身份调适、身份认同，核心范畴为流动儿童身份建构过程。身份感知、身份冲突、身份调适、身份认同共同构成了流动儿童身份建构过程的核心要素。身份感知主要是流动儿童流入城市空间后感知到的身份，它是在自我因素与外界因素的综合作用下形成的，包括身份边界感知、身份落差感知、歧视知觉，流动儿童对身份有了初步感知，这是流动儿童身份建构的第一阶段。身份冲突是由认知、心理、代际等因素导致的，表现为认知冲突、心理冲突、代际冲突，身份冲突是流动儿童在感知和体验身份落差、低身份效能感以及歧视知觉后形成的，是流动儿童身份建构的第二阶段。身份调适是流动儿童为了解决身份冲突问题而采取策略的阶段，包括身份进取策略、身份防御策略、调适比较标准。由于不同流动儿童会采取不同的身份调适策略，因此身份调适阶段的流动儿童身份建构开始出现分化倾向，部分流动儿童采取身份进取策略，利于其建构城市人身份认同，也有部分流动儿童倾向于采取身份防御策略，其建构农村人身份认同的可能性更大。身份调适是流动儿童解决身份冲突的手段，是流动儿童身份建构的第三阶段。身份认同是流动儿童身份建构的最终形成阶段，在这一阶段，流动儿童能够对自身身份做出判断，以情感归属支撑身份认同。

四、饱和度检验与信效度控制

在编码过程中，过去的概念、范畴不断重复出现，并且没有新的概念涌现，则可以认为该理论已经达到饱和状态。[①]本研究对最后2名受访者的访谈资料进行编码时，与身份感知、身份冲突、身份调适、身份认同相关联的概念与范畴反复出现，没有再涌现出新的概念与范畴，生成的概念与范畴也并未形成新的逻辑关系，说明此时理论有可能达到了饱和状态。为了证实理论是否达到了饱和状态，本研究采用了以下两种方法：其一，以相同的抽样方法再选取2名受访者进行深度访谈，对所得资料进行三级编码，最终并没有新的概念与范畴形成，也没有新的逻辑关系产生；其二，请其他研究者将现有资料编码，将其编码与已有编码进行比较、分析，结果显示现有资料均属于已有概念与范畴，并与现有编码的逻辑关系相吻合。这确证了本研究理论已达到饱和状态，可以进入理论模型建构阶段。

---

① 曹茂甲，姜华.高校青年教师专业发展动力体系探析[J].教育科学，2021（3）：89-96.

信度与效度是衡量研究可靠性与真实性的重要标准。量化研究通常是在研究开始之初采用随机抽样与控制变量等方法保证信效度。与量化研究不同,扎根理论研究不可能做到在研究之初就处理好信效度,其信效度控制是循序渐进的,贯穿于研究的各环节、各层面。

(一)研究前期,尽可能收集丰富的原始资料

对于扎根理论研究来说,样本数量在30以上就称得上是大样本。本研究选取34名流动儿童,保证了所收集原始资料的丰富性。原始资料的收集渠道不仅包括从受访者那里得到的访谈资料,还包括研究者在每一次访谈后所写的备忘录、日记等。这些丰富的原始资料为后续研究提供了论证依据与评价依据,研究者正是在掌握丰富的原始资料基础上,经过分析、比较、论证而生成相关理论的。当研究结论存在争议时,研究者可以通过对照原始资料来评价结论是否可靠。

(二)研究过程中,对受访者进行持续跟踪研究

一次访谈往往难以反映深层次的问题,本研究先后对受访者进行了3～4轮深度访谈(由于受访者意愿及其个人时间安排不同,23名受访者接受了4轮深度访谈,11名受访者接受了3轮深度访谈),每次访谈时间保持在40～90分钟。在对受访者进行持续跟踪访谈的过程中,研究者与每位受访者以面对面接触、电话、微信、QQ、短信的方式建立稳定联系,多次进行非正式谈话,并写下备忘录,将每轮访谈资料进行比较分析。对于访谈过程中涌现的新概念类属,反复与受访者确认。同时,广泛吸纳专家、同行的反馈意见,对资料进行专业化、多人员、多视角分析,以保证研究的信效度。

(三)研究后期,进行相关检验及受访者检验

相关检验又称三角检验,是运用不同的方法,在不同的时间、不同的情境中,对不同的样本进行研究,目的在于检验研究结论的真实性。本研究将访谈原始资料与已有文献进行比较,与研究所得结论相互印证。扎根理论研究的信效度与一般量化研究中信效度的含义有所不同,一般量化研究中的效

度指的是纯客观意义上的真实，研究结论符合客观事实，而扎根理论研究中效度的真实更强调被研究者眼中的真实，因而研究结论需要经过受访者检验。本研究生成理论之前将研究所得结论反馈给受访者，听取他们的意见，如果发现研究中对其初衷有所误解，则尽快做出修正，确保研究结论的真实性。

第三节　扎根理论研究发现

一、流动儿童身份建构过程理论模型建构

启动 NVivo 12.0 "层次图表"功能，可以得到流动儿童身份建构过程环状层次图，如图 2-2 所示。其中，外围圈层表示开放编码所发现的概念，中间圈层是主轴编码形成的范畴，内圈层代表选择编码对应的各主范畴，层次图圆心部分为扎根理论研究的核心范畴——流动儿童身份建构过程。选择编码圈层各主范畴对应不同的"项目区域"，在 NVivo 12.0 环状层次图中不同的"项目区域"会对应不同的项目区域加以区分，从流动儿童身份建构过程环状层次图中可以看到，流动儿童身份建构过程理论模型共分为 4 个项目区域，核心范畴项目区域为流动儿童身份建构过程，由核心范畴项目区域逐层向外分别为：身份感知项目区域，其中范畴有身份边界感知、身份落差感知、歧视知觉，概念有身份边界、边界感知、身份身体化、地位落差、经济落差、效能落差、被瞧不起、不公正对待、受到歧视；身份冲突项目区域，其中范畴有认知冲突、心理冲突、代际冲突，概念有城市人镜像、农村人镜像、身份期望、农村人自尊、农村人自卑、代际认同危机、代际身份传递、身份焦虑；身份调适项目区域，其中范畴包括身份进取策略、身份防御策略、调适比较标准，概念包括身份偏好、身份模仿、身份展示、显性身份保护、隐性身份保护、身份替代、品质标准、价值标准；身份认同项目区域，其中范畴包括身份归类、情感归属、身份认同延伸，概念包括农村人身份、非农村人身份、不确定型身份、城市归属感、农村归属感、城市人认同延伸、农村人认同延伸。同时，系统会以项目区域面积的大小表示已编码项数量，面积越大，表示已编码项数量越多，即与某概念相关联的要素出现的频次较高，反之则表示已编码项数量越少，与某

概念相关联的要素出现的频次较低。从图2-2中可以看出，从开放编码圈层到主轴编码圈层，再到选择编码圈层，越靠近核心项目圈层，项目区域面积越大，这说明越靠近环中心，要素出现的频次越高。主范畴要素出现的频次最高，对其他两个圈层起到统领作用，主轴编码圈层次之，开放编码圈层的概念要素则出现频次较低。

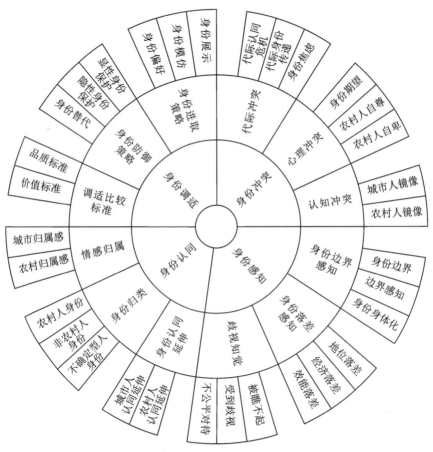

图2-2　流动儿童身份建构过程环状层次图

利用NVivo 12.0生成的流动儿童身份建构过程环状层次图只强调三级编码层次的呈现，而要展现概念、范畴、主范畴、核心范畴之间纵向与横向的逻辑关系，则需要启动NVivo 12.0的"概念图"功能。"概念图"是研究编码逻辑关系以及生成理论模型的重要工具。流动儿童身份建构过程的概念图如图2-3所示。

图2-3 流动儿童身份建构过程的概念图

流动儿童身份建构研究

二、流动儿童身份建构过程理论模型解析

(一) 身份感知

流动儿童进入城市空间学习和生活,会对自己的身份有所感知,身份感知一般发生于流动儿童身份建构的初期。

1. 身份边界感知

城乡二元社会结构使得我国出现了横亘于城市空间与农村空间的边界,边界是"内部联系的人口和/或活动丛集之间对比密度、迅速转变或分隔的邻近区域"①。边界对社会活动分布状态具有限制、中断、分开与隔离的功能。我国城乡空间存在边界是毋庸置疑的,城乡从人口、建筑、生产生活设施,到观念、文化、互动方式,都存在巨大的差异。根据列斐伏尔的空间生产理论,空间是社会的产物,同时也是社会生产的原材料,它具有"生产"的功能,不同空间生产出属于该空间的特有的社会形态。农村空间也会发挥其"生产"功能,生产出属于农村空间的社会形态,其中包括属于农村空间的身份——农村人。可以说,流动儿童的"农村人"身份便是农村空间的产物。

流动儿童离开家乡的农村空间,其实质便是列斐伏尔所言的"空间生产的中断",即农村空间不再继续生产流动儿童作为农村人的身份。农村空间中的每个人都一样,属于同类,称得上是"自己人",农村空间中的农村人身份,使流动儿童形成"我们"的概念身份。而当流动儿童离开家乡流入城市后,城市空间中高楼云集、车水马龙以及特定的生产生活方式都不会继续生产"农村人"身份,此时流动儿童便成了城市空间中的"他"或"她",是与城市主流群体不同的异类,是他者。在城市空间下,流动儿童作为农村人,便与城市人形成了一道鲜明的身份边界。

"这里人穿得很时髦,说话也很有礼貌,好像没什么问题,但我就是感觉自己和他们亲近不起来,有那种明显的距离感,让我感觉不舒服。"(个案S11)

---

① [美]查尔斯·蒂利.身份、边界与社会联系[M].谢岳,译.上海:上海人民出版社,2008:140.

"刚来城市的时候,我喜欢和跟我一样的外地孩子一起玩儿。我家附近外地来的人很多,跟他们在一起的时候,我感觉很舒服、很自在。一个计划、一个点子,大家能很快达成一致,有时候还很有默契,大家能理解彼此。跟城市孩子玩儿就不一样了,他们的"讲究"特多,很麻烦,还要照顾他们的情绪,动不动就不跟我玩儿了,这让我很不喜欢他们。"(个案S5)

"第一次来到城市时,我很好奇,觉得什么都新鲜。我喜欢大海、公园、地铁,但是新鲜劲儿过去了也就没什么了……有一天,房东来找妈妈,说该续租金了。妈妈试着跟房东砍价,房东就不高兴了,板着脸说我们农村人小气,还瞪了我一眼,说我以后也难成什么大气候。我非常气愤!想离开这里回老家。家乡人都很热情、友好。大海嘛,看几次也就那样,还不如家乡的小河!"(个案S4)

流动儿童接触城市空间后所产生的"不适应",与城市人交往后所感到的"不舒服""不喜欢",实际上都是身份边界激活导致的。查尔斯·蒂利指出,"边界"是可以在一定的社会情境中被激活的。边界激活意味着边界的显著性上升,它使"在边界的任一边作为社会关系的组织者更加明显"[①]。在二元空间结构下,农村人身份与城市人身份之间存在一条边界,当流动儿童进入城市空间时,必然会激活身份边界,这为流动儿童带来的直接体验便是其所说的"不适应""不舒服"甚至"想回老家"。身份边界是客观存在的,并在特定社会场景中被激活。从某种程度上而言,身份边界激活不利于流动儿童顺利融入城市社会生活,但边界激活的程度是可以调节的,可以将高强度的边界激活调节为低强度的边界激活,从而降低边界的显著性,这为流动儿童更好地融入城市社会、适应城市学习环境提供了可能。

身份身体化蕴含着群体身份个体化,是流动儿童农村人群体身份以身体承载的方式流入城市,使流动儿童成为城市里的农村人的过程。身份身体化是流动儿童身份建构的初始阶段表征。人类的身体绝不是一个空的物理实体,只有经历了身份身体化这个过程,我们才能真正意识到"自我"。流动儿童最初的身份体验正是通过对身体的认识与感知开始的,他们通过身体与空间的互动逐渐意识到身份的存在。流动儿童离开农村空间,其迁居过程实质上就是身体与

---

① [美]查尔斯·蒂利.身份、边界与社会联系[M].谢岳,译.上海:上海人民出版社,2008:150.

空间分离的过程，原本生活在农村空间中的身体离开了其依存的空间，这使得初入城市的流动儿童产生类似于幻肢的行为。虽然已经进入城市空间，但是他们的身体依然会采取农村空间中的某些行动策略，就像自己的身体依然在最初的农村空间。

"有一回课间，我想叫同学一起出去活动一会儿，我喊她名字，叫她跟我一起（出去活动），这时班主任正好进来了，批评我课间喧哗。其实，我并不是故意喧哗，我只是下课放松了，忘记要克制一下自己，再说之前在家（乡）的时候，大家不都是这样讲话的嘛！"（个案S14）

"刚来这里的时候，我过马路不太习惯，因为要看红绿灯。在农村也有红绿灯，但是在远处一条货运路上，我们不常去那边，常经过的路是没有红绿灯的。我以前就是看没车就过去，不知道还要看红绿灯。有天放学，我们几个同学一起回家，来到马路前我看没车就走过去了，另外两个同学没有过马路，他们说我不遵守交通规则，还吓唬我说告诉老师。我当时很害怕，但我真的不是故意这么做的。"（个案S16）

流动儿童流入城市初期，对于某些城市规则的不遵守，其实并不是表象化的"没规矩"，其映射的深层问题是流动儿童身体与空间分离后所产生的空间与身体失调，知觉中的身体依然还在原来的位置，导致其在城市空间中依然沿用农村空间的某些身体行动策略。

2. 身份落差感知

身份落差感知是流动儿童对自己身份差距的主观感受与判断。流动儿童身份落差感主要来自以下两个方面：其一，家庭经济地位引发的"低人一等"的身份落差感；其二，城乡教育差异体验触发的自我效能落差。其中，流动儿童的自我效能落差既涉及其在校学习方面，也涉及其日常交往互动方面。

"来到城市以后，我总感觉'低人一等'，处处受人管制。爸爸妈妈靠在路边卖早点挣钱。以前他们在一个比较显眼的弯道边上（卖早点），那儿客流量大，生意还不错。但是城管不让卖，还没收过一回东西，罚了钱，那几天我家里气氛都是沉重的。现在为了躲城管，爸爸妈妈只能在一条街尾支摊位,生意不如从前了,也经常提心吊胆的。我知道摆摊影响市容、影响交通,但是我们真的只是为了维持基本生活。"(个案S33)

此外,由于城市与农村学校在课程设置、教材选用上存在差异,加之流动儿童家长教育参与水平不高,所以流动儿童从农村学校转到城市学校后会不适应。有农村学习经历的学生讲述了她由农村班级中的"班干部"变成城市班级中"后进生"的经历。

"在以前的班级,我是学习委员,是大家学习的榜样,但是来到现在的班级,我成了学习成绩不好的学生,我很失落。就说英语吧,老家三年级才开英语课,这里一年级就要学英语了,我来了以后一句英语都听不懂,语文和数学的考试卷子也明显比老家的要难,觉得自己和这里的同学相比基础差好多。现在我对学习越来越没信心了,觉得自己成了个'差生'。"(个案S25)

从"班干部"变成"后进生",流动儿童经历了流动带来的身份效能落差,使其感知到自身效能较为低下,缺乏自信心与自我价值感。除了学习方面的身份落差感知之外,流动儿童还存在日常交往互动方面的身份落差感知。

"以前在农村老家的时候,同学们都围着我转,我能把一大堆人都组织到一块儿玩。但是来到这里,我觉得他们都不怎么理我,说我的点子不好、没劲儿什么的。我觉得自己在他们中间是个可有可无的人,就像空气一样。"(个案S22)

3. 歧视知觉

流动儿童的歧视知觉是指流动儿童觉察到因自己的农村户籍身份而受到有区别的或不公正的对待。在歧视知觉下,流动儿童感到自己被排除在外。很多时候,这种社会排斥是隐匿的、不易被察觉的,但其对流动儿童的作用是强制性的。①

---

① 程猛.农村出身:一种复杂的情感结构[J].青年研究,2018(6):64-73,93.

个案S29:"借读就是借别人的位置读书嘛,借读生当然不能和本市户口学生比喽!像我们借读生是加不到那30分的。本市户口学生中考有机会加30分,当然也不是每个本市学生都能加分,就是也得成绩好。不管怎么说,人家至少有机会拿到,但是我们外地借读生就不行了,成绩再好也没有加分,这是对本市学生的特殊照顾。这是不公平的,但也没办法,谁让我是外来户呢!"

问:"在学校有好朋友吗?"

个案S30:"现在没有了。"

问:"以前是有的,对吗?"

个案S30:"对。"

问:"因为你们之间发生了什么不愉快吗?"

个案S30:"倒不是我们之间,而是别人插了一脚,把她'抢'走了。她(介入者)不让她跟我玩,说我什么也不懂。她(介入者)平时看我就那种(不屑的)眼神,一副瞧不起人的样子。"

歧视知觉对流动儿童的成长是有消极作用的。一方面,歧视知觉容易导致流动儿童产生消极心理,歧视知觉较高的流动儿童的心理健康程度较低。① 在歧视知觉影响下,流动儿童容易产生相对剥夺感、孤独感、自卑感等负面心理,导致其对城市学习生活的满意度降低。他们也会感受到来自城市的疏离感和压迫感,容易产生对城市的抵触情绪,这对其积极乐观心智的养成是极为不利的。另一方面,歧视知觉易导致流动儿童学校适应不良。歧视知觉对流动儿童而言是一种排斥,将其排斥在主流群体之外。在歧视知觉影响下,流动儿童的课堂活动参与度降低,容易出现厌学现象,获得高学业成就的概率也会大大降低。②

(二)身份冲突

1.认知冲突

乔治·米德指出,自我是在社会符号互动过程中形成的。每个人都能通过

---

① 韩毅初,温恒福,程淑华,等.流动儿童歧视知觉与心理健康关系的元分析[J].心理学报,2020(11):1313-1326.
② 张岩,谭顶良.歧视知觉与流动儿童学校适应的关系:希望的调节作用——以江苏省为例[J].中国特殊教育,2019(5):59-64.

与他人进行社会互动认识自我，流动儿童也是在与他人的互动中形成自我认知的。

流入城市后，流动儿童在与城市同伴的互动中，形成"农村人"的自我镜像，而在与农村同伴的互动中，形成"城市人"的身份镜像。不同空间下的身份镜像导致流动儿童自我身份认知存在冲突。

"去年暑假回老家了，爷爷奶奶辅导不了我的暑假作业，妈妈给我报了个作业班。作业班的老师对我很热情，同学们也问我城市里的这个那个，我很开心地回答这些问题。大家爱叫我'城市人'，作业班的同学们都特别羡慕我，我感到特别高兴。"（个案S18）

"在城市同学眼里，我永远是个农村人。他们看我的眼神让我觉得不舒服，这和学习成绩没什么关系。"（个案S27）

2. 心理冲突

心理冲突是流动儿童面临的身份冲突在心理层面的体现。由于教育选择、家庭期望、社会公共服务等因素，城市吸引着流动儿童，他们在维护农村人自尊的同时，也期望成为城市人。这让他们在某一瞬间觉得城市人并不像他们说的那样一无是处。从他们的言语间可以感到城市人身份期望"减活"（de-activate）了城乡身份边界，不同群体融合的"马赛克"在身份期望的驱动下短暂地达到了"熔炉"（melting-pot）的理想境界。[1]

"老家的朋友穿的、用的明显不如我好，每次回老家跟他们讲起我的城市生活，给他们看一些城里才能买到的新玩意儿，他们就羡慕我。每当这个时候，我就会感到很满足。"（个案S23）

"当然想成为城市人，爸爸妈妈把我从老家带出来，就是希望我将来一直留在城市里。他们说了，要是我成绩好，就在这边中考，继续读高中。我正为这个目标努力呢！"（个案S26）

如果流动儿童的这种城市人身份期望与农村人自尊之间的冲突不能得到有效调节，就很容易导致其产生疏离感与内疚感。一方面，他们会因为高水平的

---

[1] 章淼榕，杨君. 从群体心理到认同建构——多学科视角下的身份认同研究述评[J]. 广东社会科学，2022（2）：202-214.

农村人自尊而对城市人群体产生疏离感，甚至是排斥心理，这与其本身对城市人身份的期望形成矛盾。另一方面，逐渐趋向于城市人会引发流动儿童对原有农村人群体的愧疚，认为自己叛离了共同体，与自己所属共同体其他成员相比，自己获得了更多，却无力帮扶其他成员，从而产生内疚、亏欠、自责的消极心理。①为此，协调好城市人身份期望与农村人自尊之间的关系，是缓解流动儿童身份冲突的关键。

在认可农村人身份的同时，流动儿童也存在对农村人身份的自卑感，这主要体现在家庭经济与家庭文化资本方面。

在家庭经济方面，流动儿童家庭经济状况与城市儿童是无法相提并论的。在访谈资料中可以发现，流动儿童从未真正忽视家庭经济状况这一"硬伤"，他们不会直接用语言道出"贫困""金钱""经济困难"等，但是从他们被压制的需要中，可以感受到家庭经济为其带来的自卑感。一般而言，经济受损家庭会采用以下两种家庭生计适应策略：一是设法增加家庭经济来源；二是降低家庭消费需求。②增加经济来源对于流动人口家庭来说并不容易，相较而言，缩减家庭消费支出则显得容易得多。然而，缩减家庭消费支出是需要其他家庭成员共同配合的，比如，父母会因为缩减家庭消费支出而减少其在子女身上的开销。在长期消费需求难以满足的情况下，流动儿童容易产生物质上的自卑感。

"我喜欢穿校服，因为我其他的衣服都是姐姐穿剩下的。妈妈说衣服贵，而且穿着穿着就小了，买新的也没用。我只去过免门票的公园，其实我也想去海洋馆看看。"（个案S28）

在家庭文化资本方面，许多流动儿童体验着底层家庭教养方式带来的无助感。安妮特·拉鲁通过对城市中产阶层家庭、移民家庭、低收入阶层家庭的长期跟踪研究发现，中产阶层家庭与低收入阶层家庭的教养方式存在很大差异，中产阶层家庭父母能够积极参与其子女的学习过程，在其子女的整个学业生涯中扮演着重要的支持者角色，父母与子女形成合作学习的模式，即"协同培养"教养方式。而低收入阶层家庭的父母很少参与其子女的学业，通常对其子

---

① [法]迪迪埃·埃里蓬.回归故里[M].王献，译.上海：上海文化出版社，2020：76.
② [美]格伦·H.埃尔德.大萧条的孩子们[M].田禾，马春华，译.南京：译林出版社，2002：36.

女学业不闻不问，他们认为让孩子自然成长才是最好的，学业是孩子自己的事，家长没有必要插手，即"自然成长"教养方式。

"我同学上英语课的时候不听课，我让她认真听课，不然考试不会的。可是她却跟我说上课不听也不要紧，她妈妈回家能再给她讲一遍。但是我不行，因为我知道我妈妈不会，要是我课上没听懂就真的不会了。"（个案S34）

3. 代际冲突

代际认同危机是指流动儿童与其父辈身份认同存在差异，在家庭身份期望驱动下，希望摆脱农村人身份，而实际中却又难以彻底摆脱父辈身份束缚，对自身身份表现出犹豫、迟疑、不确定的心理状态。

代际社会学研究领域学者卡尔·曼海姆提出了"社会代"（social cohorts）的概念。与以往以血缘关系为纽带的代际概念不同，"社会代"是以重大社会历史事件为依据，即经历相同的重大社会历史事件的一代人。这些社会重大历史事件与他们的成长息息相关。正是这种共同的社会成长经历催生了人们强烈的代际认同，让人们形成与前辈极为不同的价值观念与行为倾向。①流动儿童是在社会重大事件中成长起来的一代人，他们经历了工业化城镇化带来的社会转型，经历着大规模的人口变迁，体验着教育规模扩大与教育机会增长带来的机遇与挑战。可以说，在这样的社会环境中成长起来的一代人，其代际认同更加趋于一致。而大多数流动儿童与其父辈形成完全不同的身份认同，加之流动儿童在农村生活经验上明显少于其父辈，因而对于农村以及农村身份，流动儿童与其父辈的观念、情感是不同的。

大部分流动儿童的父辈也希望其子女能够通过接受更加优质的教育改变社会地位，从而实现身份的改变。首先，教育期望是改善家庭贫困状况的补救措施。流动儿童的父辈有着比其子女更多的贫困体验，而贫困正是由教育失败导致的，因此当下改善家庭贫困状态的措施便是对其子女的高教育期望。②与农村留守儿童相比，流动儿童享有更加优质的教育设施、师资力量、教育氛围

---

① 李春玲.改革开放的孩子们：中国新生代与中国发展新时代[J].社会学研究，2019（3）：1-24，242.
② 朱镕君.城乡之间：底层文化资本生成的空间机制[J].中国青年研究研究，2021（4）：98-105.

等，很多流动儿童流入城市其实是为了教育而流动。①流动儿童的父辈希望其子女通过教育补救自身教育失败而带来的经济贫困。其次，子女学业成就是实现阶层向上流动的重要渠道。从农村流入城市的流动人口主要从事次级劳动力市场中的工作，个人生存经验让他们看到了学历的重要性，认为自己正是"吃了没文化的亏"，才只能在城市中从事强度大、收入微薄的体力劳动，子女的学业成就成为其阶层向上流动的重要渠道。对于流动人口家庭而言，教育是改变命运的存在。再次，教育是获得城市人身份的可靠途径。流动人口流入城市，从事的工作行业领域多为建筑业、制造业、服务业。为解决举家搬迁而带来的妻子工作问题，以及最大限度地节省生活必要开支，流动家庭多会采取"夫妻搭伙"的方式在城市做些小生意。随着市场经济的深入发展，阶层向上流动的方式也变得多元化，人们不一定仅依靠制度来实现阶层流动，一些非制度方式也可以改变原有阶层，例如经商便是实现阶层向上流动的渠道之一②，也是对于流动人口家庭来说门槛比较低的一种阶层晋升渠道。然而，很多家长认为这种方式"不稳妥""不是长久之计"，想彻底改变农村人身份，还是要靠教育。

"让孩子也做生意，是可以自食其力，干好了干大了还能发财。但是，这可不稳定啊，万一哪天运气不好，把钱赔了，不就又变成穷人了？再说了，这不能改变农村人的出身，有钱了就是城市人了？有钱了充其量只能当个'暴发户'，你还是农村人。只有上了大学，有了文化，在城市里有份体面的工作，才叫城市人。"（个案P7）

（三）身份调适

面对身份冲突，流动儿童开始尝试采用身份调适策略。不论是农村人还是城市人，都是群体意义上的身份。社会认同理论认为，当个体面对不同群体时，会根据自身特征或品质寻找与自己相似度更高的群体，作为自身群体归属。这便是自我归类的过程，它是形成社会认同的重要前提。为了调适身份冲

---

① 韩嘉玲，余家庆.离城不回乡与回流不返乡——新型城镇化背景下新生代农民工家庭的子女教育抉择[J].北京社会科学，2020（6）：4-13.
② 李春玲.流动人口地位获得的非制度途径——流动劳动力与非流动劳动力之比较[J].社会学研究，2006（5）：85-106，123.

突，流动儿童开始通过自我归类的方式，寻找自己认同的那个群体。在身份调试过程中，流动儿童主要采取三种身份调适策略，分别是身份进取策略、身份防御策略、调适比较标准。

1. 身份进取策略

身份进取策略是流动儿童对城市人身份具有积极评价，并采取相应策略让自己向城市人群体靠拢。流动儿童采取身份进取策略既有理性因素方面的考量，也有情感因素的驱使。

首先，理性因素方面的考量主要体现在对实际利益的追求。社会认同理论认为，人际吸引是造成群体归属的心理力量。如果一个群体对某个体具有人际吸引力，很可能是该个体对这个群体存在"促进性依赖"。[1]"促进性依赖"是一种社会心理，它的假设前提是个体有希望获得进步的需要，在这种需要的驱动下，个体倾向于认同那些能够满足自己这种需要的群体。在流动儿童人际互动中，城市学生群体会因为满足流动儿童的"促进性依赖"需要而产生对流动儿童的人际吸引力。

> "跟城里同学一起玩能长见识，他们知道的特别多，我现在知道的东西，很多都是从城市同学那里学来的。而且城市同学的成绩比我好，我觉得跟他们玩我的成绩也会提高的，'近朱者赤'嘛！"（个案S10）

流动儿童之所以认为加入城市学生群体会对自己有促进性，是因为城市学生群体是具有相对优势的群体。当两个群体实力悬殊时，个体会选择加入他们知觉到的具有相对优势的群体。低地位群体在某些态度和行为上表现出对外群体的偏好。关于外群体偏好的研究，比较早的是克拉克洋娃娃实验（Clark Doll Experiment）。在这个实验中，研究者让黑人儿童在白人洋娃娃和黑人洋娃娃中进行选择，结果发现黑人儿童在知道自己种族的前提下，还是更多地选择白人洋娃娃，并认为白人洋娃娃比黑人洋娃娃更好。[2]其实，"进取性依赖"多是在功利性目的引导下形成的心理需要，比如家庭期望他们多与城市学生接触，或

---

[1] [澳]约翰·特纳.自我归类论[M].杨宜音，王兵，林含章，译.北京：中国人民大学出版社，2010：98.

[2] 陈世平，崔鑫.从社会认同理论视角看内外群体偏爱的发展[J].心理与行为研究，2015（3）：422-427.

者与城市学生交往能够给自身带来切实的好处,这些都是流动儿童倾向于认同城市人身份的原因。有研究者以农村籍大学生为被试,运用加工分离程序研究低地位群体的内隐群体偏好特征,结果发现,农村籍大学生的无意识加工在提取城市群体积极特质词时比消极词更显著,而在提取农村群体的积极词和消极词时没有显著差异。这说明低地位群体成员对外群体有内隐群体偏好,对内群体却不存在内隐群体偏好。①

其次,身份进取策略也受情感因素驱动。社会认同理论认为,在标准归类情境下,人们对喜欢与不喜欢的反应都会加强,也就是说,在进行归类过程中,人们对于类别的积极情感与消极情感存在"刻板化加强"(stereotypical accentuation)现象。②其中,消极情感比积极情感更容易导致"归类",引发类别之间的区分,比如偏见、歧视与排斥。相应地,由消极情感产生的群体认同也更加强烈。

> "我觉得农村人小气,唠嗑时倒是挺好,一侵犯他利益就很小气,邻里间总是为了一些小利而争吵,而且借钱不还,背地里爱说别人家坏话。"(个案S21)

采取身份进取策略的流动儿童更加倾向于认同城市人身份,他们通过身份模仿与身份展示的途径使自己向城市人身份靠拢。

2. 身份防御策略

身份防御策略与身份进取策略相反,采取身份防御策略的流动儿童比较倾向于认同农村人身份,他们考虑的是如何让自己的农村人身份不受到伤害。

首先,流动儿童采取保护农村人身份的方式。人们在日常生活中,会形成一个基于信任的身份"保护壳"。这个身份"保护壳"是能够让周围世界得以维持的信任外壳,其作用在于过滤掉那些可能给自我身份带来威胁的因素。③当外界刺激威胁到流动儿童的农村人身份认同时,身份保护机制便会启动。

---

① 向玲,赵玉芳.使用加工分离程序对低地位群体内/外群体偏爱的研究[J].心理科学,2013(3):702-705.

② [澳]约翰·特纳.自我归类论[M].杨宜音,王兵,林含章,译.北京:中国人民大学出版社,2010:115.

③ [英]安东尼·吉登斯.现代性与自我认同:晚期现代中的自我与社会[M].夏璐,译.北京:中国人民大学出版社,2016:50.

"我不想让同学们知道我是农村来的,我就说自己是从别的城市来的,反正也没人知道。"(个案S20)

"一和同学讲话我就容易冒出家乡方言来,现在我找到一个解决办法——和几个同学一起联机打游戏,不用讲话,省得我总暴露方言。"(个案S4)

其次,流动儿童采取身份替代策略,即用另外一种他们在心理、情感上更愿意接受的身份去替代农村人身份。

"我不喜欢别人称我为'农村人',这会有一种和城市人对比我是农村人的感觉,好像自己低人一等似的,有点伤自尊。"(个案S15)

"我觉得'流动儿童'这个称呼不太好,听上去有种居无定所的感觉,而且容易引起歧义,你说的流动儿童我开始以为是无家可归的流浪儿。"(个案S12)

"我不是农民工子女,我爸妈又不是农民工。"(个案S8)

对于"流动儿童""随迁子女""打工子弟""农民工子女"等常出现在政策文件中的身份符号,一些流动儿童持不认同态度,而且表现出明显的排斥感。包括"农村人"这一身份,在访谈过程中流动儿童很少主动介绍自己是农村人,只是在客观说明农村人群体时,才会提起。他们喜欢用一个新的身份概念——外地人来形容自己。

3. 调适比较标准

在斐迪南·滕尼斯看来,共同体是独立于社会的概念,是一种具有自然属性的群体,是对自我归属于某群体的承认,也是对自我精神情感归属该群体的维护。共同体包括血缘共同体与地缘共同体。血缘共同体是人们根据血缘关系建立的共同参与、紧密联系的团体,表现为亲属关系。血缘共同体会逐渐衍生出地缘共同体。地缘共同体建立在人们共同占有地域的基础上,在这一共同地域上建立起紧密的人际关系,表现为邻里关系。滕尼斯将共同体概念从社会概念中分离出来,认为共同体是自然形成的,而不是人为设计的,人们在血缘关系与地缘关系的基础上,形成对该共同体的认同感,"只要在人们通过自己的意志,以有机的方式相互结合和彼此肯定的地方,就会存在着这样或那样的共同体形式"[①]。在共同体中，人们会感觉自己属于该共同体，对共同体具有强烈的归属感。共同体的这种情感指向在马克斯·韦伯那里得到了更加详细的解释："在个别场合内，平均状况下或者在纯粹模式里，如果社会行为取向的基础，是参与者主观感受到的（感情的或传统的）共同属于一个整体的感觉，这时的社会关系，就应当称为'共同体'；如果社会行为取向的基础，是理性（价值理性或目的理性）驱动的利益平衡，或者理性驱动的利益联系，这时的社会关系，就应当称为'社会'。"[②]处于共同体中的个体会对共同体有归属感，认为自己是共同体中的一部分；而社会更趋于利益联合体的性质，成员间的相互联系基于理性考量与利益权衡，很少有情感上的归属与认同。

对于流动儿童而言，农村老家便是一个建立在血缘、地缘关系基础上的共同体，是流动儿童的情感归属之地。他们认为自己属于农村，并不是因为理性考量后认为农村更加可取，而是在情感上，认为自己属于农村，是农村的一分子。在访谈中，许多流动儿童对于自己老家所属的城市或县区是模糊的，而对于老家是哪个村却记得分明，可见流动儿童对农村的情感归属。

问："你老家是哪里的？"

个案 S4："安徽省。"

问："安徽省哪个市？"

个案 S4："不知道。"

问："哪个县呢？"

个案 S4："好像是德兴县，我不确定，只听爸爸说过一次。"（后经笔者确认，该县名为旌德县）

问："哪个村呢？"

个案 S4："碧云村！碧绿的碧，云彩的云。我们村的名字很好听吧！"

在情感归属的驱动下，产生了内群偏好（ingroup favoritism）。内群偏好是群体成员过分肯定本群体的优点或成就，而忽视其他群体的优势，成员由于无

[①] [德]斐迪南·滕尼斯.共同体与社会——纯粹社会学的基本概念[M].张巍卓，译.北京：商务印书馆，2019：87-88.
[②] [德]马克斯·韦伯.社会学的基本概念[M].胡景北，译.上海：上海人民出版社，2020：87.

意识的认同感而对自己所属群体内部成员给予肯定与积极评价，而对群体外部成员则少有积极评价，从而突出本群体的优越感，提升群体自尊水平。[1]流动儿童对农村的深厚感情，激发了其对农村人群体的偏爱，这种现象在那些具有较长的农村成长经历的流动儿童身上更加明显，他们表现出对农村的肯定、积极评价。

"我比城里同学聪明，他们要参加很多补课班，我一个也没参加，考的分数也不比他们差。"（个案S3）

"我觉得农村人比城里人好，农村人更坦诚、踏实，不像城里人那么虚伪、爱攀比。我家邻居阿姨是本地的，总给我妈显摆她新买的大衣，什么新款、什么牌子之类的，我听着就烦，其实她挣得也没多少。"（个案S2）

积极区分原则是社会认同理论的重要前提假设。积极区分原则认为人们会对内群体与外群体做出区分，并且会出于维护本群体自尊的需要而将本群体成员的特长作为区分标准。流动儿童对农村人身份的认可主要体现在对农村人道德品质的认可方面。

"农村人勤俭不浪费，我爸妈就是这样的人。城市人净（总是）浪费东西，那么好的东西还能用就扔掉了。城市人还很骄傲，总觉得自己了不起，其实他们身上的毛病多着呢！"（个案S30）

（四）身份认同

1. 身份归类

社会认同理论认为，差异是形成自我归类的前提条件。流动儿童会根据城市人与农村人的群际差异性，将不同群体归类，并依据自身与群体的相似度，找到自己所属的群体，也就是内群体。内群体是属于"我"的群体，也称我属群体。在进行身份归类时，流动儿童会依据自身的身份判断，找到与自己身份相似的我属群体。通过访谈资料发现，流动儿童的身份归类大致可

---

[1] 杨方.城市流动儿童的情感与身份认同[M].南京：南京大学出版社，2017：27.

以分为三类,即农村人身份、非农村人身份、不确定型身份。其中,不确定型身份归类的流动儿童不能明确说出自己的身份归类,对自己的身份持犹豫不决的态度。

有些流动儿童基于房子、出生地或户口等,将自己归类为农村人身份。

"我觉得自己不是城市人,因为我们在城市里没有房子,我家现在的房子是租的。"(个案 S27)

"我不是城市人,因为我是在农村出生的,农村才是我的家。"(个案 S25)

"我户口不是城市的,所以我不是城市人。"(个案 S22)

有些流动儿童认为自己不同于农村人,将自己归类为非农村人身份。

"反正我不是农村人,因为我生活的各个方面已经和农村人很不一样了,而且在城市这么多年了,一直没有再搬家,以后也会在这儿住。"(个案 S1)

"刚来到城市的时候,我觉得自己是农村人,对这里很不适应,甚至对城市有敌意。后来,我的朋友越来越多,大家都很友好,我得到过他们的帮助,现在和朋友们在一起我觉得很快乐,我觉得自己也变成城市人了。"(个案 S10)

也有流动儿童在身份归类上犹豫不决,表现为身份归类的不确定。这类流动儿童可能正在进行身份调适,处于努力自我调整、自我修正、自我再确认的过程中。

"我目前算是个城市人吧,以后嘛,那得看我在哪儿读高中,要是一直在城市,那我就是城市人,要是回老家读高中,那就不是。"(个案 S26)

2. 情感归属

情感归属是流动儿童建构身份认同在情感上的体现,表现为对城市或农村的归属感。身份认同包括与认知相伴而生的情感体验和对行为模式进行整合的心理历程。[①]情感归属既是一定阶段身份认同的表现，又会作用于流动儿童的身份认同。由于身份建构过程不是恒定不变的，而是不断被修正、再确认的变化过程，因而流动儿童的情感归属表现出暂时性，并且情感归属的强度也存在一定的差异。

"刚来的时候我不喜欢这里，也不喜欢这里的人，但是渐渐地，我在这里交到很多朋友。他们陪伴我、帮助我，现在他们已经是我生活中不可缺少的了。我喜欢和他们在一起的时光，也喜欢这座城市。"（个案S23）

"我不觉得自己属于这里。在老家的时候，我盼着来城市，觉得这里肯定有很多好吃的、好玩的，还能认识很多新朋友，一想到这些我就激动，希望爸爸妈妈早点接我到城市生活。但是来了之后，发现这里和我想象的一点儿也不一样，这里的人不友好，我害怕这里的老师，他们不像老家的（老师）那么亲切，总是板着脸。我也没什么朋友，很多时候我很想回老家，老家才是家。"（个案S29）

流动儿童对城市的情感体验可以分为积极与消极两类。具有积极情感体验的流动儿童表示"喜欢城市""自己属于城市"，而具有消极情感体验的流动儿童则认为"城市没有家的感觉""不喜欢城市"。两种情感体验的形成与流动儿童流入城市后的人际互动密切相关，人际互动顺畅的流动儿童更容易形成对城市的积极情感体验，这也反映出流动儿童进入城市的最初阶段急需必要的人际互动支持，教师、同伴、父母应当给予流动儿童必要的关心与照顾，帮助他们平稳适应城市的学习和生活，以生成积极的城市情感体验。

3. 身份认同延伸

身份认同延伸是流动儿童建构身份认同过程中延伸出的行为选择，是身份认同在行为上的发展，体现了身份认同的延续性。身份认同可以帮助个体完成自我证实，证明在困难的情境下一个人完全能够顺利过关，个人努力展现出正视风险"消极性"以及前方压力的能力，即便这种行为并非出自外在要求。笔者在访谈中了解到，建构城市身份认同的流动儿童较为自信，自我效能感较强，对教师、同伴持积极评价态度，而认同农村人身份的流动儿童多对自己战

---

① 肖维，蔡莉.师范生身份认同的表征、困境及其纾解[J].黑龙江高教研究，2022（4）：106-112.

胜困难的能力表示怀疑，对周围环境表现出警惕、逃避的态度，而不是去积极适应与挑战。

"我刚转学来到这个班级时很不适应，心里慌张，不敢讲话，觉得自己什么也不懂，我的老师给了我很多帮助，她还介绍同学跟我一起玩。同学们对我友好，主动帮忙，虽然偶尔我们也会有些小矛盾、不愉快，但我们都能解决。"（个案S29）

"我经常会想起老家，爷爷奶奶会给我零花钱，老家还有很多朋友，很想他们。以前每个寒暑假我都会回老家，一回去我会感觉很放松、很自在。现在每次放假想回去，我还要和爸爸妈妈吵架。他们不想我回去，想让我留下来去假期补习班，免得开学跟不上。但我还是要回去，总在这儿太不舒服了。现在有了弟弟，放假我要帮着妈妈照看弟弟，没法儿回去了，心里很难过。"（个案S22）

对于初中阶段的流动儿童来说，一个重要的选择是升学，虽然留城或返乡考试是流动儿童家庭根据子女学业成绩、家庭经济状况、家庭结构等因素综合考量后的理性抉择，然而作为独立个体，流动儿童有自己的选择意愿。

"我希望留下来参加中考，因为我已经适应了这里，回老家的话还要重新适应环境，考试题型也不太一样，未必能适应。我一个亲戚就是转回老家参加中考了，刚回去的时候认为自己在城市念过书，回老家考试肯定没问题，老家的学校也愿意接收她，老师把她当重点培养对象。但是一学期下来，她的成绩根本不行，回去根本没有优势，后来又换学校，这么一折腾，成绩更不好了。"（个案S21）

"我老家没有像样的高中，读高中的话也是要到县城里去读。虽然这样，我还是希望爸爸妈妈能和我回去，我更喜欢在老家读书，起码不会有那种外地人的无助感了。"（个案S15）

留城或返乡的行为选择与流动儿童的身份认同有关，已经适应城市的流动儿童的留城意愿更强，反而认为农村是需要再适应、再融入的空间。希望返乡的流动儿童认为自己是城市中的"外地人"，融入困难使他们产生了无助感，因而更倾向于回农村老家就读。

第三章 流动儿童身份建构现状

第一节 问卷设计与检验

一、问卷编制

笔者根据扎根理论所得资料及研究结果,广泛征求专家、学者以及流动儿童、教师、家长的意见,自编"流动儿童身份建构调查问卷"(详见附录2)。问卷共包括三部分内容。

第一部分是流动儿童的基本信息,包括11个题项,主要涉及流动儿童性别、年级、家庭背景、居住环境、流动意向等方面的信息。

第二部分为单向选择题,主要涉及流动儿童身份建构现状以及空间结构对流动儿童身份建构的影响。其中,自我空间因素通过设计情景题进行调查,以便获得真实可靠的数据。此部分问卷题项的设置目的是为深度访谈做数据上的补充,辅助解释流动儿童身份建构的空间机制。

第三部分是流动儿童身份建构的现状调查量表。量表的编制以扎根理论所得理论模型为主要依据,最初共编制32个题项,分为4个维度。量表维度划分如表3-1所示,题目设置如3-2所示。

表3-1 最初的流动儿童身份建构量表维度划分

一级维度	二级维度	三级维度(观测变量)	题项编号
身份感知	身份边界感知	身份边界、身份身体化、边界感知	G1、G2、G3

续表

一级维度	二级维度	三级维度（观测变量）	题项编号
身份感知	身份落差感知	地位落差、经济落差、效能落差	G4、G5、G6
	歧视知觉	被瞧不起、不公正对待、受到歧视	G7、G8、G9
身份冲突	认知冲突	城市人镜像、农村人镜像	C1、C2
	心理冲突	身份期望、农村人自尊、农村人自卑	C3、C4、C5
	代际冲突	代际认同危机、身份焦虑、代际身份传递	C6、C7、C8
身份调适	身份进取策略	身份偏好、身份模仿、身份展示	T1、T2、T3
	身份防御策略	显性身份保护、隐性身份保护、身份替代	T4、T5、T6
	调适比较标准	品质标准、价值标准	T7、T8
身份认同	身份归类	城市人身份、不确定型身份、农村人身份	R1、R2、R3
	情感归属	城市归属感、农村归属感	R4、R5
	身份认同延伸	城市人认同延伸、农村人认同延伸	R6、R7

表3-2　流动儿童身份建构初始版量表各维度及对应题项表

维度	题号	题项
身份感知	G1	我认为城市人和农村人的差别很大
	G2	我身上的一些特征让我感到自己是从农村来的
	G3	在周围都是城市人的环境里让我感到不舒适
	G4	来到城市后，我总有种低人一等的感觉
	G5	来到城市后，我感觉自己属于城市里的穷人
	G6	我觉得城市的朋友不如老家的朋友那样看重我
	G7	我感到有城市里的同学看不起我
	G8	我所在学校的老师们对我都很公平
	G9	我感受到自己受到别人的歧视

续表

维度	题号	题项
身份冲突	C1	在老家亲朋好友面前我是个城市人
	C2	在和城市同学一起玩的时候，我会感到自己是个农村人
	C3	如果可以重新选择，我希望自己是个城市人
	C4	我为自己有农村人身上的好品质而感到骄傲
	C5	我担心其他同学知道我是农村人后会不喜欢我
	C6	每当谈起老家的时候，我和父母很难形成共鸣
	C7	父母是农村人对我成为城市人是不利的
	C8	因为父母是农村人所以我是农村人
身份调适	T1	如果来到一个完全陌生的环境，我会介绍自己是从城市来的
	T2	我喜欢模仿城市同学的行为
	T3	我喜欢把自己城市人的一面展示给别人看
	T4	当听见有人说农村人坏话时，我会反驳他（她）
	T5	我向同学隐瞒我是从农村来的
	T6	我更喜欢用"外地人"而不是"农村人"来形容自己
	T7	我认为农村人比城市人更加勤劳朴实
	T8	我认为农民工为城市基础设施建设做出了重要贡献
身份认同	R1	我觉得我和城市人是一样的，没有区别
	R2	我不能确定自己是农村人还是城市人
	R3	当听见有人说农村人好或坏时，我觉得就像在说我自己一样
	R4	在城市生活久了有感情，城市就是我家
	R5	这个城市对我来说没有家的感觉，农村老家才是我的家

续表

维度	题号	题项
身份认同	R6	我会努力学习城市的生活习惯，以便今后能更好地融入城市生活
	R7	今后回老家生活和学习对我来说是更好的选择

四个维度分别为身份感知、身份冲突、身份调适、身份认同。其中，身份感知维度包括9个观察变量，涉及的题项有G1、G2、G3、G4、G5、G6、G7、G8、G9；身份冲突维度包括8个观察变量，涉及的题项有C1、C2、C3、C4、C5、C6、C7、C8；身份调适维度包括8个观察变量，涉及的题项有T1、T2、T3、T4、T5、T6、T7、T8；身份认同维度包括7个观察变量，包括题项R1、R2、R3、R4、R5、R6、R7。量表按照李克特五星量表（Likert Scale），将题项的选项分为完全符合、比较符合、基本符合、不太符合、完全不符五个等级，依次计为5分、4分、3分、2分、1分。

二、问卷试测

（一）项目分析

对试测问卷进行项目分析的目的在于检验问卷题项的设置是否具有鉴别度，能否差异性地反映出研究者想要测试的问题，常用的方法是临界比值法。临界比值法的基本原理是，求出每一个题项的决断值（CR值），对问卷量表总分进行高低排序，区别出高分组与低分组，如果所编制的题项在高分组与低分组得分的平均数上具有显著差异性，就说明该题项具有良好的鉴别度，反之则意味着该题项鉴别度较差，合理性受到质疑，应当将CR值未达到显著性水平的题项修改或删除，本研究试测问卷项目分析包括如下步骤。

首先，求出试测问卷量表总分。运行SPSS 27.0软件，在工具栏中依次选择"转换""计算变量"功能，在"计算变量"对话框中建立名称为"流动儿童身份建构现状问卷总分变量"目标变量，在"数学表达式"栏中输入SUM（G1 to R7），表示对量表题项G1到R7求和，运行得出试测问卷量表总分。

其次，确定高低分组临界分数。将总分按顺序排列，以27%为界线，将总分划分为高分组与低分组，高于27%的总分为高分组，低于27%的总分为低分组。划分高低分组的目的在于检验每一题项在不同分组中的差异性。运行SPSS 27.0工具栏中"描述统计"功能,将"流动儿童身份建构现状问卷总分变量"设为变量,在"百分位数"栏分别添加数字27、73,通过运行计算出总分高于108分为高分组,总分低于75分为低分组。

再次,依据总分,将量表划分为高分组与低分组。在"重新编码为不同变量"中将"流动儿童身份建构现状问卷总分变量"移至"数字变量输出变量"栏中,将"输出变量"处的"标签"更改为"流动儿童身份建构现状总分分组",在"旧值与新值"处进行赋值。这样便将量表数据划分为高分组与低分组。

最后,通过T检验呈现每一题项在高低分组中的差异性。在工具栏中依次选择"分析""比较平均值""独立样本T检验"选项,在"独立样本T检验"中将量表题所有题项以及"流动儿童身份建构现状问卷总分变量"移至"检验变量"一栏,将"流动儿童身份建构现状总分分组"移至"分组变量"一栏。在"定义组"中将不同组赋值为组"1"和组"2"。运行之后可以显示每一题项在不同分组中的差异性。判断时要依据输出数据的"假定等方差"与"不假定等方差"两项数据,其 P 值均小于0.05,才表明该题项具有良好的鉴别度。从本研究试测问卷的项目分析数据来看,题项G2"我身上的一些特征让我感到自己是从农村来的",题项G9"我感受到自己受到别人的歧视",题项C8"因为父母是农村人所以我是农村人",题项R2"我不能确定自己是农村人还是城市人",这四个题项的 P 值分别为0.821、0.496、0.358、0.278,均大于0.05,说明这四个题项的鉴别度较差,应当做删除处理。除了这四个题项以外,其余28个题项的 P 值均小于0.05,说明其他题项的鉴别度较好,其作为测量流动儿童身份建构现状问卷的因素是合理的,可以保留做进一步的分析。项目分析数据表详见表3-3。

表3-3 项目分析数据表

题项	t值	自由度	显著性（双尾）	平均值差值	标准误差差值	差值95%下限	置信区间上限
G1	−12.369	81	0.000***	−2.416	0.195	−2.804	−2.027
G2	−0.325	81	0.821	−1.105	0.274	−2.109	−1.332
G3	−12.747	81	0.000***	−2.459	0.193	−2.843	−2.075

续表

题项	t值	自由度	显著性（双尾）	平均值差值	标准误差差值	差值95%置信区间下限	上限
G4	−11.886	81	0.000***	−2.534	0.213	−2.958	−2.110
G5	−11.164	81	0.000***	−2.173	0.195	−2.560	−1.788
G6	−15.194	81	0.000***	−2.557	0.168	−2.892	−2.222
G7	−15.304	81	0.000***	−2.773	0.181	−3.133	−2.412
G8	−14.976	81	0.000***	−2.605	0.174	−2.951	−2.258
G9	−0.686	81	0.496	−1.309	0.185	−2.192	−1.246
C1	−9.543	81	0.000***	−2.032	0.213	−2.458	−1.808
C2	−11.444	81	0.000***	−2.434	0.213	−2.858	−2.011
C3	−10.901	81	0.000***	−2.461	0.226	−2.910	−2.011
C4	−8.908	81	0.000***	−1.859	0.209	−2.275	−1.444
C5	−8.882	81	0.000***	−2.008	0.228	−2.457	−1.558
C6	−9.083	81	0.000***	−2.095	0.231	−2.554	−1.636
C7	−7.674	81	0.000***	−1.670	0.218	−2.103	−1.237
C8	−0.892	81	0.358	−1.263	0.223	−2.014	−1.257
T1	−8.964	81	0.000***	−2.150	0.240	−2.828	−1.873
T2	−8.744	81	0.000***	−1.814	0.207	−2.227	−1.401
T3	−11.109	81	0.000***	−2.154	0.194	−2.540	−1.788
T4	−7.962	81	0.000***	−1.650	0.207	−2.063	−1.238
T5	−9.021	81	0.000***	−1.958	0.217	−2.389	−1.526
T6	−8.622	81	0.000***	−2.103	0.244	−2.588	−1.618
T7	−10.673	81	0.000***	−2.173	0.204	−2.578	−1.768
T8	−6.907	81	0.000***	−1.599	0.232	−2.060	−1.139
R1	−7.948	81	0.000***	−1.855	0.234	−2.322	−1.388

续表

题项	t值	自由度	显著性（双尾）	平均值差值	标准误差差值	差值95%置信区间下限	差值95%置信区间上限
R2	−1.483	81	0.278	−1.352	0.210	−2.084	−1.056
R3	−9.196	81	0.000***	−2.046	0.222	−2.489	−1.603
R4	−8.276	81	0.000***	−2.051	0.248	−2.545	−1.556
R5	−7.602	81	0.000***	−2.071	0.272	−2.614	−1.529
R6	−9.558	81	0.000***	−2.147	0.225	−2.594	−1.700
R7	−9.753	81	0.000***	−2.220	0.228	−2.672	−1.767

*$P<0.05$，**$P<0.01$，***$P<0.001$。

（二）信度分析

用同一测量工具去测量相同的特定对象，多次测量结果之间的一致性程度就是信度。信度用来表示问卷测量结果的可信程度、可靠性，代表测量结果具有一致性与稳定性。测量结果的一致性程度有两层含义：一是测量题目具有相似的特质，二是测量结果之间具有较强的正相关性，指向相同的维度或方向。

笔者通过运行SPSS 27.0软件对试测问卷剩余28个题项进行信度检验，统计得出试测问卷的总体信度系数及各维度Cronbach's α信度系数，具体如表3-4所示。

表3-4 试测问卷总体信度及各维度Cronbach's s α信度系数表

维度	题项数	Cronbach's α
身份感知	7	0.944
身份冲突	7	0.921
身份调适	8	0.921
身份认同	6	0.943
总体	28	0.932

对测量结果进行信度检验的常用方法是Cronbach's α信度系数，表示量表每一题项得分之间的一致性程度。目前，大多数学者都认为，任何测验或量表的信度系数如果在0.9以上，则该测验或量表的信度甚佳；信度系数在0.8以上都是可以接受的；如果在0.7以上，则该量表应进行较大修订，但仍不失其价值；如果低于0.7，量表就需要重新设计。[①] 从表3-4中可以看出，流动儿童身份建构现状试测问卷的总体Cronbach's α信度系数是0.932，说明问卷总体的可靠性较高。从各维度来看，身份感知维度的Cronbach's α信度系数是0.944，身份冲突维度的Cronbach's α信度系数是0.921，身份调适维度的Cronbach's α信度系数是0.921，身份认同维度的Cronbach's α信度系数是0.943，说明问卷各维度测量题项都具有良好的信度。

为了进一步检验问卷各题项信度系数，在工具栏中依次选择"分析""刻度""可靠性分析"，将每一题项移至"项目"栏中，在"统计"选项卡中依次勾选"删除项后的标度""相关性"。统计得出问卷各题项信度系数。删除项后的标度平均值、删除项后的标度方差、修正后的项与总计相关性、删除项后的Cronbach's α信度系数数据详见表3-5。

表3-5 试测问卷各题项Cronbach's α信度系数表

题项	删除项后的标度平均值	删除项后的标度方差	修正后的项与总计相关性	删除项后的Cronbach's α信度系数
G1	86.37	539.482	0.582	0.930
G3	86.45	537.779	0.599	0.929
G4	86.45	534.517	0.524	0.929
G5	86.47	544.130	0.533	0.930
G6	86.54	538.143	0.613	0.929
G7	86.49	534.023	0.608	0.929
G8	86.61	537.326	0.594	0.929
C1	86.21	545.105	0.534	0.930
C2	86.53	537.579	0.569	0.930

---

① 张奇.SPSS for Windows：在心理学与教育学中的应用[M].北京：北京大学出版社，2009：305.

续表

题项	删除项后的标度平均值	删除项后的标度方差	修正后的项与总计相关性	删除项后的Cronbach's α信度系数
C3	86.40	537.114	0.584	0.930
C4	86.24	547.325	0.551	0.930
C5	86.17	543.057	0.555	0.930
C6	86.51	542.614	0.536	0.930
C7	86.17	551.039	0.506	0.931
T1	86.29	544.222	0.515	0.930
T2	86.21	549.364	0.503	0.931
T3	86.11	543.854	0.587	0.930
T4	86.10	548.842	0.548	0.930
T5	86.29	546.517	0.531	0.930
T6	86.22	543.099	0.531	0.930
T7	86.28	544.243	0.567	0.930
T8	86.07	551.324	0.475	0.931
R1	86.79	544.813	0.520	0.930
R3	86.73	542.277	0.551	0.930
R4	86.69	541.919	0.524	0.930
R5	86.73	539.301	0.525	0.930
R6	86.51	539.970	0.576	0.930
R7	86.56	537.953	0.579	0.930

在表3-5中，删除项后的Cronbach's α信度系数表示在该问卷中将此题项删除后，问卷的信度系数将会变成的数值。从表中数据来看，各题项删除项后的Cronbach's α信度系数均小于问卷的总信度系数（0.932），说明删除任何一个题项，都会导致问卷总体信度下降，因而这28个测量题项应当保留。

（三）效度分析

因子分析是检测存在相关关系的变量之间是否存在对变量的变化起支配作用的潜在因子的分析方法。因子分析包括探索性因子分析与验证性因子分析。探索性因子分析用于在不确定变量结构维度的前提下，探索变量的结构并检验其效度，而验证性因子分析是在已经确定变量结构维度的前提下，验证变量结构的真实性与有效性。本研究采用探索性因子分析的方法来检验试测问卷的结构效度，操作程序主要包括KMO值与巴特利特（Bartlert's）球形检验、提取公共因子确定因子数量、因子旋转求出因子载荷量。

首先，KMO值与巴特利特球形检验。KMO值可以检验变量是否适合做因子分析，KMO值越大，表示变量间的共同因素越多，越适合做因子分析。KMO值大于0.9说明适切性非常好，大于0.8小于0.9表示适切性比较好，大于0.7小于0.8表示适切性处于中等水平，大于0.6小于0.7表示适切性较差，大于0.5小于0.6是最低水平。如果KMO值在0.5以下，表示变量不适合做接下来的探索性因子分析。巴特利特球形检验结果必须具有显著性（$P<0.05$），否则不适合做探索性因子分析。在SPSS 27.0软件中的工具栏中依次选择"分析""降维""因子"选项，将测量题项移至"变量"栏中，在"因子分析—描述"中选择"KMO值与巴特利特球形检验"。得出的KMO值与巴特利特球形检验结果如表3-6所示。

表3-6 KMO值与巴特利特球形检验结果表

KMO取样适切性量数		0.901
巴特利特球形检验	近似卡方	3255.575
	自由度	378
	显著性	0.000

从表3-6中可以看出，KMO值为0.901，说明试测问卷效度良好，巴特利特球形检验结果中，近似卡方为3255.575，自由度为378，显著性为0.000，$P<0.05$，这说明测量题项所得数据适合做进一步的探索性因子分析。

其次，提取公共因子确定因子数量。本研究采用"碎石图"检验法（Scree Test）提取公共因子，确定公共因子数量。"碎石"本来是地质学术语，表示在岩层底部发现的碎石对于整个研究而言不具有重要性,将"碎石"引申到公共因子分析上,可以解释为位于"碎石图"底端的因素不具有重要性,可以删除不用。利用"碎石图"检验法,根据"碎石图"的形状可以判定公共因子数量。在SPSS 27.0软件中的"因子分析—抽取"中选择"主成分"方法,依次点击"相关性矩阵""未旋转因子解""碎石图"选项,设置"特征值大于""1",输出"碎石图"及总方差解释数据表,详见图3-1与表3-7。

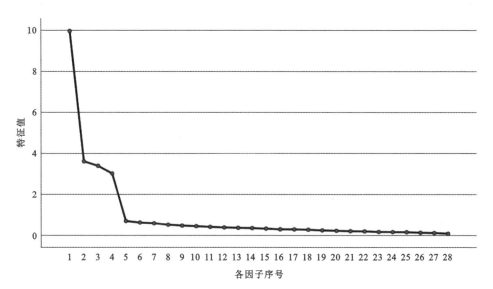

图3-1 试测问卷效度检验碎石图

在图3-1中,横坐标为各因子序号,纵坐标为各因子对应的特征值,前4个因子的特征值大于1,最大拐点处在第5个因子,从第5个因子开始碎石图曲线变得平缓,根据凯撒正态分布准则,提取4个公共因子时试测问卷的结构效度最佳。

表3-7 试测问卷效度检验总方差解释表

成分	初始特征值			提取载荷平方和			旋转载荷平方和		
	总计	方差百分比	累积百分比	总计	方差百分比	累积百分比	总计	方差百分比	累积百分比
1	9.952	35.543	35.543	9.952	35.543	35.543	5.227	18.667	18.667
2	3.608	12.887	48.429	3.608	12.887	48.429	5.211	18.610	37.277

续表

成分	初始特征值			提取载荷平方和			旋转载荷平方和		
	总计	方差百分比	累积百分比	总计	方差百分比	累积百分比	总计	方差百分比	累积百分比
3	3.391	12.109	60.539	3.391	12.109	60.539	4.815	17.198	54.475
4	3.019	10.782	71.321	3.019	10.782	71.321	4.717	16.846	71.321
5	0.714	2.551	73.872						
6	0.600	2.272	76.144						
7	0.636	2.143	78.287						
8	0.532	1.899	80.186						
9	0.486	1.735	81.921						
10	0.456	1.629	83.550						
11	0.422	1.507	85.058						
12	0.396	1.414	86.472						
13	0.377	1.347	87.818						
14	0.361	1.291	89.109						
15	0.338	1.207	90.316						
16	0.306	1.092	91.409						
17	0.302	1.080	92.489						
18	0.288	1.029	93.517						
19	0.255	0.911	94.428						
20	0.236	0.844	95.272						
21	0.216	0.773	96.045						
22	0.207	0.740	96.784						
23	0.182	0.649	97.433						
24	0.177	0.632	98.066						

续表

成分	初始特征值			提取载荷平方和			旋转载荷平方和		
	总计	方差百分比	累积百分比	总计	方差百分比	累积百分比	总计	方差百分比	累积百分比
25	0.170	0.606	98.672						
26	0.143	0.511	99.182						
27	0.131	0.469	99.651						
28	0.098	0.349	100.000						

提取方法：主成分分析法。

从表3-7的试测问卷效度检验总方差解释数据来看，旋转载荷平方和累积百分比为71.321%，表示提取出的公共因子能够在71.321%的程度上反映问卷原始信息，这说明提取出的公共因子对变量的原始信息解释力较高，问卷的效度良好。

最后，因子旋转求出因子载荷量。因子旋转是求因子载荷量的一种方法，它通过坐标转换，使得旋转后的新坐标中的因子得以重新分配，进而使因子载荷量的差异变大。因子载荷量是衡量某因子对变量所做贡献大小的量，因子载荷量越大，表明因子所做贡献程度越高。因子旋转的目的在于简化因子结构，使原始变量在尽可能少的因子情况下有较高的载荷量。[①]在SPSS 27.0软件的"因子分析—旋转"中选择"最大方差法"，可以获得旋转后的因子载荷矩阵（见表3-8）。

从表3-8的数据分布形态可以看出，旋转后的因子载荷矩阵形成明显的4个区域，这与预期问卷维度划分是一致的。此时，要根据因子载荷矩阵，按照以下原则对不适合的题项进行删除：一是删除因子载荷量接近的题项；二是如果某个公因子下只有一个题项，要做删除处理；三是删除公因子载荷量小于0.35、共同度小于0.4的题项。根据以上三个原则，结合所得因子载荷矩阵数据，发现不存在因子载荷量接近的题项，不存在某个公因子下只有一个题项的情况，也不存在公因子载荷量小于0.35、共同度小于0.4的题项，因而问卷所有题项均保留。而且问卷题项的因子载荷量多为0.7~0.8，因子载荷量较大，

---

① 张奇.SPSS for Windows：在心理学与教育学中的应用[M].北京：北京大学出版社，2009：287.

说明因子所能代表的原始信息量较大，问卷效度较好。

表3-8 试测问卷效度检验因子旋转后的因子载荷矩阵表

题项	因子1	因子2	因子3	因子4
T6	0.872			
T7	0.817			
T2	0.793			
T1	0.786			
T5	0.785			
T3	0.745			
T8	0.745			
T4	0.715			
G8		0.865		
G4		0.852		
G1		0.838		
G7		0.833		
G3		0.821		
G4		0.818		
G6		0.802		
C2			0.824	
C6			0.822	
C3			0.820	
C5			0.797	
C1			0.792	
C4			0.751	
C7			0.738	

续表

题项	因子1	因子2	因子3	因子4
R5				0.908
R7				0.877
R4				0.862
R6				0.850
R3				0.818
R1				0.811

为了确认问卷最佳维度划分，保证问卷结构效度，需要计算出因子得分系数矩阵数据。在SPSS 27.0软件的"因子分析—得分"中选择"回归"，统计得出因子得分系数矩阵，数据详见表3-9。

表3-9 因子得分系数矩阵

题项	因子1	因子2	因子3	因子4	公因子方差
G1	−0.012	0.183	−0.056	−0.004	0.756
G3	−0.026	0.177	−0.022	−0.009	0.737
G4	−0.006	0.174	−0.027	−0.018	0.746
G5	−0.037	0.193	−0.033	−0.018	0.753
G6	0.004	0.171	−0.032	−0.024	0.722
G7	−0.023	0.178	−0.002	−0.034	0.771
G8	−0.027	0.190	−0.020	−0.027	0.798
C1	−0.015	−0.038	0.191	−0.022	0.673
C2	−0.042	−0.028	0.198	−0.002	0.738
C3	−0.025	−0.031	0.195	−0.010	0.735
C4	−0.010	−0.028	0.176	−0.019	0.629
C5	−0.038	−0.038	0.192	0.008	0.694
C6	−0.025	−0.024	0.199	−0.033	0.720

续表

题项	因子1	因子2	因子3	因子4	公因子方差
C7	−0.012	−0.017	0.176	−0.040	0.601
T1	0.173	−0.007	−0.027	−0.037	0.653
T2	0.177	−0.011	−0.038	−0.028	0.656
T3	0.153	−0.030	−0.007	0.006	0.647
T4	0.149	−0.011	−0.016	−0.010	0.578
T5	0.170	−0.029	−0.005	−0.030	0.661
T6	0.182	−0.033	−0.019	−0.024	0.718
T7	0.176	−0.022	−0.034	−0.004	0.720
T8	0.166	−0.007	−0.032	−0.033	0.582
R1	−0.022	−0.032	−0.003	0.190	0.703
R3	−0.027	−0.006	−0.019	0.190	0.728
R4	−0.021	−0.012	−0.037	0.205	0.783
R5	−0.038	−0.024	−0.019	0.218	0.853
R6	−0.015	−0.030	−0.007	0.197	0.787
R7	−0.014	−0.019	−0.025	0.204	0.828

从表3-9中可以看出，在"因子1"栏中，题项T1、T2、T3、T4、T5、T6、T7、T8的得分系数分别为0.173、0.177、0.153、0.149、0.170、0.182、0.176、0.166，明显大于相同因子下的其他题项，并且彼此得分系数比较接近，说明题项T1、T2、T3、T4、T5、T6、T7、T8属于同一维度。在"因子2"栏中，题项G1、G3、G4、G5、G6、G7、G8的得分系数分别为0.183、0.177、0.174、0.193、0.171、0.178、0.190，明显大于相同因子下的其他题项，彼此得分系数比较接近，表明题项G1、G3、G4、G5、G6、G7、G8属于同一维度。同理，从"因子3"栏与"因子4"栏中的得分系数可以看出，题项C1、C2、C3、C4、C5、C6、C7属于同一维度，题项R1、R3、R4、R5、R6、R7属于同一维度，与预期维度划分相吻合，这再次确证了问卷维度划分的科学性与合理

性,说明调查问卷在身份感知、身份冲突、身份调适、身份认同四个维度划分下具有良好的结构效度。

(四)问卷修改与完善

通过对流动儿童身份建构量表进行项目分析、信度分析、效度分析,删除鉴别度较低的4个题项,其余28个题项最终形成本研究问卷的正式量表,并对其重新进行编号。其中,身份感知维度包括7个观察变量,身份冲突维度包括7个观察变量,身份调适维度包括8个观察变量,身份认同维度包括6个观察变量。正式量表维度详见表3-10,正式对应题项详见表3-11。

表3-10 流动儿童身份建构正式量表维度划分表

一级维度	二级维度	三级维度(观察变量)	题项编号
身份感知	身份边界感知	身份边界、边界感知	G1、G2
	身份落差感知	地位落差、经济落差、效能落差	G3、G4、G5
	歧视知觉	被瞧不起、不公正对待	G6、G7
身份冲突	认知冲突	城市人镜像、农村人镜像	C1、C2
	心理冲突	身份期望、农村人自尊、农村人自卑	C3、C4、C5
	代际冲突	代际认同危机、身份焦虑	C6、C7
身份调适	身份进取策略	身份偏好、身份模仿、身份展示	T1、T2、T3
	身份防御策略	显性身份保护、隐性身份保护、身份替代	T4、T5、T6
	调适比较标准	品质标准、价值标准	T7、T8
身份认同	身份归类	城市人身份、农村人身份	R1、R2
	情感归属	城市归属感、农村归属感	R3、R4
	身份认同延伸	城市人认同延伸、农村人认同延伸	R5、R6

表3-11 流动儿童身份建构正式量表各维度及对应题项表

维度	题号	题项
身份感知	G1	我认为城市人和农村人的差别很大

续表

维度	题号	题项
身份感知	G2	在周围都是城市人的环境里让我感到不舒适
	G3	来到城市后，我总有种低人一等的感觉
	G4	来到城市后，我感觉自己属于城市里的穷人
	G5	我觉得城市的朋友不如老家的朋友那样看重我
	G6	我感到有城市里的同学看不起我
	G7	我所在学校的老师们对我都很公平
身份冲突	C1	在老家亲朋好友面前我是个城市人
	C2	在和城市同学一起玩的时候，我会感到自己是个农村人
	C3	如果可以重新选择，我希望自己是个城市人
	C4	我为自己有农村人身上的好品质而感到骄傲
	C5	我担心其他同学知道我是农村人后会不喜欢我
	C6	每当谈起老家的时候，我和父母很难形成共鸣
	C7	父母是农村人对我成为城市人是不利的
身份调适	T1	如果来到一个完全陌生的环境，我会介绍自己是从城市来的
	T2	我喜欢模仿城市同学的行为
	T3	我喜欢把自己城市人的一面展示给别人看
	T4	当听见有人说农村人坏话时，我会反驳他（她）
	T5	我向同学隐瞒我是从农村来的
	T6	我更喜欢用"外地人"而不是"农村人"来形容自己
	T7	我认为农村人比城市人更加勤劳朴实
	T8	我认为农民工为城市基础设施建设做出了重要贡献
身份认同	R1	我觉得我和城市人是一样的，没有区别
	R2	当听见有人说农村人好或坏时，我觉得就像在说我自己一样
	R3	在城市生活久了有感情，城市就是我家

续表

维度	题号	题项
身份认同	R4	这个城市对我来说没有家的感觉，农村老家才是我的家
	R5	我会努力学习城市的生活习惯，以便今后能更好地融入城市生活
	R6	今后回老家生活和学习对我来说是更好的选择

（五）问卷正式发放

本研究正式问卷采用现场发放的形式，遵循样本均匀分布的原则，力求样本在性别、年级、家庭背景情况、居住环境、留城意愿等方面的数量分布均匀。本研究选取D市17所小学四年级至初中三年级的流动儿童作为调查样本，截至2022年9月，共发放问卷1137份，收回有效问卷1040份，问卷的有效回收率为91.5%。

1.调查样本的基本特征

将问卷数据录入Excel工作表，并将Excel工作表数据导入SPSS 27.0软件，利用SPSS 27.0软件对调查样本的基本信息做描述性统计。调查样本基本信息包括本人基本信息和家庭基本信息两部分。调查样本本人基本信息见表3-12，调查样本家庭基本信息见表3-13。

表3-12 调查样本本人基本信息

变量	选项	频次	百分比（%）
性别	男	525	50.5
	女	515	49.5
年级	四年级	173	16.6
	五年级	173	16.6
	六年级	175	16.8
	初一	162	15.6
	初二	194	18.7
	初三	163	15.7

续表

变量	选项	频次	百分比（%）
是否独生子女	是	451	43.4
	否	589	56.6
来城市时长	1年以下	180	17.3
	1~3年	248	23.8
	4~6年	260	25.0
	7~9年	238	22.9
	10年及以上	114	11.0

表3-13 调查样本家庭基本信息

变量	选项	频次	百分比（%）
父亲学历	小学及以下	160	15.4
	初中	299	28.8
	高中	404	38.8
	大学专科	146	14.0
	大学本科及以上	31	3.0
母亲学历	小学及以下	260	25.0
	初中	340	32.7
	高中	305	29.3
	大学专科	110	10.6
	大学本科及以上	25	2.4
父亲职业	管理人员	57	5.5
	工人（生产制造业）	227	21.8
	职员（商业服务业）	189	18.2
	个体户	326	31.3

续表

变量	选项	频次	百分比（%）
父亲职业	农民	101	9.7
	无业	39	3.8
	其他	101	9.7
母亲职业	管理人员	59	5.7
	工人（生产制造业）	217	20.9
	职员（商业服务业）	264	25.4
	个体户	252	24.2
	农民	120	11.5
	无业	75	7.2
	其他	53	5.1
居住条件	租房	475	45.7
	买房	382	36.7
	借住在亲戚家	64	6.2
	父母单位提供	70	6.7
	其他	49	4.7
留城意愿	留在本市	265	25.5
	搬到其他城市	249	23.9
	回老家	88	8.5
	听父母安排	438	42.1

在流动儿童调查样本中，有男生525人，女生515人，性别比例分布均匀。其中，目前就读小学的有521人，就读初中的有519人。有451人为独生子女，589人为非独生子女。来城市时间不足1年的有180人，1~3年的有248人，4~6年的有260人，7~9年的有238人，有114人来城市超过10年时间。

从调查样本的家庭基本信息来看，有83.0%的流动儿童父亲学历在高中及以下，有87.0%的流动儿童母亲学历在高中及以下。流动儿童父母所从事的职业种类较为广泛，包括工人、农民、服务人员、个体户，绝大多数为体力、半体力劳动者，有3.8%的流动儿童父亲处于无业状态，有7.2%的流动儿童母亲处于无业状态。在城市租房住的流动儿童家庭占45.7%，有36.7%的流动儿童家庭已在城市购房。对于未来的留城意愿，有25.5%的流动儿童希望继续留在本市，有8.5%的流动儿童希望回老家，23.9%的流动儿童认为自己还会随父母迁居到其他城市，有42.1%的流动儿童选择听从父母安排。

2. 正式调查问卷的信效度分析

运行SPSS 27.0软件，分别对各测量题项的最小值、最大值、平均值、标准偏差、方差、偏度、峰度进行描述性统计分析，以确定各测量题项所得数据是否符合正态分布，只有符合正态分布的数据才可以进入后续结构方程模型进行分析。各测量题项描述性统计数据详见表3-14。

表3-14 各测量题项的描述性统计数据

题项	最小值	最大值	平均值	标准偏差	方差	偏度	峰度
G1	1	5	3.34	1.430	2.045	−0.356	−1.339
G2	1	5	3.29	1.438	2.068	−0.350	−1.290
G3	1	5	3.28	1.501	2.254	−0.415	−1.358
G4	1	5	3.35	1.357	1.840	−0.381	−1.156
G5	1	5	3.31	1.380	1.903	−0.320	−1.227
G6	1	5	3.27	1.485	2.206	−0.362	−1.374
G7	1	5	2.97	1.528	2.336	−0.008	−1.561
C1	1	5	3.45	1.334	1.778	−0.415	−1.118
C2	1	5	3.36	1.436	2.061	−0.430	−1.218
C3	1	5	3.34	1.453	2.112	−0.434	−1.264
C4	1	5	3.49	1.413	1.996	−0.603	−1.009
C5	1	5	3.42	1.362	1.854	−0.400	−1.172

续表

题项	最小值	最大值	平均值	标准偏差	方差	偏度	峰度
C6	1	5	3.32	1.463	2.412	−0.398	−1.292
C7	1	5	3.47	1.316	1.731	−0.504	−0.957
T1	1	5	3.43	1.384	1.915	−0.464	−1.136
T2	1	5	3.44	1.317	1.734	−0.473	−0.981
T3	1	5	3.52	1.347	1.815	−0.528	−1.087
T4	1	5	3.45	1.269	1.611	−0.487	−0.891
T5	1	5	3.40	1.384	1.915	−0.502	−1.041
T6	1	5	3.45	1.367	1.870	−0.456	−1.136
T7	1	5	3.47	1.356	1.839	−0.491	−1.083
T8	1	5	3.46	1.359	1.846	−0.526	−1.017
R1	1	5	2.94	1.530	2.341	0.076	−1.547
R2	1	5	3.01	1.454	2.115	−0.097	−1.390
R3	1	5	2.85	1.508	2.273	0.168	−1.486
R4	1	5	2.95	1.550	2.402	−0.030	−1.590
R5	1	5	3.05	1.448	2.097	−0.047	−1.409
R6	1	5	3.06	1.505	2.264	−0.088	−1.479
总体	1.39	5.00	3.291	0.851	0.724	−0.377	−0.860

由表3-14中的数据可知，各测量题项的最小值均为1，最大值均为5，平均值为2.85～3.52，标准偏差为1.316～1.550，方差为1.611～2.412，偏度为−0.603～0.168，峰度为−1.590～−0.891。从测量题项总体数据来看，平均值为3.291，标准偏差为0.851，方差为0.724，偏度为−0.377，峰度为−0.860。一般认为，如果偏度的绝对值小于3，峰度的绝对值小于10，则数据满足正态分布。从偏度与峰度数据来看，各测量题项数据符合正态分布，适合做进一步分析。

3. 正式调查问卷信度

本研究采用Cronbach's α信度系数检验正式问卷的信度。在SPSS 27.0软件的工具栏中依次选择"分析""刻度""可靠性分析",统计得出量表各维度以及总体的Cronbach's α信度系数,详见表3-15。

表3-15 正式调查问卷维度Cronbach's α信度系数表

维度	题项数	信度系数
身份感知	7	0.932
身份冲突	7	0.921
身份调适	8	0.924
身份认同	6	0.939
总体	28	0.934

由表3-15中的数据可知,问卷总体维度的信度系数为0.934。从每个维度来看,身份感知维度的信度系数为0.932,身份冲突维度的信度系数为0.921,身份调适维度的信度系数为0.924,身份认同维度的信度系数为0.939。问卷总体信度系数与各维度信度系数均大于0.9,说明问卷的信度良好,测量结果具有较高的可靠性。

4. 正式调查问卷效度

本研究已经对试测问卷进行了探索性因子分析,通过主成分分析法提取公因子,共提取出4个因子,并对其结构效度进行了检验。为了进一步检验问卷各潜在变量与观察变量之间的关联性以及测量模型的适切性,本研究采用验证性因子分析的方法,继续对探索性因子分析所得的4个因子进行验证,以保证正式问卷的效度。

(1) KMO值与巴特利特球形检验

进行KMO值与巴特利特球形检验是判断测量题项是否能够进行验证性因子分析的前提。运行SPSS 27.0软件,在工具栏依次选择"分析""降维""因子",通过统计得出问卷测量题项的KMO值与巴特利特球形检验结果(见表3-16)。结果表明,问卷效度良好。

表3-16 KMO值与巴特利特球形检验结果

KMO取样适切性量数		0.958
巴特利特球形检验	近似卡方	20554.166
	自由度	378
	显著性	0.000

(2) 验证性因子分析

验证性因子分析用来检验数个测量变量可以构成潜在变量的程度，检验测量模型中潜在变量与观察变量的因果模型是否与观察数据相吻合。[①]通过建立变量的结构方程模型进行验证性因子分析是检验问卷效度的常用方法。与其他方法相比，该方法更加简便，可以较为快捷地完成对变量的结构效度、收敛效度及区分效度的检验。同时，该方法所得结果也更加精确，因为验证性因子分析法是根据一定的理论前提，假定变量间存在一定的关系，所以在此基础上所得的估计结果精确度更高。

结构方程测量模型由潜在变量（latent variable）与观察变量（observed variable）组成。其中，观察变量是较为具体的概念，是一组外显变量，研究者可以通过测量工具直接测得观察变量。而潜在变量是较为抽象的概念，是不能直接观察的变量，它不能通过测量工具直接测得，而是要通过观察变量所得数据反映出来。在一个测量模型中，一定存在观察变量，潜在变量则不一定单独存在，因为潜在变量并不是实际中真实存在的变量，而是根据观察变量所测量得出的数据估计出来的。本研究按照结构方程测量模型的结构，将问卷测量题项分为潜在变量与观察变量两个部分。潜在变量与观察变量的划分详见表3-17。

表3-17 潜在变量与观察变量划分表

潜在变量	观察变量
身份感知	身份边界（G1）、边界感知（G2）、地位落差（G3）、经济落差（G4）、效能落差（G5）、被瞧不起（G6）、不公正对待（G7）

---

① 吴明隆.结构方程模型——AMOS的操作与应用[M].2版.重庆：重庆大学出版社，2010：12.

续表

潜在变量	观察变量
身份冲突	城市人镜像（C1）、农村人镜像（C2）、身份期望（C3）、农村人自尊（C4）、农村人自卑（C5）、代际认同危机（C6）、身份焦虑（C7）
身份调适	身份偏好（T1）、身份模仿（T2）、身份展示（T3）、显性身份保护（T4）、隐性身份保护（T5）、身份替代（T6）、品质标准（T7）、价值标准（T8）
身份认同	农村人身份（R1）、非农村人身份（R2）、城市归属感（R3）、农村归属感（R4）、城市人认同延伸（R5）、农村人认同延伸（R6）

假设 H1：潜在变量之间存在相关关系，并且四个潜在变量与流动儿童身份建构总体之间显著相关。

为了统计四个潜在变量之间及其与变量总体之间的一致性与密切程度，需要对身份感知、身份冲突、身份调适、身份认同四个潜在变量及流动儿童身份建构总体变量进行相关性检验。本研究运用皮尔逊（Pearson）相关系数法对变量间的相关关系进行检验。运行 SPSS 27.0 软件，在工具栏中依次选择"分析""相关""双变量"，选择"Pearson"相关系数，统计得出各变量间的相关系数，具体如表 3-18 所示。

表 3-18 各变量的皮尔逊相关系数统计表

	平均值	标准差	身份感知	身份冲突	身份调适	身份认同	身份建构
身份感知	3.261	1.218	1.000				
身份冲突	3.407	1.151	0.379**	1.000			
身份调适	3.451	1.090	0.371**	0.372**	1.000		
身份认同	2.978	1.313	0.319**	0.337**	0.340**	1.000	
身份建构	3.291	0.851	0.727**	0.722**	0.737**	0.683**	1.000

$^*P<0.05$，$^{**}P<0.01$，$^{***}P<0.001$。

由表3-18中的数据可知，身份感知、身份冲突、身份调适、身份认同各变量以及流动儿童身份建构总变量之间的相关性达到显著性水平（$P<0.01$），各潜在变量之间的皮尔逊相关系数分别为0.379、0.371、0.319、0.372、0.337、0.340，各潜在变量与流动儿童身份建构总体的皮尔逊相关系数分别为0.727、0.722、0.737、0.683，矩阵对角线上的"1.000"表示变量的自相关。一般而言，皮尔逊相关系数处于0.3～0.7之间为中度相关，大于0.7表示高度相关。因而可以判断各潜在变量之间呈中度相关，各潜在变量与流动儿童身份建构总体之间呈高度相关，因而假设H1成立。

假设H2：各观察变量与四个潜在变量之间显著相关。

本研究的验证性因子分析通过运行AMOS 22.0软件来实现。在对问卷潜在变量与观察变量进行划分、标注的基础上，建立潜在变量与观察变量的结构方程模型。运行AMOS 22.0软件，通过"Draw Unobserved"与"Draw Indicator Variable"功能建立结构方程模型，通过"Plugins"与"Draw Covariances"功能得出潜在变量间的相关性，通过"File"与"Data Files"功能将SPSS 27.0软件中的问卷数据导入AMOS 22.0软件，运行后建立潜在变量与观察变量的测量模型（见图3-2）。

在图3-2中，单向箭头表示单方向因果关系，双向箭头表示双向共变关系或相关关系。通过"Analysis Properties"进行参数设置，运行"Calculate Etimates"功能输出数据，得出各潜在变量、观察变量的参数值，得出标准化系数的结构方程模型（见图3-3）。

流动儿童身份建构的结构方程模型由身份感知、身份冲突、身份调适、身份认同4个潜在变量与28个观察变量组成，潜在变量与观察变量的标准化回归系数为G1（0.80）、G2（0.82）、G3（0.82）、G4（0.79）、G5（0.79）、G6（0.82）、G7（0.85）、C1（0.80）、C2（0.79）、C3（0.81）、C4（0.78）、C5（0.79）、C6（0.80）、C7（0.77）、T1（0.80）、T2（0.78）、T3（0.78）、T4（0.77）、T5（0.79）、T6（0.78）、T7（0.77）、T8（0.76）、R1（0.85）、R2（0.82）、R3（0.83）、R4（0.89）、R5（0.84）、R6（0.86）。可以看出，潜在变量与观察变量之间的标准化回归系数在0.77至0.89之间，表明各潜在变量对观察变量产生显著影响，模型适配度良好。

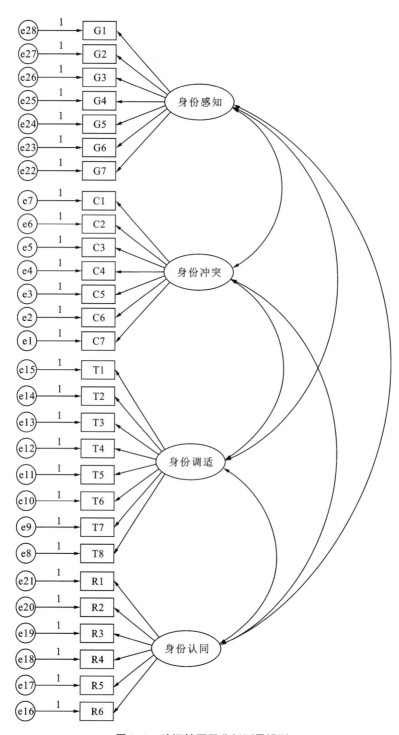

图3-2 验证性因子分析测量模型

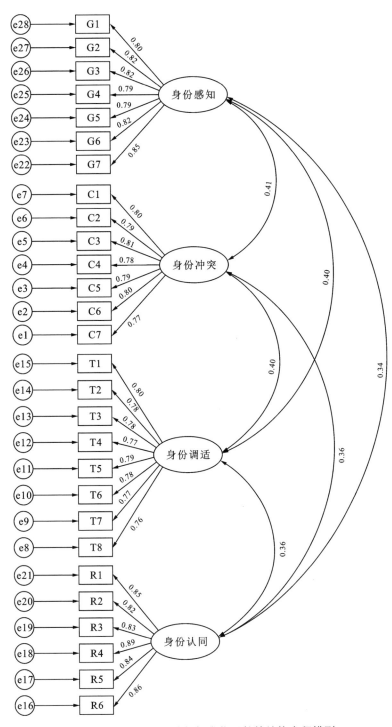

图3-3 验证性因子分析标准化系数的结构方程模型

为了对模型进行深入检验，在模型标准化系数检验后，需要进行模型适配度的检验。本研究在进行适配度分析时，采用的判定指标有卡方自由度比（χ^2/df）、渐进残差均方和平方根（RMSEA）、良适性适配指标（GFI）、调整后良适性适配指标（AGFI）、规准适配指数（NFI）、相对适配指数（RFI）、增值适配指数（IFI）、非规准适配指数（TLI）、比较适配指数（CFI）、简约适配度指数（PGFI）、简约调整后的规准适配指数（PNFI）。在 AMOS 22.0 软件中，通过"Model Fit"功能进行模型适配度检验，模型适配度指标判定标准如表3–19所示，适配度检验的结果如表3–20所示。

表3–19 模型适配度指标判定标准

指标分类	判定指标	指标名称	判定标准
绝对适配度统计量	χ^2/df	卡方自由度比	<1.0，理想 <3.0，良好 >3.0，不良
	RMSEA	渐进残差均方和平方根	<0.01，理想 <0.05，良好 >0.10，不良
	GFI	良适性适配指标	>0.90，良好
	AGFI	调整后良适性适配指标	>0.90，良好
增值适配度统计量	NFI	规准适配指数	>0.90，良好
	RFI	相对适配指数	>0.90，良好
	IFI	增值适配指数	>0.90，良好
	TLI	非规准适配指数	>0.90，良好
	CFI	比较适配指数	>0.90，良好
简约适配度统计量	PGFI	简约适配度指数	>0.50，良好
	PNFI	简约调整后的规准适配指数	>0.50，良好

表 3-20 模型适配度指标判定结果

判定指标	拟合指数	判定结果
χ^2/df	1.266	良好
RMSEA	0.016	良好
GFI	0.971	良好
AGFI	0.966	良好
NFI	0.979	良好
RFI	0.977	良好
IFI	0.996	良好
TLI	0.995	良好
CFI	0.996	良好
PNFI	0.891	良好
PGFI	0.823	良好

由表 3-20 中的拟合指数可以看出，在绝对适配度统计量中，χ^2/df 值为 1.266，小于 3.0，RMSEA 值为 0.016，小于 0.05，GFI、AGFI 值分别为 0.971、0.966，均大于 0.90，说明模型适配度良好；在增值适配度统计量中，NFI、RFI、IFI、TLI、CFI 值分别为 0.979、0.977、0.996、0.995、0.996，均大于 0.90，说明模型切合度良好；在简约适配度统计量中，PNFI 值为 0.891，PGFI 值为 0.823，均在 0.50 以上，说明模型精简度良好。综合以上对模型适配度的验证性因子分析可以得出，假设模型与实际情况的适配度良好。对变量进行拟合路径分析，运行 AMOS 22.0 软件，通过"Calculate Etimates"功能输出数据，通过"Estimate"功能输出模型拟合路径数据（见表 3-21）。

从表 3-21 中可以看出，各潜在变量的 AVE 值均大于 0.5，CR 值均大于 0.7，说明研究数据效度良好，Estimate 值均大于 0.7，且 $P<0.001$，表明流动儿童身份建构各潜在变量与观察变量之间关系显著，各观察变量能够反映所需测量的潜在变量，因此假设 H2 成立。

表 3-21　验证性因子分析拟合路径表

路径			Estimate	S.E.	CR	P	AVE	CR
C7	←	身份冲突	0.769					
C6	←	身份冲突	0.801	0.042	27.325	***		
C5	←	身份冲突	0.790	0.040	26.879	***		
C4	←	身份冲突	0.778	0.041	26.385	***	0.625	0.921
C3	←	身份冲突	0.806	0.042	27.552	***		
C2	←	身份冲突	0.793	0.042	26.985	***		
C1	←	身份冲突	0.797	0.039	27.157	***		
T8	←	身份调适	0.761					
T7	←	身份调适	0.766	0.039	25.652	***		
T6	←	身份调适	0.778	0.039	26.106	***		
T5	←	身份调适	0.789	0.040	26.564	***	0.604	0.924
T4	←	身份调适	0.766	0.037	26.654	***		
T3	←	身份调适	0.782	0.039	26.278	***		
T2	←	身份调适	0.779	0.038	26.147	***		
T1	←	身份调适	0.796	0.040	26.811	***		
R6	←	身份认同	0.859			***		
R5	←	身份认同	0.838	0.027	34.995	***		
R4	←	身份认同	0.891	0.027	39.192	***	0.726	0.940
R3	←	身份认同	0.833	0.028	34.610	***		
R2	←	身份认同	0.820	0.027	33.692	***		
R1	←	身份认同	0.854	0.028	36.179	***		
G7	←	身份感知	0.849			***		
G6	←	身份感知	0.818	0.029	32.676	***	0.661	0.932
G5	←	身份感知	0.793	0.027	31.129	***		

续表

路径			Estimate	S.E.	CR	P	AVE	CR
G4	←	身份感知	0.794	0.027	31.189	***		
G3	←	身份感知	0.817	0.029	32.603	***		
G2	←	身份感知	0.824	0.028	33.085	***		
G1	←	身份感知	0.796	0.028	31.280	***		

*$P<0.05$，**$P<0.01$，***$P<0.001$。

第二节 流动儿童身份建构总体状况

本研究通过对流动儿童身份建构过程中身份感知、身份冲突、身份调适、身份认同四个维度的均值与标准差进行描述性统计，探索流动儿童身份建构的总体状况。流动儿童身份建构总体状况描述性统计结果如表3-22所示。

表3-22 流动儿童身份建构总体状况描述性统计结果

维度	N	平均值	标准差
身份感知	1040	3.261	1.218
身份冲突	1040	3.407	1.151
身份调适	1040	3.451	1.089
身份认同	1040	2.978	1.313

从表3-22中的描述性统计数据来看，在各维度平均值方面，流动儿童身份建构四个维度的平均值分别为3.261、3.407、3.451、2.978。其中，身份感知、身份冲突、身份调适维度的平均值处于中等偏上水平，说明流动儿童普遍具有农村人身份感知，面临农村人身份与城市客观环境的冲突问题，并且采取了身份调适策略来应对这种冲突。值得注意的是，身份认同维度的平均值处于中等偏低水平，这说明流动儿童在城市环境中并没有形成较为普遍一致的身份认同。在各维度标准差方面，流动儿童身份建构四个维度的标准差分别为

1.218、1.151、1.089、1.313，身份认同维度的标准差大于其他三个维度，表明身份认同维度的数据离散程度大于其他三个维度，这意味着身份认同维度数据的差异性较大，说明流动儿童在身份建构过程中，没有形成较为统一的、普遍一致的身份认同。

问卷中的B1题针对的是流动儿童目前的身份认同情况，这一统计结果可以更加直观地反映流动儿童身份建构的总体状况（见图3-4）。从图3-4可以看出，认为自己"是农村人，不是城市人"的流动儿童比例最高，为38.3%，说明很多流动儿童并没有因为来到城市生活学习而建构城市人身份，他们依然认为自己是城市社会中的农村人。认为自己"是农村人，也是城市人"的流动儿童占25.8%，这部分流动儿童陷入双重身份之中，很有可能是由于他们来到城市后，积极主动融入城市，希望自己成为城市人，但是又很难摆脱自己农村人身份的烙印。认为自己"不是农村人，是城市人"的流动儿童占比9.4%，这部分流动儿童对身份的判断较为清晰，能够明确指出自己是城市人而不是农村人，从数据来看这部分流动儿童所占比例是很小的。认为自己"不是农村人，也不是城市人"的流动儿童占比18.7%，这部分流动儿童正在为建构城市人身份而积极努力，他们认为自己已经不再是农村人，但是城市人身份尚未确立。

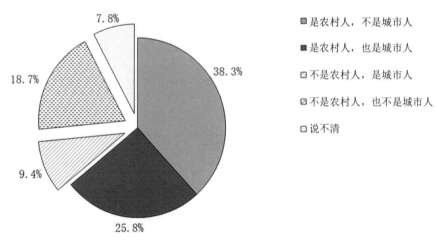

图3-4 流动儿童身份建构总体状况

可见，只有47.7%（38.3%+9.4%）的流动儿童对自己的身份做出了较为明确的判断，其余52.3%（25.8%+18.7%+7.8%）的流动儿童对自己的身份持不确定态度，他们尚不能明确指出自己到底是农村人还是城市人，没有形成明确而稳定的身份认同。总的来看,多数流动儿童依然认为自己是农村人身份,并且流动儿童的身份建构具有一定的复杂性,他们并没有像想象中那样建构出某一确定的身份,而更多的是在农村人与城市人身份之间摇摆不定。

第三节 流动儿童身份建构各维度状况

一、身份感知维度

对流动儿童身份感知潜在变量中的7个观察变量进行描述性统计分析,分别统计得出各观察变量的最大值和最小值、平均值、标准差,具体如表3-23所示。

表3-23 身份感知维度描述性统计表

题项	观察变量	最小值	最大值	平均值	标准差
G1	身份边界	1	5	3.34	1.430
G2	边界感知	1	5	3.29	1.438
G3	地位落差	1	5	3.29	1.501
G4	经济落差	1	5	3.35	1.357
G5	效能落差	1	5	3.31	1.380
G6	被瞧不起	1	5	3.27	1.485
G7	不公正对待	1	5	3.03	1.528

由表3-23中的统计数据可以看出,各观察变量的最小值均为1,最大值均为5,各观察变量平均值都在3以上,表明流动儿童身份边界、边界感知、地位落差、经济落差、效能落差、歧视感知、不公正感知均处于中等偏上水平。平均值较高的观察变量包括身份边界、经济落差以及效能落差,说明流动儿童在城市中能明显感觉到城市人与农村人之间存在的身份边界,也能够感觉到自己与周围城市同学之间存在经济条件上的差别,并且来到城市后出现自我效能

感下降的现象。标准差较大的观察变量有地位落差与不公正对待,说明两个观察变量的离散程度较高,不同特征的流动儿童地位落差感知与不公正感知存在较大差别。值得注意的是,不公正对待观察变量的平均值最低(3.03),而标准差则比较高(1.528),该观察变量对应的题项为G7"我所在学校的老师们对我都很公平",该题项为反向计分题,表中数据是经过计分转换后的数据,数据反映出流动儿童基本能够感受到教师的公正对待,但是不同流动儿童之间存在的差别较大。可以设想,师生互动可能会对流动儿童身份建构产生一定的影响。

二、身份冲突维度

对流动儿童身份冲突潜在变量中的7个观察变量进行描述性统计分析,结果如表3-24所示。从中可以看出,身份冲突维度下各观察变量的最小值均为1,最大值均为5。从平均值数据来看,各观察变量的平均值集中在3.32~3.49之间,处于中等偏上水平,表明流动儿童在身份建构过程中普遍存在认知冲突,其中观察变量"城市人镜像""农村人自尊""农村人自卑""身份焦虑"的平均值相对较高。从标准差数据来看,观察变量"农村人镜像""身份期望""农村人自尊""代际认同危机"的标准差相对较高,表明各观察变量的离散程度较高,流动儿童在这些方面存在一定的群体差异。

表3-24 身份冲突维度描述性统计表

题项	观察变量	最小值	最大值	平均值	标准差
C1	城市人镜像	1	5	3.45	1.334
C2	农村人镜像	1	5	3.36	1.438
C3	身份期望	1	5	3.34	1.453
C4	农村人自尊	1	5	3.49	1.413
C5	农村人自卑	1	5	3.42	1.362
C6	代际认同危机	1	5	3.32	1.463
C7	身份焦虑	1	5	3.47	1.316

三、身份调适维度

对流动儿童身份调适潜在变量中的8个观察变量进行描述性统计分析,分别统计得出各观察变量的最大值和最小值、平均值、标准差,结果如表3-25所示。

表3-25 身份调适维度描述性统计表

题项	观察变量	最小值	最大值	平均值	标准差
T1	身份偏好	1	5	3.43	1.384
T2	身份模仿	1	5	3.44	1.317
T3	身份展示	1	5	3.52	1.347
T4	显性身份保护	1	5	3.45	1.269
T5	隐性身份保护	1	5	3.40	1.384
T6	身份替代	1	5	3.45	1.367
T7	品质标准	1	5	3.47	1.356
T8	价值标准	1	5	3.46	1.359

表3-25中的数据显示,各观察变量的最小值均为1,最大值均为5,平均值在3.40~3.52之间,处于中等偏上水平,这说明流动儿童会选择必要的调适策略以化解自身农村人身份带来的心理冲突。从平均值来看,观察变量"身份展示"的平均值略高,说明流动儿童多会选择努力展示自己城市人的一面来进行身份调适,这有可能与他们的城市人身份期望有关,在城市人身份期望的引导下,流动儿童更倾向于利用身份展示的行为方式来调适自己。从标准差来看,观察变量"身份偏好""隐性身份保护""身份替代"的标准差相对较高,这说明流动儿童在这些方面存在一定的群体差异。

四、身份认同维度

对流动儿童身份认同潜在变量中的6个观察变量进行描述性统计分析,结果如表3-26所示。由表中数据可知,流动儿童身份认同各观察变量的平均值在2.85～3.06之间，与其他维度相比较低。其中，观察变量"城市人身份""城市归属感""农村归属感"的平均值处于中等偏下水平，说明总体来看流动儿童并没有形成相对一致的身份认同，其身份认同较为分散。这也再次证明了流动儿童身份建构总体状况所反映情况的可靠性，并且流动儿童的归属感不强，这也与其不确定的身份认同有关。经过数据比较可以发现，在身份归类上，流动儿童农村人身份高于城市人身份，说明流动儿童虽然身处城市，但其农村人身份认同程度依然较高，反映出流动儿童的城市社会融入水平较低。在情感归属上，流动儿童的农村归属感与城市归属感均不高，且农村归属感略高于城市归属感，这说明流动儿童认为自己既不属于农村，也不属于城市，很可能形成"哪里都不是家"的感觉，这对其建构稳定、统一、持续的身份认同是不利的。在身份认同延伸上，流动儿童的城市人身份认同延伸与农村人身份认同延伸平均值较为接近，流动儿童建构农村人身份认同并产生与之相应的行为倾向程度相对较高。

表3-26 身份认同维度描述性统计表

题项	观察变量	最小值	最大值	平均值	标准差
R1	城市人身份	1	5	2.94	1.530
R2	农村人身份	1	5	3.01	1.454
R3	城市归属感	1	5	2.85	1.508
R4	农村归属感	1	5	2.95	1.550
R5	城市人认同延伸	1	5	3.05	1.448
R6	农村人认同延伸	1	5	3.06	1.505

第四章 流动儿童身份建构过程剖析

第一节 群体图像：流动儿童群体身份建构的过程及其特征

前期研究通过扎根理论生成流动儿童身份建构过程理论模型，依据三级编码编制"流动儿童身份建构调查问卷"，问卷量表包含4个一级维度（选择编码）、12个二级维度（主轴编码）、28个三级维度（开放编码）。本研究从28个题项中选取在二级维度中平均值最高的题项，例如在身份边界感知维度中，题项G1"我认为城市人和农村人的差别很大"的平均值为3.33，高于其他同等水平维度内题项的平均值，将其筛选出来作为维度比较中的统计量。该筛选方法的有利之处在于，可以选取比较具有代表性的题项，使统计结果更加真实有效，此外也可以避免不必要的重复统计。在筛选题项过程中，以实际访谈资料为辅助筛选标准，力图使所筛选的题项既能保证问卷量化统计的普遍性，又具备访谈所得资料的深度。例如，本研究在筛选心理冲突维度题项时，将量化统计平均值最高的题项C4"我为自己有农村人身上的好品质而感到骄傲"更换为同一维度同一级别下的题项C5"我担心其他同学知道我是农村人后会不喜欢我"，原因是研究者在实施访谈过程中发现，访谈对象受到C5题项所代表问题的困扰程度更深。本研究采用这种方法从12个二级维度中筛选题项，题项列表详见表4-1。

表 4-1　流动儿童身份建构过程题项

一级维度	二级维度	题号	题项
身份感知	身份边界感知	G1	我认为城市人和农村人的差别很大
	身份落差感知	G4	来到城市后,我感觉自己属于城市里的穷人
	歧视知觉	G6	我感到有城市里的同学看不起我
身份冲突	认知冲突	C1	在老家亲朋好友面前我是个城市人
	心理冲突	C5	我担心其他同学知道我是农村人后会不喜欢我
	代际冲突	C7	父母是农村人对我成为城市人是不利的
身份调适	身份进取策略	T3	我喜欢把自己城市人的一面展示给别人看
	身份防御策略	T4	当听见有人说农村人坏话时,我会反驳他(她)
	调适比较标准	T7	我认为农村人比城市人更加勤劳朴实
身份认同	身份归类	R2	当听见有人说农村人好或坏时,我觉得就像在说我自己一样
	情感归属	R4	这个城市对我来说没有家的感觉,农村老家才是我的家
	身份认同延伸	R6	今后回老家生活和学习对我来说是更好的选择

一、流动儿童身份建构各维度比较

由扎根理论研究结论可知,流动儿童身份建构可以分为身份感知、身份冲突、身份调适、身份认同4个一级维度。这些一级维度又包含12个二级维度,分别是身份边界感知、身份落差感知、歧视知觉、认知冲突、心理冲突、代际冲突、身份进取策略、身份防御策略、调适比较标准、身份归类、情感归属、身份认同延伸。为了更加详细地了解流动儿童身份建构各维度变化情况,便于各维度之间进行比较,本研究将流动儿童身份建构在4个一级维度及其下属二级维度的平均数进行比较。流动儿童身份建构各维度比较详见表4-2。

表 4-2　流动儿童身份建构各维度比较

一级维度	二级维度	二级维度平均值	一级维度平均值
身份感知	身份边界感知	3.32	3.26
	身份落差感知	3.32	
	歧视知觉	3.15	
身份冲突	认知冲突	3.41	3.41
	心理冲突	3.42	
	代际冲突	3.40	
身份调适	身份进取策略	3.46	3.45
	身份防御策略	3.43	
	调适比较标准	3.47	
身份认同	身份归类	2.98	2.98
	情感归属	2.90	
	身份认同延伸	3.06	

从表 4-2 的数据中可以看出，流动儿童身份建构 4 个一级维度的平均值分别为 3.26、3.41、3.45、2.98，其中，身份冲突和身份调适维度的平均值较高，身份感知维度次之，身份认同维度较低。首先，从身份感知到身份冲突，平均值呈上升趋势，说明流动儿童在身份边界感知、身份落差感知、歧视知觉不明显的情况下，依然会面临较高水平的身份冲突。这种情况是主客观因素共同作用的结果：一来部分流动儿童主观感知身份的能力有限，受到年龄特征、环境因素以及个体性格特质因素的影响，可能部分流动儿童的身份感知并不强烈；二来客观的身份冲突问题的确存在，流动儿童会面临由身份引发的认知冲突、心理冲突以及代际冲突，即便没有对身份的敏感性，也会在现实中遇到真切的身份冲突。这导致流动儿童身份冲突水平高于身份感知水平。其次，从身份冲突到身份调适，平均值呈上升趋势，且平均值很接近，没有偏向于某一种身份调适策略，这说明流动儿童在面临身份冲突后会采取不同的身份调适策略，其身份调适策略与身份建构的类型也不存在必然联系。再次，从身份调适到身份认同，平均值下降明显，并且平均值差值较小。如在对 R1 题"我觉得我和城

市人是一样的,没有区别"的回答中,选择"完全符合""比较符合"的流动儿童共占48.2%,选择"不太符合""完全不符"的流动儿童共占44.7%,说明近半数流动儿童将自己归类为城市人,也有近半数流动儿童将自己归类为农村人。对R2题"当听见有人说农村人好或坏时,我觉得就像在说我自己一样"的回答中,共有44.5%的流动儿童选择"完全符合""比较符合",另有39.0%的流动儿童选择"不太符合""完全不符",与R1题的统计结果较为接近,表明流动儿童群体没有形成较为一致的身份归类。

二、身份感知与身份冲突的比较

本研究通过将流动儿童身份感知维度与身份冲突维度数据进行比较,来了解其身份建构过程从身份感知到身份冲突阶段的变化。其中包括身份边界感知、身份落差感知以及歧视知觉与身份冲突各二级维度的比较。

(一)身份边界感知与身份冲突的比较

分别将身份边界感知与身份冲突维度之下的认知冲突、心理冲突及代际冲突相比较,具体题项及统计数据见表4-3。

表4-3 流动儿童身份边界感知与身份冲突的比较

		G1我认为城市人和农村人的差别很大				
		完全符合	比较符合	基本符合	不太符合	完全不符
C1在老家亲朋好友面前我是个城市人	完全符合	32.8%	32.1%	21.4%	19.3%	18.8%
	比较符合	36.9%	28.5%	23.8%	25.1%	22.9%
	基本符合	12.2%	7.9%	21.4%	13.2%	12.5%
	不太符合	14.8%	15.3%	23.8%	29.2%	27.8%
	完全不符	3.3%	16.2%	9.6%	13.2%	18.0%
C5我担心其他同学知道我是农村人后会不喜欢我	完全符合	36.4%	35.9%	19.1%	21.0%	18.8%
	比较符合	39.8%	37.1%	26.2%	26.3%	27.1%
	基本符合	5.9%	7.3%	23.8%	11.5%	9.0%

续表

		G1我认为城市人和农村人的差别很大				
		完全符合	比较符合	基本符合	不太符合	完全不符
C5我担心其他同学知道我是农村人后会不喜欢我	不太符合	5.1%	11.8%	19.0%	20.6%	20.1%
	完全不符	12.8%	7.9%	11.9%	20.6%	25.0%
C7父母是农村人对我成为城市人是不利的	完全符合	31.0%	28.8%	23.8%	21.4%	15.3%
	比较符合	41.0%	38.0%	26.2%	23.5%	27.1%
	基本符合	12.2%	13.5%	23.8%	10.7%	18.0%
	不太符合	10.3%	13.5%	19.1%	25.5%	22.9%
	完全不符	5.5%	6.2%	7.1%	18.9%	16.7%

G1题与C1题分别代表身份边界感知与身份冲突中的认知冲突。从数据来看，到了身份冲突阶段，选择各选项与身份边界感知题项选项的切合度分别为32.8%、28.5%、21.4%、29.2%、18.0%。可以看出，选择"完全符合"选项的切合度相对较高，这表明流动儿童身份边界感知与认知冲突存在一致性。有22.9%的流动儿童在身份感知阶段选择"完全不符"，而到了身份冲突阶段转而选择了"比较符合"，说明这部分流动儿童没有明显的身份边界感知，却存在较高水平的认知冲突。

通过将G1题与C5题的数据进行比较，可以看出流动儿童从身份边界感知到心理冲突阶段的变化。从统计数据可以看出，回答"完全符合"与"比较符合"选项的切合度都比较高，分别为36.4%和37.1%，这说明流动儿童身份边界感知与心理冲突一致性程度较高，即高身份边界感知水平的流动儿童会相应面临高程度的心理冲突。有27.1%的流动儿童在身份边界感知阶段选择了"完全不符"，而到了心理冲突阶段转而选择了"比较符合"，这一结果和流动儿童身份边界感知与认知冲突比较的结果是一致的。

为了了解流动儿童从身份边界感知到代际冲突阶段的变化，将G1题与C7题进行比较。从整体上看，两个题项的切合度较高。有31.0%的流动儿童对两个题项都选择了"完全符合"，有38.0%的流动儿童对两个题项都选择了"比较符合"。可以看出，从身份边界感知到代际冲突阶段，流动儿童的变化较小，这说明越能感知到自己与城市人身份边界的流动儿童，越容易出现与其父母的代际身份认同冲突。

通过流动儿童身份边界感知与身份冲突的比较可以发现，流动儿童身份边界感知与身份冲突的一致性较高。其中，也有部分流动儿童从身份边界感知到身份冲突阶段发生转折，他们的身份边界感知程度不高，而到了身份冲突阶段，存在的身份冲突程度却变得比较高。这一方面可能是由于流动儿童年龄或个体性格特质导致其没有敏锐的身份边界感知，另一方面可能是对于流动儿童而言，认知冲突比身份边界感知的影响力更大。比如，流动儿童在老家亲戚朋友那里被认为是城市人，容易引发流动儿童对自我身份的迷茫和行为选择的不确定。这种冲突对流动儿童的影响是直接的，因而也更容易被流动儿童察觉到。

（二）身份落差感知与身份冲突的比较

流动儿童身份落差感知与身份冲突的比较如表4-4所示。将G4题与C1题的统计数据进行比较，可以看到流动儿童从身份落差感知阶段到身份冲突阶段的变化。在身份落差感知阶段，选择"完全符合"的流动儿童到了认知冲突阶段后，仍有71.4%（32.3%＋39.1%）保持原有的肯定态度，这说明大多数流动儿童在身份落差感知上持肯定态度，他们到了认知冲突阶段依然持肯定态度。

表4-4 流动儿童身份落差感知与身份冲突的比较

		G4来到城市后，我感觉自己属于城市里的穷人				
		完全符合	比较符合	基本符合	不太符合	完全不符
C1在老家亲朋好友面前我是个城市人	完全符合	32.3%	34.9%	26.2%	17.8%	14.2%
	比较符合	39.1%	32.2%	20.5%	28.9%	20.4%
	基本符合	13.3%	10.5%	14.6%	10.6%	13.4%
	不太符合	12.5%	16.4%	25.4%	27.8%	33.1%
	完全不符	2.8%	6.0%	13.3%	14.9%	18.9%
C5我担心其他同学知道我是农村人后会不喜欢我	完全符合	36.3%	29.5%	23.8%	21.6%	12.6%
	比较符合	34.7%	36.7%	21.3%	24.5%	26.0%

续表

		G4 来到城市后，我感觉自己属于城市里的穷人				
		完全符合	比较符合	基本符合	不太符合	完全不符
C5 我担心其他同学知道我是农村人后会不喜欢我	基本符合	9.3%	10.2%	13.9%	9.1%	13.4%
	不太符合	13.7%	15.8%	27.1%	28.9%	30.7%
	完全不符	6.0%	7.8%	13.9%	15.9%	17.3%
C7 父母是农村人对我成为城市人是不利的	完全符合	33.9%	29.9%	18.9%	19.7%	14.2%
	比较符合	40.3%	36.1%	33.6%	27.4%	22.0%
	基本符合	10.9%	12.8%	14.7%	14.9%	17.3%
	不太符合	10.1%	14.6%	21.3%	21.6%	25.2%
	完全不符	4.8%	6.6%	11.5%	16.4%	21.3%

G4 题与 C5 题的各选项切合度分别为 36.3%、36.7%、13.9%、28.9%、17.3%。其中，选择"完全符合"与"比较符合"的切合度较高。可以看出，流动儿童在从身份落差感知发展到心理冲突阶段时，态度前后较为一致。这说明流动儿童流入城市后，其感知到的身份落差与农村人自卑导致的心理冲突之间联系紧密，流动儿童感到自己与城市人的身份存在差距，就容易产生对农村人身份的自卑感。

G4 题与 C7 题的各选项切合度分别为 33.9%、36.1%、14.7%、21.6%、21.3%。其中，"完全符合"与"比较符合"的切合度较高，说明流动儿童存在身份落差感知的同时也存在代际冲突。有 27.4% 的流动儿童在身份落差感知题项上选择"不太符合"，而在代际冲突阶段转而选择了"比较符合"，可以看出即便是身份落差感知水平较低的流动儿童，在身份冲突阶段也会存在与其父辈的代际身份冲突问题。

（三）歧视知觉与身份冲突的比较

流动儿童歧视知觉与身份冲突的比较统计数据详见表 4-5。

表 4-5 流动儿童歧视知觉与身份冲突的比较

		G6 我感到有城市里的同学看不起我				
		完全符合	比较符合	基本符合	不太符合	完全不符
C1 在老家亲朋好友面前我是个城市人	完全符合	31.3%	34.6%	25.9%	18.5%	18.1%
	比较符合	38.2%	32.3%	22.2%	28.3%	21.1%
	基本符合	12.9%	11.2%	14.8%	10.8%	12.5%
	不太符合	15.3%	15.2%	16.7%	28.3%	32.2%
	完全不符	2.3%	6.7%	20.4%	14.1%	16.1%
C5 我担心其他同学知道我是农村人后会不喜欢我	完全符合	33.6%	33.4%	20.4%	18.5%	16.1%
	比较符合	36.6%	35.2%	18.5%	19.6%	28.6%
	基本符合	10.0%	8.5%	35.1%	10.8%	8.0%
	不太符合	13.7%	16.4%	13.0%	32.1%	30.7%
	完全不符	6.1%	6.5%	13.0%	19.0%	16.6%
C7 父母是农村人对我成为城市人是不利的	完全符合	31.7%	32.0%	16.7%	17.9%	16.1%
	比较符合	40.5%	37.0%	29.6%	25.5%	26.1%
	基本符合	11.7%	11.3%	20.4%	13.1%	18.1%
	不太符合	11.1%	14.1%	11.1%	26.1%	23.1%
	完全不符	5.0%	5.6%	22.2%	17.4%	16.6%

通过 G6 题与 C1 题的比较来了解流动儿童从歧视知觉阶段到认知冲突阶段的变化。由表中数据可知，两个题项对应各选项的切合度分别为 31.3%、32.3%、14.8%、28.3%、16.1%，整体来看，对两题均持肯定态度的人数所占比例较高。可以看出，具有较高水平歧视知觉的流动儿童到了认知冲突阶段，依然会面临较高水平的认知冲突。

G6 题与 C5 题的比较反映了流动儿童从歧视知觉阶段到心理冲突阶段的变化。从数据来看，两题项中对应各选项的切合度分别为 33.6%、35.2%、35.1%、32.1%、16.6%。可见，在歧视知觉阶段持肯定态度的流动儿童，到了心理冲突阶段依然维持原有态度，这说明具有歧视知觉的流动儿童在身份冲突阶段会存在心理冲突。在歧视知觉阶段选择"不太符合"的流动儿童中，有32.1%的人到了心理冲突阶段依然坚持原来的观点。可见，流动儿童从歧视知觉到心理冲突阶段的变化不明显，具有歧视知觉的流动儿童大多数会存在心理冲突，而歧视知觉不明显的流动儿童存在心理冲突的概率同样较小。

通过G6题与C7题的比较反映流动儿童歧视知觉与代际冲突的关系。从统计数据来看，在歧视知觉阶段持肯定态度的流动儿童到了代际冲突阶段，依然有72.2%（31.7%+40.5%）的人持肯定态度，并且在歧视知觉阶段选择"不太符合"的流动儿童中有43.4%（17.9%+25.5%）到了代际冲突阶段转而持肯定态度。总的来看，从歧视知觉到代际冲突的变化过程中，多数流动儿童的观点保持一致，同时也有部分歧视知觉水平较低的流动儿童到了代际冲突阶段转而认为自己存在较高水平的代际冲突。

三、身份冲突与身份调适的比较

将身份冲突维度的题目与身份调适维度的题目进行比较，可以探究流动儿童从身份冲突到身份调适阶段所发生的变化。这里分别将认知冲突、心理冲突、代际冲突与身份调适各维度进行比较。

（一）认知冲突与身份调适的比较

通过将C1题分别与T3题、T4题、T7题的统计数据相比较，可以了解流动儿童从认知冲突阶段到身份调适阶段的变化情况。统计数据详见表4-6。

表4-6 流动儿童认知冲突与身份调适的比较

		C1在老家亲朋好友面前我是个城市人				
		完全符合	比较符合	基本符合	不太符合	完全不符
T3我喜欢把自己城市人的一面展示给别人看	完全符合	34.2%	34.2%	30.4%	16.1%	16.3%
	比较符合	41.2%	38.0%	33.6%	33.2%	19.4%
	基本符合	3.9%	3.5%	9.6%	4.2%	8.2%
	不太符合	15.8%	18.0%	15.2%	34.1%	33.7%
	完全不符	4.9%	6.3%	11.2%	12.4%	22.4%

续表

		C1在老家亲朋好友面前我是个城市人				
		完全符合	比较符合	基本符合	不太符合	完全不符
T4当听见有人说农村人坏话时，我会反驳他（她）	完全符合	33.1%	26.3%	24.8%	10.6%	10.2%
	比较符合	33.5%	38.0%	31.2%	39.2%	24.5%
	基本符合	13.7%	15.7%	18.4%	14.7%	15.3%
	不太符合	15.1%	13.0%	16.0%	22.6%	29.6%
	完全不符	4.6%	7.0%	9.6%	12.9%	20.4%
T7我认为农村人比城市人更加勤劳朴实	完全符合	33.1%	32.9%	27.2%	16.6%	20.4%
	比较符合	39.8%	32.9%	32.8%	30.4%	17.3%
	基本符合	4.9%	9.2%	14.4%	12.0%	10.2%
	不太符合	16.9%	15.5%	14.4%	25.3%	32.7%
	完全不符	5.3%	9.5%	11.2%	15.7%	19.4%

流动儿童认知冲突与身份进取策略的比较可以对应C1题与T3题。从表中数据可知，两个题项对应各选项的切合度分别为34.2%、38.0%、9.6%、34.1%、22.4%，"完全符合""比较符合"和"不太符合"的切合度相对较高。这说明，在认知冲突阶段肯定自己存在认知冲突的流动儿童，到了身份调适阶段将肯定自己会采取身份进取策略。在选择"完全不符"的流动儿童中，到了身份调适阶段有56.1%（33.7%＋22.4%）的人坚持原有的否定态度。可见，认知冲突水平较高的流动儿童，到了身份调适阶段更加倾向于采取身份进取策略，而认知冲突水平较低的流动儿童采取身份进取策略的可能性则较小。

通过C1题与T4题比较流动儿童认知冲突与身份防御策略两个身份建构阶段的变化。从表中可以看出，两个题项对应各选项切合度分别为33.1%、38.0%、18.4%、22.6%、20.4%，对两个题项持肯定态度的切合度较高。也应看到，有49.8%（10.6%＋39.2%）的流动儿童在认知冲突阶段选择"不太符合"，而到了身份调适阶段转变为肯定态度，因而存在较高认知冲突的流动儿童到了身份调适阶段更倾向于采取身份防御策略，同时也有部分存在较低认知冲突的流动儿童会采取身份防御策略。

通过C1题与T7题比较流动儿童认知冲突与调适比较标准。从表中数据可以看出，两个题项对应各选项的切合度分别为33.1%、32.9%、14.4%、25.3%、19.4%。总的来说，流动儿童在认知冲突与调适比较标准两个阶段的态度是一致的。在认知冲突阶段选择"不太符合"的流动儿童中，有59.0%（16.6%＋30.4%＋12.0%）的人在身份调适阶段同意"农村人比城市人更加勤劳朴实"。认知冲突水平较低的原因有两个：一是对自身农村人身份持乐观态度的流动儿童倾向于肯定自身农村人身份，并且不会受外界因素影响而改变自身的身份认知；二是认为自己已经成为城市人的流动儿童存在的身份认知冲突水平会比较低。对农村人身份持乐观态度的流动儿童肯定农村人群体的比较优势，认为农村人比城市人更加勤劳朴实是自然的，而认为自己已经成为城市人的流动儿童依然肯定农村人群体的比较优势，说明不论认知冲突水平高还是低的流动儿童，都存在一定程度上的内群体认同。那些认为自己已经变成城市人的流动儿童，依然会肯定农村人群体的比较优势，并不会因为流向城市人群体而否定农村人群体。

（二）心理冲突与身份调适的比较

心理冲突与身份调适的比较涉及C5题与T3题、T4题、T7题，统计数据详见表4-7。

表4-7 流动儿童心理冲突与身份调适的比较

		C5我担心其他同学知道我是农村人后会不喜欢我				
		完全符合	比较符合	基本符合	不太符合	完全不符
T3我喜欢把自己城市人的一面展示给别人看	完全符合	34.1%	32.6%	30.0%	19.6%	16.8%
	比较符合	40.5%	40.1%	28.2%	29.7%	29.2%
	基本符合	4.3%	3.1%	8.1%	6.8%	4.4%
	不太符合	16.8%	17.9%	25.5%	31.1%	24.8%
	完全不符	4.3%	6.3%	8.2%	12.8%	24.8%
T4当听见有人说农村人坏话时，我会反驳他（她）	完全符合	31.2%	28.5%	18.2%	13.2%	12.4%
	比较符合	36.2%	36.4%	34.5%	33.3%	31.0%
	基本符合	14.0%	15.1%	24.6%	14.7%	11.6%

续表

		C5我担心其他同学知道我是农村人后会不喜欢我				
		完全符合	比较符合	基本符合	不太符合	完全不符
T4当听见有人说农村人坏话时，我会反驳他（她）	不太符合	14.7%	12.5%	14.5%	25.6%	25.7%
	完全不符	3.9%	7.5%	8.2%	13.2%	19.3%
T7我认为农村人比城市人更加勤劳朴实	完全符合	33.7%	32.9%	25.5%	17.8%	19.5%
	比较符合	35.5%	36.7%	34.5%	27.4%	23.9%
	基本符合	7.9%	6.0%	13.6%	12.8%	11.5%
	不太符合	14.7%	18.8%	18.2%	21.5%	30.1%
	完全不符	8.2%	5.6%	8.2%	20.5%	15.0%

流动儿童从心理冲突到身份进取策略阶段的变化可以通过C5题与T3题的数据比较反映出来，两个题项对应各选项的切合度分别为34.1%、40.1%、8.1%、31.1%、24.8%，对两个题项持肯定态度的切合度较高，因而心理冲突水平较高的流动儿童更倾向于采取身份进取策略，这部分流动儿童可能正在努力建构城市人身份，渴望将自己城市人的一面展示给他人。

通过C5题与T4题对流动儿童心理冲突与身份防御策略阶段进行比较，从表中可以看出，在心理冲突阶段，选择"完全符合""比较符合"的流动儿童中，分别有67.4%（31.2%＋36.2%）、64.9%（28.5%＋36.4%）选择采取身份调适策略。有64.3%（33.3%＋31.0%）的流动儿童心理冲突水平较低，这部分流动儿童在身份调适阶段同样会采取身份防御策略。这表明不论是具有高水平的心理冲突还是具有低水平的心理冲突，流动儿童出于保护农村人自尊心的需要，多数会采取身份防御策略。也就是说，采取这一策略与流动儿童是否存在高水平心理冲突并不密切相关。

通过C5题与T7题对流动儿童心理冲突与调适比较标准进行比较。从表中可以看出，两个题项对应各选项切合度分别为33.7%、36.7%、13.6%、21.5%、15.0%。总体来看，流动儿童心理冲突与调适比较标准的一致性较高，心理冲突水平较高的流动儿童在身份调适阶段倾向于调适比较标准，部分心理冲突水平较低的流动儿童在身份调适阶段并不倾向于采取调适比较标准策略。心理冲突是流动儿童在身份建构过程中面临的城市人身份期望与现有农村人自卑心理形成反差导致的冲突，与认知冲突与调适比较标准的比较结果类似，在面对心理冲突时，多数流动儿童依然保持较高的内群体认同，对农村人群体的比较优势仍持肯定、认可态度。这说明，即使面临身份建构中的身份认知冲突以及由身份建构带来的心理冲突，流动儿童也会存在较高程度的内群体认同，他们会积极调适比较农村人与城市人的标准，从而对农村人群体的比较优势做出肯定评价。

（三）代际冲突与身份调适的比较

进行代际冲突与身份调适的比较是为了了解流动儿童从面临与其父辈代际身份冲突到采取相应身份调适策略过程中的变化，具体包括代际冲突与身份调适各二级维度题项的比较，其中涉及的题项为C7题，以及身份调适各二级维度下的T3题、T4题、T7题，统计结果详见表4-8。

表4-8 流动儿童代际冲突与身份调适的比较

		C7父母是农村人对我成为城市人是不利的				
		完全符合	比较符合	基本符合	不太符合	完全不符
T3我喜欢把自己城市人的一面展示给别人看	完全符合	37.2%	29.7%	23.4%	22.0%	18.3%
	比较符合	41.4%	44.1%	26.2%	27.1%	20.2%
	基本符合	1.4%	4.0%	10.6%	5.7%	7.4%
	不太符合	14.7%	15.9%	27.0%	32.2%	35.8%
	完全不符	5.3%	6.3%	12.8%	13.0%	18.3%
T4当听见有人说农村人坏话时，我会反驳他（她）	完全符合	32.7%	28.2%	14.9%	14.7%	8.3%
	比较符合	38.0%	36.0%	31.9%	32.2%	32.1%
	基本符合	14.3%	15.6%	19.9%	15.3%	10.9%
	不太符合	10.9%	13.3%	23.4%	23.7%	29.4%
	完全不符	4.1%	6.9%	9.9%	14.1%	19.3%
T7我认为农村人比城市人更加勤劳朴实	完全符合	36.5%	30.0%	19.9%	23.7%	15.6%
	比较符合	35.7%	37.5%	31.9%	23.7%	26.6%

续表

		C7 父母是农村人对我成为城市人是不利的				
		完全符合	比较符合	基本符合	不太符合	完全不符
T7 我认为农村人比城市人更加勤劳朴实	基本符合	4.9%	8.9%	14.1%	11.3%	11.9%
	不太符合	15.0%	16.1%	19.9%	24.9%	31.2%
	完全不符	7.9%	7.5%	14.2%	16.4%	14.7%

通过比较C7题与T3题的统计数据，来了解流动儿童从代际冲突到身份进取策略阶段的变化。两个题项对应各选项的切合度分别为37.2%、44.1%、10.6%、32.2%、18.3%。这说明流动儿童代际冲突与身份进取策略阶段的一致性较高，代际冲突水平较高的流动儿童往往倾向于采取身份进取策略，这部分流动儿童与其父辈的农村人身份认同存在冲突，他们会选择离开农村人群体，努力流向城市人群体。而代际冲突水平较低的流动儿童则不倾向于采取身份进取策略，他们偏向于认可从其父辈那里得来的农村人身份，并不希望流入城市人群体之中。

流动儿童代际冲突与身份防御策略的比较涉及C7题与T4题。两个题项对应各选项的切合度分别为32.7%、36.0%、19.9%、23.7%、19.3%，对两个题项均持肯定态度的切合度较高。可以看出，不论代际冲突水平高低，到了身份调适阶段很多流动儿童会有采取身份防御策略的倾向。

通过将C7题与T7题进行比较，可以了解流动儿童从代际冲突到调适比较标准的变化。在代表代际冲突的C7题中，选"不太符合""完全不符"的人分别有47.4%（23.7%＋23.7%）、42.2%（15.6%＋26.6%）在身份调适阶段转而持肯定态度，表明代际冲突水平较低的流动儿童在身份调适阶段倾向于调适农村人与城市人的比较标准。选择"完全符合"的流动儿童有72.2%（36.5%＋35.7%）在身份调适阶段选择调适农村人与城市人的比较标准，选择"比较符合"的流动儿童有67.5%（30.0%＋37.5%）在身份调适阶段倾向于调适农村人与城市人的比较标准，这说明代际冲突水平较高的流动儿童到身份调适阶段同样倾向于采取调适比较标准策略，即便这部分流动儿童与其父辈的农村人身份认同存在冲突，但这并不影响其以农村人群体的比较优势去和城市人群体进行比较，说明具有城市人认同倾向的流动儿童依然具有较高的农村人内群体认同,流动儿童的农村人内群体认同与代际冲突并不存在必然联系。

四、身份调适与身份认同的比较

将身份调适下各二级维度与身份认同维度进行比较,从而了解流动儿童从身份调适到身份认同阶段的变化情况。其中包括身份进取策略与身份认同的比较、身份防御策略与身份认同的比较、调适比较标准与身份认同的比较。

(一) 身份进取策略与身份认同的比较

从流动儿童采取身份进取策略到其形成身份认同阶段的变化,可以通过T3题与R2题、R4题、R6题的数据比较得出。统计数据如表4-9所示。

表4-9 流动儿童身份进取策略与身份认同的比较

		T3我喜欢把自己城市人的一面展示给别人看				
		完全符合	比较符合	基本符合	不太符合	完全不符
R2当听见有人说农村人好或坏时,我觉得就像在说我自己一样	完全符合	26.2%	20.5%	11.8%	12.3%	10.3%
	比较符合	29.6%	28.6%	21.6%	21.5%	15.5%
	基本符合	17.0%	16.6%	23.5%	11.0%	14.4%
	不太符合	11.2%	14.6%	19.6%	20.6%	26.8%
	完全不符	16.0%	19.7%	23.5%	34.6%	33.0%
R4这个城市对我来说没有家的感觉,农村老家才是我的家	完全符合	27.6%	21.9%	15.7%	15.8%	10.3%
	比较符合	33.0%	31.9%	19.6%	21.9%	17.5%
	基本符合	4.4%	3.8%	15.7%	2.3%	5.2%
	不太符合	11.9%	19.7%	15.7%	23.2%	34.0%
	完全不符	23.1%	22.7%	33.3%	36.8%	33.0%
R6今后回老家生活和学习对我来说是更好的选择	完全符合	24.8%	24.1%	25.5%	22.4%	19.6%
	比较符合	25.2%	23.8%	23.5%	21.1%	24.7%

续表

		T3我喜欢把自己城市人的一面展示给别人看				
		完全符合	比较符合	基本符合	不太符合	完全不符
R6今后回老家生活和学习对我来说是更好的选择	基本符合	13.3%	11.6%	11.8%	10.1%	4.2%
	不太符合	17.7%	18.6%	17.6%	23.2%	20.6%
	完全不符	19.0%	21.9%	21.6%	23.2%	30.9%

流动儿童身份进取策略与农村人身份归类的比较涉及T3题与R2题。从表中数据可以看出，两个题项对应各选项切合度分别为26.2%、28.6%、23.5%、20.6%、33.0%。总体上看，在身份调适阶段采取身份进取策略与在身份认同阶段进行农村人归类的切合度较低，在身份调适阶段采取身份进取策略的流动儿童到身份认同阶段将自己归类为农村人的意愿并不强烈。

流动儿童身份进取策略与农村情感归属的比较涉及T3题与R4题。从表中数据来看，两个题项对应各选项切合度分别为27.6%、31.9%、15.7%、23.2%、33.0%。可以看出，采取身份进取策略程度较低的流动儿童更具有农村情感归属，然而也应当看到，仍有60.6%（27.6%＋33.0%）的流动儿童在这两个阶段均持肯定态度，他们在身份调适阶段会采取身份进取策略，而到了身份认同阶段具有较高的农村情感归属。可见，流动儿童采取身份进取策略并不与农村情感归属完全相斥，积极采取身份进取策略向城市人群体靠拢的流动儿童中，也有很多人存在较高水平的农村情感归属。这可以理解为流动儿童身份建构过程中的一种矛盾现象，身份调适策略只是流动儿童为了适应城市学习生活而采用的手段，而身份认同则是触及深层情感的，从身份调适到身份认同的形成并不是一蹴而就的，而是需要经过较长时间的修正与调整，这也恰恰反映了流动儿童身份建构的复杂性。

通过T3题与R6题对流动儿童身份进取策略与身份认同延伸进行比较。从表中数据可知，两个题项对应各选项的切合度分别为24.8%、23.8%、11.8%、23.2%、30.9%。整体而言切合度不高，表明流动儿童采取身份进取策略与形成身份认同延伸之间存在不一致性。在身份调适阶段对采取身份进取策略持"不太符合"态度的流动儿童中，有43.5%（22.4%＋21.1%）的人到身份认同阶段改持肯定态度，在身份调适阶段对采取身份进取策略持"完全不符"态度的流动儿童中，有44.3%（19.6%＋24.7%）的人到身份认同阶段也改持肯定态度。这说明积极采取身份进取策略的流动儿童往往难以形成农村人身份认同延伸，那些不积极采取身份进取策略的流动儿童更容易形成农村人身份认同延伸。

（二）身份防御策略与身份认同的比较

要想探清采取身份防御策略的流动儿童从身份调适到身份认同阶段的身份建构变化，就要将身份防御策略与身份认同对应题项数据进行比较，具体包括身份防御策略分别与农村人身份归类、农村情感归属、农村人身份认同延伸的比较，统计数据详见表4-10。

表4-10 流动儿童身份防御策略与身份认同的比较

		T4当听见有人说农村人坏话时，我会反驳他（她）				
		完全符合	比较符合	基本符合	不太符合	完全不符
R2当听见有人说农村人好或坏时，我觉得就像在说我自己一样	完全符合	26.1%	20.4%	21.4%	9.9%	8.4%
	比较符合	29.0%	30.9%	22.6%	20.3%	13.7%
	基本符合	17.5%	15.3%	15.1%	14.9%	13.7%
	不太符合	10.8%	13.8%	14.5%	24.7%	27.4%
	完全不符	16.6%	19.6%	26.4%	30.2%	36.8%
R4这个城市对我来说没有家的感觉，农村老家才是我的家	完全符合	27.0%	26.2%	15.7%	12.6%	8.4%
	比较符合	34.4%	30.6%	27.0%	23.1%	13.7%
	基本符合	2.1%	4.4%	10.8%	2.8%	2.1%
	不太符合	14.5%	14.6%	22.0%	24.7%	35.8%
	完全不符	22.0%	24.2%	24.5%	36.8%	40.0%
R6今后回老家生活和学习对我来说是更好的选择	完全符合	22.8%	22.0%	22.6%	30.2%	20.0%
	比较符合	22.8%	23.1%	27.0%	20.9%	27.4%
	基本符合	11.2%	12.2%	9.6%	9.4%	12.6%

续表

		T4当听见有人说农村人坏话时，我会反驳他（她）				
		完全符合	比较符合	基本符合	不太符合	完全不符
R6今后回老家生活和学习对我来说是更好的选择	不太符合	22.0%	19.3%	18.2%	19.2%	16.8%
	完全不符	21.2%	23.4%	22.6%	20.3%	23.2%

流动儿童身份防御策略与农村人身份归类的比较涉及T4题与R2题。从表中数据可以看出，两个题项对应各选项的切合度分别为26.1%、30.9%、15.1%、24.7%、36.8%。整体来看，这两个阶段各选项切合度并不高，采取身份防御策略的流动儿童中，到身份认同阶段认为自己属于农村人或否认自己属于农村人的比例大体相当。这说明在身份调适阶段采取身份防御策略的流动儿童并不必然形成农村人身份认同。

选取T4题与R4题对身份防御策略与农村情感归属进行比较。从表中数据可知，两个题项对应各选项的切合度分别为27.0%、30.6%、10.8%、24.7%、40.0%，对身份防御策略与农村情感归属均持肯定态度的切合度较低，表明流动儿童采取身份防御策略与形成农村情感归属存在一定程度的不一致。可见，在身份调适阶段采取身份防御策略的流动儿童并不必然形成农村情感归属。此外，还有40.0%的流动儿童在身份调适阶段所采取的调适策略与身份防御策略"完全不符"，这部分流动儿童到身份认同阶段同样对形成农村情感归属持否定态度，可以推断这部分流动儿童的情感归属已经脱离了农村社会空间。

通过T4题与R6题来比较流动儿童从采取身份防御策略到形成农村人身份认同延伸的变化。由表中数据可知，两个题项对应各选项的切合度分别为22.8%、23.1%、9.6%、19.2%、23.2%。整体来看，各选项切合度不高，说明流动儿童采取身份防御策略与形成农村人身份认同延伸之间存在一定程度的不一致，表明采取身份防御策略并不必然导致流动儿童做出农村人身份认同所对应的行为。

（三）调适比较标准与身份认同的比较

调适比较标准与身份认同的比较包括调适比较标准与农村人身份归类的

比较、调适比较标准与农村情感归属的比较、调适比较标准与农村人身份认同延伸的比较。所涉及的题目包括T7题与R2题、R4题、R6题。统计数据如表4-11所示。

表4-11 流动儿童调适比较标准与身份认同的比较

		T7我认为农村人比城市人更加勤劳朴实				
		完全符合	比较符合	基本符合	不太符合	完全不符
R2当听见有人说农村人好或坏时，我觉得就像在说我自己一样	完全符合	23.6%	24.3%	13.4%	11.9%	8.0%
	比较符合	28.1%	30.2%	23.7%	19.8%	18.8%
	基本符合	18.1%	13.8%	15.5%	15.8%	14.3%
	不太符合	13.9%	12.9%	21.6%	21.3%	19.6%
	完全不符	16.3%	18.8%	25.8%	31.2%	39.3%
R4这个城市对我来说没有家的感觉，农村老家才是我的家	完全符合	24.0%	29.0%	12.4%	12.9%	8.9%
	比较符合	34.4%	30.5%	22.7%	20.8%	22.3%
	基本符合	3.8%	4.1%	9.2%	3.4%	3.7%
	不太符合	14.9%	13.2%	28.9%	24.8%	32.1%
	完全不符	22.9%	23.2%	26.8%	38.1%	33.0%
R6今后回老家生活和学习对我来说是更好的选择	完全符合	23.3%	24.6%	27.8%	19.8%	24.1%
	比较符合	24.3%	24.3%	22.7%	22.8%	22.3%
	基本符合	11.8%	12.9%	5.2%	12.8%	5.4%
	不太符合	18.4%	18.8%	21.6%	20.3%	21.4%
	完全不符	22.2%	19.4%	22.7%	24.3%	26.8%

调适比较标准与农村人身份归类的比较涉及T7题与R2题，两个题项对应各选项的切合度分别为23.6%、30.2%、15.5%、21.3%、39.3%，可以发现采取调适比较标准策略与农村人身份归类的切合度不高。在身份调适阶段对采取调适比较标准策略持"完全不符"态度的流动儿童中，有39.3%的人到身份认同阶段对农村人身份归类依然持"完全不符"的态度，这部分流动儿童是采取调适比较标准策略倾向最低的流动儿童，他们对自身身份归类体现出一定的确定

性,即完全不符合农村人身份归类。由此可以推断,采取调适比较标准策略倾向较低的流动儿童更容易形成确定的身份认同,他们会更加坚定地将自己归类为某一特定身份群体。

调适比较标准与农村情感归属的比较涉及T7题与R4题,两个题项对应各选项的切合度分别为24.0%、30.5%、9.2%、24.8%、33.0%,可以看出,采取调适比较标准策略与形成农村情感归属的切合度较低。在身份调适阶段对采取调适比较标准策略持"完全符合"态度的流动儿童中,有58.4%(24.0%+34.4%)的人到身份认同阶段同意自己具有农村情感归属,另有37.8%(14.9%+22.9%)的人不同意自己具有农村情感归属。可以看出,在身份调适阶段采取调适比较标准策略的流动儿童,到身份认同阶段不一定具有农村情感归属,经过身份调适后,不具有农村情感归属的流动儿童可能已经形成城市情感归属,或者正在努力形成城市情感归属。

调适比较标准与农村人身份认同延伸的比较涉及T7题与R6题,两个题项对应各选项的切合度分别为23.3%、24.3%、5.2%、20.3%、26.8%,可以看出,流动儿童采取调适比较标准策略与形成农村人身份认同所对应的行为的切合度较低。在身份调适阶段,对采取调适比较标准策略持"比较符合"态度的流动儿童中,有61.8%(24.6%+24.3%+12.9%)的人认为自己会坚持农村人身份认同所对应的行为。从数据中可以看出,调适比较标准并不必然产生农村人身份认同延伸,流动儿童的身份认同延伸明显出现分流迹象,一部分形成了农村人身份认同延伸,另一部分形成城市人身份认同延伸或者正在努力形成城市人身份认同延伸。

五、流动儿童身份建构过程的特征

(一)部分流动儿童存在身份感知与身份冲突的不一致

通过比较可以发现,流动儿童在身份感知与身份冲突阶段的切合度较高,特别是在身份感知阶段持肯定态度的流动儿童,其中的多数人到了身份冲突阶段依然会持原有肯定态度。然而,也应当看到,部分流动儿童身份边界感知与身份落差感知水平较低,而身份冲突水平依然较高。这可能有以下两方面原因:其一,部分流动儿童的身份感知能力有限,受年龄、个人经历以及性格特质等影响,这部分流动儿童对自身身份并不敏感,对自身身份与城市人身份区别的体会不深,身份边界感知与身份落差感知水平较低;其二,流动儿童身份冲突解决能力有限,部分流动儿童在身份感知阶段顺利解决了问题,因而不存在明显的身份边界感知与身份落差感知,而到了身份冲突阶段,这部分流动儿童没有能力再去解决身份冲突带来的困扰,导致其从低水平身份感知变为高水平身份冲突。值得注意的是,与身份边界感知和身份落差感知维度不同,歧视知觉二级维度与身份冲突的一致性较高,流动儿童很少存在由低身份感知变为高身份冲突的情况,绝大多数流动儿童属于高歧视知觉-高身份冲突或低歧视知觉-低身份冲突。

(二)面对身份冲突,流动儿童采取的身份调适策略并不是单一的

面对身份冲突,流动儿童可能会同时采取多种身份调适策略。首先,身份冲突水平较高的流动儿童多采取身份进取策略,身份冲突水平较低的流动儿童则倾向于采取身份防御策略。其中,认知冲突水平较高、心理冲突水平较高、代际冲突水平较高的流动儿童更倾向于采取身份进取策略,这部分流动儿童经常面临对自身身份认知迷茫的困境,存在城市身份期望与农村身份自卑的心理矛盾,与其父辈存在代际身份认同的差异,他们更加渴望通过向城市群体靠拢来化解自身身份冲突所带来的困扰。其次,心理冲突水平不管是高还是低,流动儿童都有采取身份防御策略的倾向。心理冲突是由流动儿童对城市人身份的期望、农村人身份的自卑以及农村人自尊形成的充满矛盾冲突的心理状态。心理冲突水平较低的流动儿童可能由于偏向农村人身份认同而采取身份防御策略,而心理冲突水平较高的流动儿童同样会采取身份防御策略,这说明从身份冲突到身份调适阶段,心理冲突水平不管是高还是低,流动儿童都会同时采取身份进取策略与身份防御策略,流动儿童的身份调适策略并不是单一的。再次,绝大多数流动儿童都会采取调适比较标准策略。高水平认知冲突或低水平认知冲突、高水平代际冲突或低水平代际冲突,以及高水平心理冲突的流动儿童具有采取调适比较标准策略倾向,他们具有一定程度的内群体认同,即便存在认知冲突、心理冲突或代际冲突,他们也会肯定农村人群体的比较优势。只有低水平心理冲突的流动儿童不具有采取调适比较标准策略的倾向,这是因为他们要么偏向于城市人身份期望,要么偏向于维护农村人自尊,这部分流动儿童身份期望与身份现实冲突的程度较低,也比较易于形成较为确定的身份认同。

(三)从身份调适到身份认同需要经历一个反复修正与调整的复杂过程

从已有统计数据可知,流动儿童身份调适与身份认同阶段的切合度总体较低,说明流动儿童在采取必要的身份调适策略之后并不必然形成某种确定的身份认同,而且流动儿童的身份认同呈现出分散性。

在采取身份进取策略,形成身份认同的过程中,采取身份进取策略倾向性较高的流动儿童建构城市人身份认同的可能性更大,而采取身份进取策略倾向性较低的流动儿童建构农村人身份认同的可能性更大。采取身份进取策略倾向性较低的流动儿童更容易产生农村情感归属,同时,也有部分采取身份进取策略倾向性较高的流动儿童产生农村情感归属,这说明从身份调适到形成身份认同不是一蹴而就的,流动儿童采取积极的身份进取策略,并不能说明他们会立即脱离农村情感归属,他们仍然具有农村情感归属。

在采取身份防御策略,形成身份认同的过程中,采取身份防御策略的流动儿童中,有的形成农村人身份认同,也有的认为自己不是农村人。同时,采取身份防御策略的流动儿童所形成的身份认同延伸同样具有不确定性,部分流动儿童会因为采取身份防御策略而坚持农村人身份认同所对应的行为选择,比起长期留在城市学习和生活,他们倾向于选择回老家继续读书。然而,也有部分流动儿童不会因为自己采取了身份防御策略而选择农村人身份认同所对应的行为,他们更倾向于未来继续留在城市。

在采取调适比较标准策略,形成身份认同的过程中,采取调适比较标准策略的流动儿童有可能形成农村人身份认同,也有可能形成城市人身份认同,这体现了流动儿童身份归类的分流特征。流动儿童如何将自己的身份进行归类与其是否采取调适比较标准策略不存在必然联系。在调适比较标准与农村情感归属、农村人身份认同延伸的比较中出现了相同的结论。这可能是因为,不论是倾向于将自己归类为农村人的流动儿童,还是倾向于将自己归类为城市人的流动儿童,都存在较强的农村人内群体认同,他们在采取身份调适策略时,都会拿农村人群体的比较优势去和城市人群体对照,从而肯定农村人的比较优势,部分将自己归类为城市人的流动儿童依然会采取调适比较标准策略,表明这部分流动儿童并不是依靠否定农村人群体而向城市人群体靠拢的,他们只是为了更好地适应新的环境以及证明自我的适应能力。

流动儿童身份认同的最终形成,并不是从身份调适策略简单地直线式地建构身份认同的,而是需要流动儿童尝试多种身份调适策略的组合,进行反复修正和调整。同样,也并不是采取了身份调适策略的流动儿童就一定能够建构确定的身份认同,可能积极采取身份进取策略的流动儿童最终依然保持农村人身份认同。总的来说,流动儿童建构城市人身份认同是较为困难的,当然,教育的目的也并不是要每个流动儿童都建构城市人身份认同,而是期望在流动儿童身份建构的过程中,帮助其解决身份冲突所带来的困扰,引导其更加合理地运用身份调适策略,顺利平稳地适应新的学习环境。从流动儿童身份建构的阶段比较来看,从身份调适到形成身份认同的过程是漫长的,也是充满不确定因素的,这为学校教育提供了有所作为之地。如何优化教育空间结构,为流动儿童身份建构提供有效支持,从而帮助流动儿童平稳适应新的城市学习环境,成为学校教育不可忽视的问题。

第二节 个案深描:不同身份类型流动儿童的身份建构过程

一、个案研究的方法

典型个案是用于了解整个社会群体的一个窗口,研究者可以通过典型个案事件呈现某一社会群体的真实样态。个案研究的基本特征是整个研究完全"聚焦于一点",这是它区别于其他研究方法的本质特征。[①]个案研究的重点在于对某个"特定的点"进行全面、翔实、深入的考察与研究,对某一现象形成的过程做深刻而细致的描绘,从而将事件如何发生、如何发展、最终形成了什么呈现出来。也就是说,个案研究聚焦于"怎样发生的"这一问题,而不是"有什么""有多少"的问题。研究者在进行个案研究时需要做的是探索过程,而不是求证结果。本研究对流动儿童不同类型身份的建构过程进行个案研究,聚焦于流动儿童身份建构过程,通过收集与个案有关的详尽材料,对流动儿童身份建构过程中"特定的点"进行深描。

采用个案研究法考察流动儿童身份建构过程,符合本研究的研究目的与实际需要。本研究想要通过个案研究法呈现流动儿童个体身份建构的详细过

---

① 风笑天,个案的力量:论个案研究的方法论意义及其应用[J].社会科学,2022(5):140-149.

程，并对这一过程中出现的特殊情境及蕴含的特定意义做出解释。前期研究中，研究者已经通过量化统计呈现了流动儿童群体身份建构过程，想要了解流动儿童个体身份建构过程，则需要从流动儿童群体中选择最具代表性的个案。本研究在前期实证研究的基础上，对最具潜力、最具典型性的个案进行了长期的跟踪、观察和深度访谈，以期对其流入城市后的学习、生活、心态变化、经历的情境做全景考察，关注流动儿童身份建构的细节，力图揭示流动儿童在经历了哪些情境、事件，产生何种感想之后，建构出不同类型的身份。

二、研究对象的选择

本研究采取目的性抽样的方法来确定个案。目的性抽样聚焦于那些能够为研究提供最大数量、最有价值信息的个体。本研究本着最大差异性与最具典型性两个原则进行目的性抽样。在流动儿童身份建构过程的理论模型建构阶段，研究者对就读于D市公立中小学的34名流动儿童进行深度访谈、参与式观察的过程中，发现有4名流动儿童适合作为本研究的个案样本。

其一，4名流动儿童身份建构的类型符合本研究的需要。通过前期扎根理论研究以及问卷调查，研究者发现流动儿童身份建构的四种类型：是农村人，不是城市人；是农村人，也是城市人；不是农村人，是城市人；不是农村人，也不是城市人。个案样本分别建构了四种类型的身份，其中小龙（文中所使用的均为化名）建构了"是农村人，不是城市人"的身份，小颖建构了"是农村人，也是城市人"的身份，小嘉建构了"不是农村人，是城市人"的身份，小赫建构了"不是农村人，也不是城市人"的身份。在人口学特征上，这4名流动儿童性别、年龄、学段分布均匀，选取这4名流动儿童作为个案样本的抽样符合个案研究最大差异性与最具典型性两个基本原则。

其二，4名流动儿童能够为流动儿童身份建构过程研究提供最大信息量。在前期访谈阶段，这4名流动儿童积极配合研究者做访谈，愿意将自己的经历、想法分享给研究者，是具有很大研究潜力的研究对象，并且其所在学校校长、班主任及其家长都对本研究表现出浓厚的兴趣，愿意为研究者提供访谈、观察的机会，这为本研究的顺利进行提供了重要保障。个案基本信息详见表4-12。

表4-12　个案流动儿童基本信息

编号	性别	年级	年龄	身份类型
小龙	男	初三	15	是农村人，不是城市人
小颖	女	初一	13	是农村人，也是城市人
小嘉	女	初二	14	不是农村人，是城市人
小赫	男	六年级	12	不是农村人，也不是城市人

三、资料的收集与整理

个案研究法的特点是研究资料收集的渠道较为广泛，既可以来源于质性资料，也可以来源于量化资料，还可以同时来源于质性资料和量化资料。个案研究法要求研究者所收集的资料丰富、详尽，且具有代表性。为了保证研究资料的丰富性，本研究通过访谈与参与式观察的方式收集相关资料。

（一）访谈

除了于2022年4月至11月对D市公立中小学的34名流动儿童进行半结构化访谈之外，为了获取流动儿童身份建构过程中更为丰富翔实的资料，研究者将4名个案流动儿童的访谈时间延长至2023年3月。对4名个案流动儿童先后实施9次半结构化深度访谈，事先与访谈对象约定时间和地点，以面对面的方式进行访谈。

研究者根据流动儿童身份建构访谈提纲开展半结构化访谈。在半结构化访谈中，访谈提纲仅起引导性作用，实际访谈并不拘泥于访谈提纲，研究者可以根据实际访谈情况对访谈提纲内容与程序做出适当的调整。同时，研究者注意找准时机，进行追问。追问往往能够获得更加深入的研究资料。在追问过程中，研究者注意把握追问的度，在充分尊重流动儿童意愿与主体性的前提下进行追问，避免给流动儿童带来压迫感。在每次访谈结束后，研究者将访谈所得录音资料进行整理，同时记录研究者本人对受访者所提供资料的感受与感想，以便为个案研究的撰写提供思路。除了正式访谈之外，研究者对个案的访谈还有非正式交谈，包括在接触过程中的偶然谈话，与个案流动儿童父母、教师、同伴的谈话等。

（二）参与式观察

"观"意为看，"察"即分析研究，观察就是人们对周围存在的现象和过程的认识。教育中的观察属于认识论范畴，而非生理学范畴，是一种有目的、有意识的感性认识活动。①本研究主要采用参与式观察的方法。参与式观察的优点在于，研究者既可以成为观察者，也可以成为参与者，便于深度融入观察对象的真实生活，以观察对象之眼去审视研究问题。本研究的观察内容包括流动儿童课堂表现、课间活动及其放学后的居家活动。研究者在参与式观察中，会积极加入个案流动儿童与其同伴的游戏中，或者成为他们的家庭作业辅导者，或者成为一个光临其父母店铺的顾客。研究者在参与式观察中，努力扮演好观察者的角色，不会出于主观意愿打断个案正在进行的行为活动。比如，个案在做家庭作业过程中出现玩手机、开小差的现象，研究者并不予以制止，以求最大限度地还原事实，获得真实的研究资料。

四、研究发现

根据对个案的长期跟踪研究获得的资料，本研究按照流动儿童身份建构的四种类型来呈现个案流动儿童身份建构的过程。

（一）无痛感与无助感："是农村人，不是城市人"身份的建构

小龙属于建构"是农村人，不是城市人"身份的流动儿童。他来自安徽省的一个农村，当时就读于S中初中三年级。他给研究者留下的第一印象就是"懂事"。他身材单薄而瘦小，乍一看四五年级的样子，直到展开正式访谈时，研究者才惊讶地得知，他是个初中三年级的学生。直到2023年3月最后一轮访谈结束，小龙依然认为自己是农村人，不是城市人。

1. 忙不停的父母与被剥夺的闲暇时光

研究者与小龙的相识源于一次便饭。2022年5月17日傍晚，研究者偶然外出吃便饭，来到小龙父亲开的小餐馆。正值饭点，客人不少。小龙走过来，手

---

① 裴娣娜.教育研究方法导论[M].合肥：安徽教育出版社，1995：183.

里拿着纸笔让研究者点餐。点餐结束后,是一段时间的等待。小龙回到餐厅角落自己的座位上,写起了作业。

"菜好了!给客人端菜!"一个声音从后厨传来。这是小龙的父亲,他一个人又当老板又当厨师,煎炒烹炸、叮叮咣咣忙个不停。父亲的话音刚落,小龙就放下手中的作业,默默起身走向后厨,很快端出一盘热气腾腾的菜,放在客人餐桌上,之后回到自己的座位上继续写作业。大约3分钟后,后厨又传来父亲的声音,依然是叫小龙上菜。重复的动作结束后,小龙又回到自己的座位上写作业。没多久,餐厅传来用餐客人的声音:"老板,加一碗米饭。"小龙不等父亲吩咐,自觉地起身去给客人添米饭。之后,小龙依然默默回到自己的座位上写作业。

此时,研究者对小龙产生了极大的好奇:在这种嘈杂的环境下,他能安心学习吗?他的作业能保质保量完成吗?带着这些疑问,研究者走到小龙座位旁。在征得他同意后,研究者拿起了他的作业,是一本习题册,上面难以避免地沾上了些许油渍,习题册上有做对的题目,也有做错的题目,而更多的是空着的题目。研究者与小龙进行了简短的对话。

> 研究者:"这是今天的作业吗?"
> 小龙:"嗯。"
> 研究者:"空着的题目是不会做吗?"
> 小龙:"等明天早自习到班级再做。"

这时,餐厅传来几把椅子腿摩擦地板的声音,是客人用完餐在起身。不等客人吩咐,小龙扭过头去看了一眼客人的餐桌,说道:"一共38,前台扫码。"小龙不仅上菜、添饭,也要负责结账"工作"。

根据研究者的观察记录,5月17日18:20至18:37,在短短17分钟的时间里,小龙一共端菜、给客人添米饭、结账6次。也就是说,在这17分钟内,小龙的做家庭作业行为被打断6次。

离开之前,研究者询问小龙:"你又要写作业,又要帮爸爸上菜、添饭、结账,不会觉得累吗?"小龙的回答很简单:"习惯了。"

在之后的正式访谈中,研究者了解到,本来在店里帮忙的是妈妈,但由于妈妈要照看刚出生的妹妹,所以这些活儿就落在了小龙的身上。之后,在征得小龙及其父母的同意下,研究者对小龙放学后的时间安排做了观察——几乎每天都是重复地写作业、上菜、添饭、结账。这样的家庭学习状态并非偶尔,而是常态，寒暑假也是如此。

> 研究者："暑假快到了，有什么计划？"
> 小龙："在店里帮爸爸做事。"
> 研究者："想回老家吗？"
> 小龙："想，但是爸爸很忙，可能不能带我回去了，妈妈也没空，我应该还得帮妈妈看妹妹。"

流动儿童的父母多处于城市次级劳动力市场，市场分工与对应技术将其牢牢"钉"在某一体力劳动的狭窄领域，流动儿童的父母所从事的职业往往有着刚性的时间要求，他们要获得更多报酬一般需要延长劳动时间。以小龙的父母为例，虽然他们是个体商户，看似时间自由，但有一双无形的手在控制着他们的劳动时间。在研究者与小龙父亲的一次偶然谈话中，小龙父亲解释了他每天"忙不停"的原因："现在店里每天毛收入差不多一千块，除去租金、食材、水电这些，剩不下多少。一家四口的生活紧紧巴巴。以前生意好，晚上7点多就关门休息了。现在生意不好做了，晚上只要还有客人来吃饭，我就不关门，有时候到家都晚上11点多了。再干一阵子，要是还不景气，我就去别的餐馆做后厨，给别人打工，也能落个省心。"可见，小龙父亲正是通过延长劳动时间来维持一家人基本生活开销的，高强度、长时间的劳动迫使小龙也卷入父亲的工作之中。

闲暇具有积极的教育价值，能促进人的自我开发，因为人的潜能、能力以及创造力只有在自主、自由的状态下，才能得到充分释放和发挥。[①]在其他孩子享受闲暇时，流动儿童要被迫帮助父母完成延伸到他们生活的各种任务，其课后闲暇也被剥夺，而他们对这种"剥夺"也感到"习惯了"。充满矛盾的是，流动儿童父母对其子女的学业却充满了期望，小龙母亲说："哪个父母不希望自己的孩子将来有出息呢？像我们这样的家庭，父母没啥本事，只能靠学习改变命运，希望他能进个好高中，将来考个好大学。"

2."我和城市人差得太远了"

小龙班上的数学老师对学生有预习要求，长期以来，这项看不见的作业成了这个班里不成文的规定。在一次课堂观察中，研究者了解到，在数学课上学生们跟着老师一起说是师生间的互动习惯，学生们的积极反馈会让教师

---

① 陈桂生.教育原理[M].2版.上海：华东师范大学出版社，2000：161.

加快授课进度，因而小龙班上的数学课通常会留有做随堂小测验的时间。在课堂观察中，研究者见证了小龙为不预习功课而付出的代价。在一堂课上，数学老师讲的是二元一次方程的因式分解，大部分学生是能够跟着教师一起说的，学生们的嘴都在动，都在跟着老师的思路走，而研究者注意到小龙的嘴也在动，但是嘴唇因口型对不上而显得格外慌乱。他时不时低头，左手手指不停地搓着书角，看得出来他并没有做好课前预习工作。在一节时间有盈余的数学课上，老师发下随堂小测验，一共10道题目，每题计10分，满分100分。学生们安静地完成了各自的小测验。在下午的自习课上，批改好的试卷下发到每个学生的手中，小龙得了40分。数学老师规定了试卷修改的"等级制"：90分以上的学生改1遍错题，60~80分的学生改3遍错题，不及格的学生改5遍错题，第二天下早自习交。按照这个要求，小龙需要改6道题目，一共是30遍。

放学回家的路上，研究者就这次随堂小测验与小龙进行了简短的交流："为什么不做预习工作呢？"他低头回答："忘了。"研究者明白，小龙并没有"忘了"，只是没有养成课前预习的习惯。事后研究者追问小龙当晚用多长时间改完错题，小龙回答："一个多小时吧。"研究者继续追问："那天晚上几点睡的觉呢？"小龙回答："12点10分。"

小龙为不预习功课付出的代价远不止一次。语文课上，老师点名让小龙为大家朗读新课文。由于事先没有熟读课文，小龙站起身，读得磕磕绊绊。老师抬起眼看了他一眼，没有作声。接下来一段，小龙读得不仅不流利而且伴有读错字的情况，有学生忍不住在底下小声替他纠正。没过多久，老师点名其他同学阅读剩下的部分。小龙默默地站在那儿，直到这节语文课结束。

> 研究者："来城市这么多年，你觉得自己是城市人吗？"
> 小龙："不是，我和城市人差得太远了！"
> 研究者："你觉得怎样才能成为城市人呢？"
> 小龙："成绩好，考个好大学，将来在城市有个好工作，挣钱在城里买房子，就能成为城市人了。"
> 研究者："你觉得自己会成为城市人吗？"
> 小龙："嗯……可能吧。"

小龙的迟疑中带着不确定，看似肯定的回答中包含着小龙对自己成为城市人的不自信。在小龙看来，成为城市人的先决条件就是"成绩好"，他这个

"学习节奏慢一拍"的学生似乎是难以做到的。同时,一句"可能吧"蕴含着小龙对成为城市人的期望,他希望自己能够成为城市人,但在考量自身现状之后又觉得这不大可能实现。这也印证了本研究对流动儿童群体身份建构过程的研究结论:部分流动儿童会在身份冲突阶段产生城市人身份的期望,而到身份调适阶段却没有采取相应的身份进取策略,而是采取了身份防御策略。

3. 自有办法应对身份冲突

研究者在对小龙的早自习情况做观察时,发现了习题册的"秘密"。原来那些习题册里空着不会做的题目,小龙会在早自习课上抄完。借他抄习题册的是张同学。据小龙介绍,张同学来自本省外市,并不是农村人,算是小龙在班里最要好的朋友。用小龙的话来说,因为他俩都是"外地人"。

研究者:"喜欢和班里的本地同学交朋友吗?"

小龙:"也想和他们交朋友,但是感觉比较困难,我觉得我和本地同学之间有很多不一样的地方,共同的话题很少。"

研究者:"那么张同学和你最大的共同之处在哪里?"

小龙:"我们都是外地人,外地人和外地人交朋友比较容易。"

在小龙的认知里,"外地人"与城市本地人是有明显界限的,而"外地人"中农村人与城市人身份边界则不明显,因而小龙认为与张同学"交朋友比较容易"。这里,小龙采取了身份替代策略,用"外地人"这一身份类属,将他与张同学之间的农村人与城市人的边界掩盖住了,而他们之间的共同之处——都是"外地人"——得以凸显。身份替代策略属于身份防御策略中的一种,其作用在于满足了流动儿童对自身农村人身份保护的需要。有了"外地人"这一身份类属的保护,流动儿童不必直面"农村人"与"城市人"难以调和的冲突,让小龙在这个由城市同学"主宰"的班级中找到了一丝归属感。

除了张同学之外,小龙与班里其他同学都属于"泛泛之交"。根据研究者观察,小龙并不属于班集体中遭受群体排斥的边缘人,但也不是受集体拥护的核心人物,与其他同学也不存在严重的互动冲突,属于沉默寡言型的学生。

研究者问他是否希望和班级里的城市同学成为好朋友,就像他和张同学那样时,小龙回答:"没太想过。我觉得没有必要,现在这样就挺好的。"可以看出,小龙对融入城市同学群体并没有强烈的意愿,对于自己目前的人际互动情况感到比较满意。实际上,在流动儿童看来,农村人与城市人之间的身份边界始终是存在的,只是建构"农村人,不是城市人"身份的流动儿童对于城市同学不存在强烈的融入意愿,因而农村人与城市人身份边界没有被激活而已。这类流动儿童通常会采取身份防御策略来解决自己遇到的身份冲突,并且这一过程中流动儿童少有"痛感"。从长期的跟踪观察中,研究者了解到,农村人身份并没有给小龙带来"痛感",对于城市人身份期待,小龙是有的,然而那是一种遥遥无期的连小龙自己都不大相信能实现的期待,而身份替代策略已经能够满足小龙对其农村人自尊的保护。由此可以推断,建构"是农村人,不是城市人"身份的流动儿童身份冲突程度并不高,必要的身份防御策略就可以解决其遇到的身份冲突问题,这类流动儿童习惯采取身份防御策略而不是身份进取策略,"退缩式的自保"成为其首先选择的人际互动方式。与城市同学保持适度的距离成为其"痛感"较低的重要原因。

4. 制度性安排带来的无助感

在进行这项研究时,小龙已经初三了。留在城市读高中还是回老家读高中,成为困扰一家人的难题。

小龙的父亲倾向于将孩子留在城市继续读高中。他说:"老家村子里是没有高中的,只能去县里读,孩子从小到大根本没怎么去过县城,所以那里对他来说也是个陌生的环境。孩子这么多年一直跟着我们在城里,也适应得差不多了,再去重新适应一个新环境,也未必是个正确的选择。而且,要是孩子真的回去读高中,孩子妈就得跟着陪读,这不还有一个(小女儿)呢!她一个人带两个孩子哪还有精力再出去工作,我这边又需要人手帮忙,这样的话,我俩谁也顾不上谁了。"

从小龙父亲的视角来看,一家人分居两地,在生活成本方面并不是一个理想的选择。另外,小龙父亲还提到了回流儿童的教育适应问题。他说:"回县城读高中就一定能适应吗?也不好说。毕竟两地教材不一样,最后连高考的试卷都不一样。孩子回去要适应另一套东西。"此外,对孩子没有过高的教育期望,也是小龙父亲选择将孩子留在城市读高中的重要原因。他说:"城市孩子都很聪明,我这孩子从小学习就一般,反正男孩子嘛,实在不行还有把力气,将来学门手艺,像我一样,也不是不行。"受教育制度影响,留在城市读高中的流动儿童大多需要接受不能就读优质高中的现实。这些流动儿童的求学轨迹或者是留在城市读民办高中或者是由中考分流直接进入城市中等职业教育系统，这样未来进入高等职业教育系统的可能性较大。而小龙父亲的教育期望正好与这一轨迹相吻合。

小龙的母亲则希望孩子能够返回老家读高中，她认为"像我们这样的家庭，只能靠学习改变命运"。小龙母亲相信只有靠教育才能改变孩子的命运："村里没有高中，回老家就得去县城读高中，听说县城里有两个高中教学质量还是可以的，要是想让孩子将来考个好点的大学，就得转回去。"然而，"回去"也是需要成本的，当谈到"回去"产生额外的生活成本时，小龙母亲犯了难："我们县城里也没住处，就得租房子住，三年下来，房租也是一笔不小的开支。"

小龙被置于"去留两难"的境地，他说："我想留在这儿，我6岁就来这儿了，一家人在一起我觉得很开心，但是我也想上好大学。"流动儿童真正需要的是留在所在城市继续接受教育，并且与城市儿童同样享有获得优质高等教育的机会。然而，在这座城市足足生活了9年的小龙，遇到升学这件事时，发现自己并不属于这座城市。当研究者再一次问起小龙今后打算去哪里读高中时，他依然一脸茫然："我也不知道，还是听爸爸妈妈的吧！"小龙作为一名流动儿童不知道怎样才能解决这一问题。当前，我国正努力推进农村转移人口享有城镇基本公共服务，保证流动儿童平等享有受教育的权利。然而在城镇化进程初期，有限的城市教育承载力一时间不能满足流动儿童同步享有与城市儿童同等的受教育权利，因而只能由条件简陋的农民工子弟学校、打工子弟学校承担过渡时期的流动儿童教育职责。小龙便是在城镇化进程初期流入城市的流动儿童，长期积累的学业差距使其在升学问题上陷入两难境地：留城，就意味着面临城市教育生态下激烈的学业竞争；返乡，则面临着重新进入新环境的种种不适。以小龙的个案为窗口探视尚没有建构城市人身份认同的流动儿童群体，面对未来升学而陷入"去留两难"的境地是导致其难以建构城市人身份认同的主要原因。

（二）遥远的城市梦："是农村人，也是城市人"身份的建构

小颖属于建构"是农村人，也是城市人"身份的流动儿童。她来自山东省一个农村，在E中学读初中一年级。小颖的父母经营着一家快递驿站，为了增加家庭收入，小颖母亲在快递驿站隔出一间小屋子，在那里做一些缝纫零活。这间小屋子也成了小颖做作业的地方，在缝纫机不工作的时候，缝纫机案板就

是小颖的"写字台"。从研究者对小颖的跟踪研究来看,小颖是一个既爱老家,又极力渴望融入城市的流动儿童。

1. 最爱的是家乡

小颖是小学二年级时转来城市的,对农村老家有着较为深刻的记忆。在访谈中,研究者了解到小颖对自己的家乡是充满热爱的。

> 研究者:"你认为自己目前是农村人还是城市人呢?"
> 小颖:"我觉得我是农村人,也算个城市人吧。"
> 研究者:"都算个城市人了,为什么还说自己是农村人呢?能说说理由吗?"
> 小颖:"因为我是在农村出生的。"

出生地这一改变不了的客观事实,成为小颖建构农村人身份认同的重要基础,在小颖的认知逻辑中,出生地决定着一个人的身份。

> 研究者:"现在的城市和农村家乡比较,你更喜欢哪个?"
> 小颖:"当然是农村家乡了!"
> 研究者:"为什么呢?"
> 小颖:"农村人好相处,热情、心地善良,和他们相处我感到很快乐,但是,城市人就不那么好相处了。"

小颖迟疑了一会,又继续说:"不过也分人吧,有的城市人也挺好的。"

农村人的"好相处""热情""心地善良",成为小颖将农村人与城市人进行比较的重要参照标准。小颖也正是通过调适农村人群体与城市人群体的比较标准,来肯定农村人的比较优势,从而建构自身的农村人身份认同的。小颖对城市人群体的评价是模棱两可的,"不那么好相处"与"也挺好的"形成了矛盾,这可能是小颖根据自己与城市人的互动经验得出的评价,这种矛盾的评价也反映出小颖在与城市人互动过程中的苦乐参半。

2. 比较而生的身份落差

谈起农村人身份给小颖带来的落差感,小颖提到了这一落差感的重要来源——朵朵。朵朵是小颖放学后的玩伴,她是城市本地儿童,两家住得比较近，朵朵的妈妈常来小颖家的驿站取快递，很多时候朵朵也会一起来，两个孩子同校同年级，便成了伙伴。根据小颖的讲述，她的落差感来源于一次去朵朵家里做客。

> "妈妈很支持我和朵朵成为好朋友。妈妈说朵朵是本地孩子，让我多跟她学习。一个周末下午，朵朵来我家找我玩，当时取件的人很多，也没有我俩待的地方。我们就一块去朵朵家玩了。到了她家之后，我发现朵朵有自己的房间，房间里有写字台和小书架。我当时看到之后，羡慕极了。"

同伴的"自己的房间""写字台""小书架"成为小颖羡慕的对象。在很多人眼中，拥有独立的空间、写字台和书架是很正常的，而在小颖眼中，这些底线的生活与学习条件是值得羡慕的。研究者在跟踪观察中发现学习条件过于简陋、学习环境嘈杂是流动儿童共同面临的问题。

> "我平时基本上都是在缝纫机桌上做作业的，要是妈妈做缝纫活的话，我就要给妈妈腾出缝纫机，到那屋找个大一点的快件箱子，在那上面写一会，等妈妈用完了缝纫机，我再换回去。"

这就是小颖日常的学习条件，而且小颖还要忍受较为嘈杂的学习环境，每天晚饭后来驿站取快递的人非常多，而这也正是小颖放学做家庭作业的时间段。

> "很吵，人进进出出，还有拆箱子的声音，夏天蚊子很多，我一个晚上要被叮咬十几个包，冬天很冷，一个门帘根本挡不住寒气往屋里钻。"

除了学习的基本条件、环境外，家长学业辅导能力也成为小颖感到落差的因素。小颖提到了朵朵的妈妈："朵朵的妈妈好厉害，能辅导朵朵的作业，朵朵不会做的题，她妈妈都会，我妈妈就辅导不了我，她都不会。"小颖对两个"妈妈"做了比较，在家庭教育卷入盛行的背景下，母亲成为家庭文化资本的象征，相较于父亲，低收入阶层家庭中的母亲对其子女取得高学业成就、日后实现阶层的晋升有着更为重要的影响。① 在课后作业辅导中，城市同伴的母亲"都会"，而自己的母亲"都不会"，这种对比也加剧了小颖的身份落差感。

3. 教师的表扬与身份进取策略

　　研究者："你是什么时候开始喜欢城市的呢？"

　　小颖："我喜欢我的语文老师，喜欢上语文课，就慢慢地喜欢在学校里的日子了。语文晚自习上，老师把批改完的读书笔记发了下来，我翻开一看，评语是'优秀'。等每个人都拿到发下来的读书笔记后，语文老师说这次咱们班有一名同学的读书笔记写得很棒，得了'优秀'，现在请这位同学到前面来，给大家做分享。在全班同学的掌声中，我走上讲台，开始朗读我的读书笔记。之后，老师还让我把读书笔记交给第一排的同学，大家依次向后传阅。那次让我受到很大的鼓舞，本来我成绩平平，老师不怎么关注我的，从那之后我发现原来自己能行的。"

小颖将她的读书笔记拿给研究者看，工整的字迹，每一篇写得都非常认真。有了老师的肯定，小颖学习语文更加用功，语文成绩也突飞猛进，现在语文成了她的强项。

　　"从那之后，我改变了以前的想法，以前我总认为自己不如别人，因为是从农村来的，不如城里同学聪明，其实这么想是不对的，只要努力，我也能和城里同学一样受到老师的表扬。"

努力做到和城里的同学一样是小颖采取身份进取策略的体现，是促使小颖建构城市人身份的重要因素。

4. 从处在边缘的"黑心人"到"终于加入了组织"

研究者在观察小颖写家庭作业的过程中，无意中发现了她文具盒里的一个黑色心形小物件。在研究者的询问下，小颖向研究者介绍了这个小物件的来历。

　　"是个书签，你看，这样用。"小颖向研究者示范了一下，继续说："本来

---

① [法]皮埃尔·布尔迪厄. 国家精英：名牌大学与群体精神[M]. 杨亚平, 译. 北京：商务印书馆, 2020：272.

我想把它扔了,但是没舍得,不过幸好我没扔,我们六个人每人一个。"在小颖的介绍下,研究者了解到,在小颖班上,有一个由六名女生组成的非正式小群体,不过小颖加入这个小群体的过程并没那么顺利。

"每个人买一个书签,作为我们这个小集体的标志,这是李萌的主意。书签是小娜负责去买的,一共买了六个,六种不同的颜色,每人一个。之后我们再把钱给小娜。那天下课后,我们六个人围成一个圈,书签已经集中在李萌手上。她打开双手,让我们每个人选一个自己喜欢的颜色。然后,她凑到每个人跟前,让大家拿一个。还没轮到我的时候,我就发现李萌手心里有个书签是黑色的,我当时想我可不要这个黑色的。李萌是最后才凑到我跟前的,这时她的手里只剩下那个黑色的书签了。我没得选,只能把这个黑色的书签拿在手上。当时我特别难过,我听见小琪幸灾乐祸地叫我'黑心人',但是我没敢说什么。因为我很害怕她们不让我加入,以后再也不理我。"

说到这里,小颖的情绪十分低落,手指紧紧捏着这个黑色心形书签,不过她又很快替她的同伴辩解起来。

"分完书签的那天,小娜走过来跟我解释。她说当时她也不想买这个黑色的,但是一共六个人,只买五个书签没办法分。这个黑色的书签还是她费了好大一番工夫才在一堆书签底下翻出来的呢!所以,也不能怪小娜买了这个黑色的。"

小颖为同学做出的辩解也是对自己农村人自尊心的维护,证明同伴还是为自己做了什么,自己还是有价值和受到同伴重视的。小颖之后说了得到这个黑色书签之后的遭遇:"自从那以后,小琪总爱恶作剧叫我'黑心人',每天放学她都冲我喊'再见喽,黑心人',有人跟着起哄也那么叫我。我很气愤,没理他们。那段时间我感觉很不开心。" 小颖还解释了自己想离开这个小群体又没离开的原因:"妈妈鼓励我和城里的同学一起玩,能长见识,自己也能变好。"在母亲的城市人身份期望下,处于集体边缘的小颖还是选择了继续采取身份进取策略。这是一场艰难的融入,不过不久后小颖终于得到了同伴们的接纳。

小颖获得同伴接纳的途径是自习课上帮同伴传纸条。

"李萌是坐在后排的,有一次她要给坐在第二排的一名同学传纸条。我座位的位置特别好,正好在她们中间。纸条传到我桌子上时,我很紧张,害怕班主任在后门扒望,要是被逮住了可就惨了。可是想到能加入组织,我还是冒险帮李萌传了纸条。从那之后,李萌的纸条每次都会经过我这里。我帮了她,她自然心里有数,对我比从前好多了,大家做什么决定还会问我的意见,现在我终于加入了组织。"

小颖的"好位置"让她获得了证明自己作用的机会,面对有可能被班主任发现的危险,小颖还是选择了铤而走险,目的正是融入这个由城市同学构成的小群体。

可以发现,同为具有农村人身份认同倾向的流动儿童由于采取了不同的身份调适策略而建构出不同的身份,小龙采取身份防御策略,最终建构了"是农村人,不是城市人"的身份,而小颖则采取身份进取策略,最终建构了"是农村人,也是城市人"的身份。身份进取策略是建构城市人身份认同的重要调适策略。然而也应当看到,采取身份进取策略的流动儿童将面临更多融入城市同伴群体的困难,与身份建构过程"无痛感"的小龙相比,小颖体验到了显著的身份落差感,以及由于融入困难而产生的沮丧失落感。通过对小颖的跟踪研究,研究者发现教师的肯定、同伴群体的接纳,以及家长的城市人身份期望是推动流动儿童建构城市人身份认同的重要因素,因而为流动儿童身份建构创设一个良性的师生、同伴、亲子互动空间,将有助于其城市融入和环境适应。

(三)一场主动的抽离:"不是农村人,是城市人"身份的建构

小嘉来自吉林省一个农村,是就读于S中初中二年级的一名女生。小嘉的父亲是一名出租车司机,母亲从事家政工作。埃里蓬曾用"抽离"一词来形容自己脱离农村故里融入城市生活后的感受,在离开原来的生活环境与社会关系许久之后,在"重回"之际,会有一种"抽离感",这种"抽离感"源于已经融入新环境的自我与旧时环境的不协调。小嘉建构"不是农村人,是城市人"身份的过程,就是一场主动将自己从农村"抽离"的过程。

1. "离开农村才能改变命运"

"我觉得只有离开农村才能改变命运",这个念头是小嘉建构城市人身份认同的动力。小嘉的家乡在北方,庄稼一年一熟,入冬后村里人就闲了下来,

"到了冬天,村子里的人就开始无所事事,还拿准备过年当借口四处借钱。我家就被别人借了好几次钱,我很不喜欢他们这样,平时生活懒惰,到了年底到处借钱。"与建构农村人身份认同的流动儿童相比,小嘉看到了农村人"懒惰"的一面,由"懒惰"品质而导致的"四处借钱"是小嘉所厌恶的,可以推断,小嘉采取调适比较标准策略的可能性比较小。另外,还有和自己生活息息相关的农村学校教育,"很多和我差不多大的人,他们的爸爸妈妈要去城里打工赚钱,但是没有把他们接到城里,平时也没人管他们,我一听到这样的消息,就会替他们难过,也会感谢我的爸爸妈妈把我接到了城里读书。"农村留守儿童辍学的遭遇让小嘉感激父母将她接到城市接受教育,从小嘉对父母的这份感谢中,可以体会到小嘉对流入城市是欣然接受的。在之后的交谈中,研究者还了解到,小嘉对自己目前所在的城市学校感到满意。

"要说城里让我最喜欢的,还是我的学校,比农村的学校好上一百倍!前几年我们村唯一的一所学校不收学生了,学校被改成了养猪场。要想上学,就得坐校车去县城里。我们村子位置比较偏远,属于离县城比较远的村子,所以去县城上学就得住宿,平常是不能回家的。我回去听小时候的好朋友小莉说过,她就去县里读初中了,每个周日晚上就要坐校车回学校了,到周五晚上才可以再回家,到家8点多天都黑透了。冬天非常冷,等车时手脚冻得都麻了。成绩不好的同学,想想还要受这份罪,甚至不想念书了。"

这些比较让小嘉意识到在城市里接受教育是一次享受优质教育资源的机会。她说:"我能在城市里读书是幸运的,我得珍惜这个机会。像那些在老家读书的人,其实也不一定是他们不努力,主要还是老家的教育条件太差了。""流动"对于小嘉来说,为她获得城市优质教育资源提供了机会,她具有主动接受、适应城市环境的内驱力。

2. 以学业成就消除身份边界感知

"刚转学来城市的那段时间,我的确感到苦恼,学习成绩中下等,感觉处处不如城市同学。城市的同学们也不怎么喜欢和我一起玩,他们和我的距离感很强。当时我学习也没什么动力,特别是英语,一年级在老家时根本没学过,字母都不认识,我自己也很着急,也想成为学习好的学生,得到老师的重视和同学们的喜欢。有一回期末考试我语、数、英三科都考了90分以上，获得了班上的最佳进步奖，老师在做学期总结的时候，给我颁发了奖状，我还得到了一把尺子和一个笔记本作为奖励。老师当时说给全班同学的一番话到现在我还记得，她说：'小嘉同学的底子是不如你们的，她从外地转过来，一开始连英语字母都不认识，你们看，她的英语这次考了94分，语文、数学也考出了不错的成绩，这说明小嘉下苦功夫了，大家都应该向她学习。'老师的话一直鼓励着我，从那以后我更加努力学习了，因为我知道学习成绩上来了，就能得到老师的重视。"

从小嘉的经历来看，在身份建构初期，小嘉是有身份边界感知的，她与城市同学的边界在于"处处不如城市同学"，以及由此而来的"城市同学不怎么喜欢和她一起玩"。从开始的感觉处处都不如城市同学到后来的得到老师重视，小嘉明白了取得学业成就的重要性，并且决定"更加努力学习"。在这一身份建构阶段，小嘉试图以取得学业成就消除身份边界感知。

3. 家庭教育支持与低代际身份冲突

小嘉母亲目前做家政服务工作，她从事这份工作还不到一年的时间。

"之前我是在一家餐厅打工，晚上下班会很晚，我觉得晚上不陪陪孩子是不行的，虽然功课上我帮不上孩子，但是给孩子做点后勤工作还是可以的。我干这份工作（家政）还不到一年，挣得不如从前多了，但还是孩子的学习更重要，我晚上回来，孩子爸爸也能出去开一会儿晚班，钱也就挣回来了。孩子上六年级的时候我就开始寻找这类没有晚班、时间比较灵活的工作了，都是为了孩子。"（小嘉母亲）

从小嘉母亲对自己工作经历的介绍中，可以感受到小嘉母亲比较重视孩子的学业，即便在功课方面帮不上孩子，也会尽力为孩子做些后勤工作或者陪陪孩子。这与建构农村人身份认同的流动儿童的父母是截然不同的。在本研究个案中，建构农村人身份认同的是小龙和小颖，小龙的父亲觉得孩子学门手艺也不是不可以，认为未来孩子留在城市读职业高中是比回老家读高中更合理的选择，而小颖的母亲仅仅是鼓励小颖与城市同伴交往，并未采取实际行动为小颖适应新的学习环境提供支持。

除了为小嘉换工作之外，小嘉的父母还讨论过孩子参加课外兴趣班的问题。

"当时爸爸更支持我报一个美术班,因为爸爸知道我从小喜欢画画,兴趣班就应该报自己感兴趣的。妈妈觉得我更应该报书法班,原因是我们学校每年举行一次全体学生的书法比赛,妈妈说学书法用处更大,能参赛。最后他们让我表达自己的想法,我说我想学书法,原因和妈妈说的一样,学书法能参加比赛,没准还能得奖,证明自己的实力,这样老师和同学就会更喜欢我了。"

从小嘉父母与其沟通的方式来看,小嘉的家庭亲子沟通更偏向于民主型,父母会考虑子女的兴趣、爱好以及需要,也允许子女表达自己的意见。这与建构农村人身份认同的小龙与小颖以及没有形成明确身份认同的小赫(下文会介绍)的家庭亲子互动模式是不同的。小龙与小赫没有建构城市人身份认同,其父母与子女的互动模式倾向于专制与服从,对于小龙未来的升学去留,小龙的父母并没有与小龙商量,而更多的是表达自己的见解,小龙只能被动地听爸爸妈妈的安排。同样,没有建构城市人身份认同的小赫会因为被老师叫家长而挨父亲的打。可见,民主型亲子互动模式有利于流动儿童建构城市人身份认同,而专制型亲子互动模式不利于流动儿童建构城市人身份认同。

研究者了解到,小嘉与父母之间的代际身份冲突水平较低,小嘉的父亲这样描述他在城市工作的感受:"在老家只有一条路就是种地,一年忙活下来,累得够呛,还挣不着几个钱,卖了粮食能赚上3万块钱,那就算是好收成了。城里还是比农村的钱好赚一些,干啥都比种地强啊!"小嘉的母亲也表达了对城市的好感:"还是城里人的钱好挣,要是在农村,哪有帮你家擦擦玻璃搞搞卫生就赚几百块的活儿啊!"与农村相比,小嘉的父母更偏好城市,这与小嘉偏好城市学校教育是一致的,这使他们产生一致的城市人身份期望。

4. 自我证明式的身份进取策略

小嘉采取身份进取策略的目的是证明自己不比城市同学差。

"小婷是我们班的尖子生,每次考试都名列前茅。小婷不知道,她是我给自己找的'对手',学习上我跟她比。每次考完试,我都过去问问她考了多少分,自己跟她做比较,看看自己的差距。比她考的分数高的时候,我就觉得自己胜利了,觉得我也能行,不比城市同学差。"

小嘉的身份进取策略并不仅仅停留在对城市同学的表面模仿上,而是在向城市同学学习的同时努力证明自己。这与同样采取身份进取策略的小颖形成鲜明对比,小颖采取身份进取策略是为了让自己能被城市同学接受,为此她不惜违反纪律,这是一种迷失自我的被动的身份进取,为了向城市同学群体靠拢而失去自我主体意识,因而当小颖的身份进取策略遇到阻碍时,她便有可能转而采取身份防御策略,这便导致小颖建构了"是农村人,也是城市人"的双重身份。小嘉的身份进取策略则不同,是具有主体意识的身份进取策略,小嘉向城市同学学习,目的是证明自己也能行,这便显示出自我价值。在小嘉身份建构的过程中,自我概念是一直存在的,这有利于其建构确定的身份认同。

采取身份进取策略的小嘉在与农村同伴互动交往过程中并没有表现出疏离与排斥。

"我觉得农村同学和城市同学都很好,我交朋友不看他(她)是农村的还是城市的,我觉得这个无所谓,我只是愿意和成绩好的同学一起玩,这样我也能变得更好。"

小嘉采取身份进取策略向城市同学靠拢的动因,并不只因为对方的身份是城市人,更重要的是小嘉想要"变得更好"。与农村流动儿童相比,城市儿童属于优势群体,优势群体会对小嘉产生"促进性依赖"效应。小嘉依赖城市儿童群体,原因正在于城市儿童群体对小嘉具有促进作用,小嘉认为靠近城市儿童能够让自己"变得更好"。在互动交往过程中,小嘉并不排斥农村同学,认为"农村同学和城市同学都很好"。可以看出,小嘉采取身份进取策略并不是因为流动儿童与城市儿童"身份"的不同,而是出于想让自己"变得更好"的考量。有美国学者通过研究发现,那些努力学习,向城市本地白人儿童靠拢的少数族裔流动儿童只是为了证明自我,从而获得本群体成员的认可,他们并不存在对本群体成员的排斥感。[①]这与本研究中流动儿童身份建构的群体图像研究结论是一致的,部分建构城市人身份认同的流动儿童可能会保持一定程度的农村情感归属,他们不会因为建构城市人身份而对过去农村的一切盲目排斥或否定,就像埃里蓬所说的"我们离开许久的那个世界,无

---

① Nilda F-G. School kids/Street kids: Identity development in Latino students[M]. New York: Teachers College Press, 2002: 9.

论如何我们依然属于它"①。毕竟，从农村空间"抽离"出的那个自我，曾经属于农村。

（四）"他们都不喜欢我"："不是农村人，也不是城市人"身份的建构

小赫是来自河南省一个农村的男生，目前就读于M小学六年级。小赫的父亲是维修工，母亲是保洁。根据研究者对小赫的了解，小赫在城市新环境中的身份建构充满了挣扎与委屈，身在城市却又无法融入城市，一句"他们都不喜欢我"，是小赫对自己当下处境的概括。

1. 短暂的身份优越感

通过访谈研究者发现，小赫对于自己身在城市是有优越感的，这种优越感产生于小赫农村老家这一特定环境，并且具有暂时性。

> "我觉得自己和农村人并不一样，每次回老家我都有这种感觉。我发现老家的朋友知道的东西特别少，身上穿的衣服没有我的好，很多好吃的他们都没吃过。"

"没有我的好""没吃过"体现了小赫在农村同伴前的身份优越感，他也因此觉得自己和"农村人并不一样"。

> 研究者："每次回老家，你都会感觉到自己和老家的同伴不一样吗？"
> 小赫："是的。"
> 研究者："那么在城市同伴面前呢？你觉得自己和他们一样吗？"

面对研究者的追问，小赫沉默了一会儿才开口回答："也不一样。"

在小赫的沉默和回答中，研究者可以感受到小赫内心的矛盾与挣扎，他觉得自己既和农村人不一样，也和城市人不一样。小赫解释了自己和城市同学不一样的原因。

---

① [法]迪迪埃·埃里蓬.回归故里[M].王献译.上海：上海文化出版社，2020：14..

"我一开口说话就会暴露自己和他们不一样。我爸爸妈妈一直都是说家乡方言的,他们之间说方言,他们和我讲话的时候也是说方言,所以我的方言口音也很重。我很想改,想和班里其他同学一样,但是太难了。班上同学经常嘲笑我的口音,他们会阴阳怪气地学我说话,还会一起笑我。"

"暴露"一词暗含小赫极力掩盖自己方言口音的愿望,他希望自己在城市班级同学面前能够掩盖自己的方言。小赫的方言口音遭到城市同学的"嘲笑",与其在农村老家同伴面前的优越感形成强烈反差。在研究者对小赫进行的最后一轮深度访谈中,小赫确认"自己不是农村人",可见,小赫是有城市人身份期望的,为了向城市同学靠拢,小赫极力掩盖自己的家乡方言,"暴露"身份后遭到的嘲笑使小赫在农村同伴面前的优越感荡然无存。

当研究者问"喜欢和以前农村的同伴一起玩还是喜欢和城市班级里的同学一起玩"时,小赫回答:"喜欢和城市同学一起玩。"这是一个充满矛盾的回答,在城市同学面前,小赫遭到了不友好的对待,而他却依然喜欢和城市同学一起玩。研究者继续追问:"是因为和农村同伴发生过不愉快吗?"小赫说:"没有,我们还和以前一样。"可见,从与同伴互动这一维度来看,小赫在主观意愿上不想把自己归类为农村人,然而在与城市同学互动中出现的不畅,又导致小赫认为自己和城市人也不一样。

2. 没有奏效的身份进取策略

方言口音遭到的嘲笑只是"冰山一角",研究者通过对小赫长期跟踪观察发现,小赫是一个无法融入城市同学圈子的"边缘人"。

"我也想和城市同学一起玩,开始的时候,我想了个办法,送他们'礼物',我觉得这样他们就能带我一块玩了。小丁在我们班男生里人缘不错,要是能跟他一块玩,就不愁没朋友了。我打算给小丁做一把手枪,求了爸爸好久才弄到一块'好头',那些天我放学回家什么都不干,就做这把手枪,磨得大拇指疼,终于做好了。第二天,我把手枪放在书包里带到学校,但当我把它送给小丁的时候,小丁却说'好无聊的东西,真是老土'。他没有收下我的礼物,甚至没正眼瞧一下。"

小赫精心制作的"礼物",在城市同学看来却是"老土",小赫最初融入城市同学圈子的计划失败了。

"后来我发现小丁喜欢打篮球,班里很多男生跟着他一起玩。我就想,要是我学会了打篮球,就能成为他们中的一员。但是,我个子比较矮,打篮球不占优势。后来我听同学说,个子矮也没有关系,如果弹跳力或技术好的话,也能打好篮球,不过那需要训练。于是我回家把报篮球班的想法告诉了爸爸妈妈。但是他们俩都不同意,我伤心极了。"

至于小赫父母不同意孩子报篮球班的原因,研究者在对小赫母亲的访谈中得到了答案。

"就他那小个子打篮球啊?他们家祖祖辈辈就没长出来大个儿的人。学篮球?哼!学了也是白学,学完能去和别人打吗?你看电视上那些打篮球的哪里有矮个子?最后就是烧钱。"

在小赫母亲不同意孩子报篮球班的原因中,包括孩子的先天"缺陷",也包括"钱"这个经济因素。

"后来我还试过别的办法,我发现班里喜欢架子鼓的男生也比较多,连班里流行的歌都是他们打架子鼓学来的,我也想和他们一起学,可回去跟爸爸妈妈一说,他们还是没同意。"

根据小赫提供的信息,研究者询问了小赫父亲。他对此也给出了解释。

"学架子鼓还不如去补一补文化课,两个价钱差不多,补文化课还能提提成绩,学架子鼓有啥用?我听说学那玩意儿,家里还得买一套才行,要不根本学不精。他们班上不是有一个同学的哥哥在学吗?上次和人家家长聊,人家那一套设备就要7万多,我们哪里能承担得起这么贵的费用?再说了,就是买回来了,往哪儿搁?这屋子就这么大点儿地方。再者说,就算买了、学了,最后能有啥用?他们同学的哥哥不就是整天联系酒吧给人家打架子鼓!哎哟,他爸爸还好意思说,要是我家孩子在酒吧打架子鼓,我这老脸都丢尽了!"

从小赫父母不同意孩子参加兴趣班的举动来看,滞后的家庭教育观念以及高昂的教育投入都成为流动儿童融入城市同学群体的障碍。受传统应试教育思维的影响,流动儿童父母认为报兴趣班不如补学科课程,他们仅关注子女的学习成绩,而忽视了学习兴趣班的融入功能。同时,流动儿童的父母对其子女成功的定义是狭窄的,他们认为只有取得学业上的成就才算是获得成功,窄化了成功的意义,这对于流动儿童今后在城市学校的学习是不利的。

3. "老师怎么可能会理这些事情"

小赫并没有因为遭到同学的排斥与父母的不理解而放弃,他用自己的方式与现实抗争着。在一次下午课间活动中,小赫再次努力尝试加入城市同学群体。

根据研究者观察,下午课间活动时,班里几个男生在学校篮球场上打篮球,人数还不够。这时走过来的小赫也跃跃欲试,想加入这次集体活动。他脱掉外套,试着上场了。可他还没跑上几步,就被一个迎面而来的高大男生撞倒了。可能是男生们对小赫带有排挤心理,也可能是那个男生过于高大,小赫脸冲下重重摔在地上。他自己起身,并没有人去帮助他,也没有人过问他摔得疼不疼,甚至打篮球活动都没有因为他的摔倒而停止。小赫用手捂着带鼻血的下巴,往教学楼方向跑去。

之后的情节来源于研究者对小赫的访谈。

"我打算去告(诉)老师,他就是不怀好意,故意的!我直冲到班主任办公室。老师见我下巴都是血,就问我怎么了。我说被马坤撞了。老师先让我去清洗鼻血,然后再过来办公室,说她正好有事找我。我清洗完之后,堵上鼻孔又来到班主任办公室。老师从试卷最上面拿起一张,那张试卷就是我的。老师让我自己看看,我一看分数——49,心想这回死定了。老师上次说了要是再不及格就叫家长,要是叫了家长,回家免不了一顿揍。我心凉了半截,老师说了很多批评我的话,说我不认真,还不努力,太贪玩什么的。"

根据小赫的讲述,最后班主任并没有叫他家长,他把这份"运气"归结为那天鼻子摔出血了。

"那天算我运气好,鼻子摔出血了,老师肯定是看我都这样了,就不叫我家长了，不然我屁股就得开花。其实那天我真是冲动了，只是心里委屈就一时冲动想去告（诉）老师，老师成天忙着考我们，怎么可能会理这些事情。"

教师不仅是知识的传递者，也是学生社会化的承担者。教师应当为流动儿童顺利融入城市班级集体提供必要的支持。一些教师仅仅关心学生的成绩，而没有对学生的人际交往、环境适应给予足够的关注。难以融入城市同学群体的小赫，既没有获得家长的帮助，也没有得到教师的支持，这也反映出这个教师与流动儿童情感互动的贫乏以及对流动儿童情感关怀的缺失。

4. 对未来的迷茫

当研究者问"目前，你觉得自己是农村人还是城市人"时，小赫很快回答："不是农村人。"转而又用不确定的语气继续说："城市人嘛，我觉得自己也不是。"身在城市的优越感使小赫不再认同自己的农村人身份，而与城市同学互动的失败让小赫认为自己也不属于城市人。

"他们都不喜欢我"，这是小赫在采取身份进取策略失败后对自己的评价，他认为自己是一个不受欢迎的人。比较来看，小龙与小赫都没有建构城市人身份认同，而原因却是不同的。相较而言，小赫内心所经历的苦恼、挣扎、迷茫更高，他感受到的是互动中同伴对自己的排斥，并且自己曾努力消除自身与城市同学的界限，采取身份进取策略失败给小赫带来了强烈的挫败感。由此可以推断，流动儿童流入城市后，互动空间结构发生变化，若流动儿童在这种变化中出现适应障碍，则可能阻碍其建构城市人身份认同。

小赫的农村人认同在城市空间结构中被打破，而又没有建构起城市人身份认同，这种身份建构的现状导致了小赫对未来的迷茫。

研究者问："快要升初中了，打算回老家读初中，还是继续留在城市？"小赫说："不想回老家读书，那样的话，不就和我过去的农村朋友一样了？我不想那样。可城市也有城市的不好，要是城市里的初中同学还是这个样子怎么办？"可以看出，小赫对未来自己的城市融入充满了担心，不论是回老家还是留在城市，对小赫来说似乎都不是满意的选择。在后续调研中，小赫表达了自己对城市学校的抵触情绪，他说："我不喜欢这个学校，同学不好，老师也不好，感觉上学很没劲儿。"城市同伴的排斥以及教师对流动儿童互动生活的不关心，导致小赫对城市学校产生抵触情绪。研究中研究者了解到，小赫目前的这种对城市学校的抵触情绪尚未发展成为"反学校文化"或放弃学业的行为倾向，然而，随着小赫年龄的增长以及认知能力的发展，小赫依然存在放弃学业的潜在风险。对于农村人身份认同被解构，而尚未建构城市人身份的流动儿童而言，教师、家长、同伴的支持是十分必要的，因为这类流动儿童具有较高的城市融入期望，需要外部积极力量的支持。如果这类流动儿童没有及时得到教师的支持、家长的帮助、同伴的接纳，就有可能而对城市学校环境产生负面情绪，这对其适应新的学习环境是不利的。

第五章 空间：身份建构的重要面向

第一节 空间结构下身份建构的特征

一、生产性

在空间社会学领域，"生产"一词最早出现在亨利·列斐伏尔的空间生产理论中。之所以用"生产"，列斐伏尔做出了解释：与"生产"对应的是产品，"生产"是一个可以复制的过程，并且可以有"再生产"，这是工业文明时代空间的特征，它不同于农业文明时代的自然性，自然是在创造，所创造出的作品具有独一无二的特点，工业社会则是在生产，所生产出的产品具有可复制性与可再生性。[①]在空间的"生产"作用下，流动儿童身份建构的过程表现出一定的生产性，具体体现在以下两个方面。

其一，流动儿童身份建构过程会受到外部不可控因素的影响，存在被动性的一面。个体的内心世界往往是社会制度的产物，流动儿童身份建构过程并非他们自己想成为谁，而是客观社会环境让他们成为谁。在社会制度制约下，城市与农村形成截然不同的世界，与其说流动儿童身份是主体建构的，倒不如说是一种制度安排。除了社会制度因素外，更深层、更隐蔽的文化因素也影响着流动儿童身份建构。美国的非裔移民儿童起初会面临经济与语言上的挑战，经过一段时间的城市融入后，这些儿童面临的问题从经济和语言问题转向社会文化融合，他们所面临的挑战将更加严峻，因为他们必须在原有文化背景和新社

---

① [法]亨利·列斐伏尔.空间的生产[M].刘怀玉，等译.北京：商务印书馆，2021：105.

会文化环境之间进行权衡。[1]在我国，城乡之间同样存在都市理性与乡土文化的隔阂，文化本身所具有的隐晦而不可抗拒的力量，同样会支配流动儿童身份建构的过程，因而与其说流动儿童是在建构自己的身份，倒不如说流动儿童的身份是被生产出来的。流动儿童所建构的身份仅是一种"权宜之计"，他们建构怎样的身份，主要取决于客观环境给他们提供了什么样的生产原料。[2]

其二，由于生产是可复制的过程，流动儿童群体身份建构过程表现出一定的相似性。首先，从代际身份的再生产来看，流动儿童容易复制其父辈身份。迁居城市的农户在理论上属于"城市人"，然而他们的户籍及身份认同让他们仍视自己为"农村人"。[3]流动儿童的父辈更倾向于认同自己的农村人身份，受其父辈影响，流动儿童在自身身份认同上表现出双面人特征，对自己属于城市人还是农村人感到迟疑、不确定。其次，从流动儿童身份建构过程来看，身份建构过程中流动儿童群体面临的问题与挑战类似，通常表现为心理上的自卑、敏感、孤独，人际互动中的歧视知觉，以及对学校、城市社会的适应力等问题。

二、连续性

身份建构是一个连续的过程，不存在断续或空白地带，因为从事身份建构的个体是具有反思能力的主体，外部环境的影响与主体的自我反思使身份建构具有整体性、连贯性。身份建构并不是一个完全依靠外部环境来供给材料的僵化过程，其中蕴含着能动的自我反思、自我调整。这样，身份建构过程就成为一个连续的过程，它不会因为外界环境材料供给的暂时中断而停止，而是一个连续不断、反复调适的个体心路历程。

首先，流动儿童是能动的主体，这是身份建构连续性的前提。主体-实践（agent-practice）范式认为，流动儿童是具有主体性的行动者，其流入城市不仅是原有城市文化的消费者，也是新的城市空间的创造者。流动可以是一个能动的过程，流动儿童不仅是既有社会结构规定下的行动者，也是正在努力跨越社会结构边界、具有个体能动性的行动者。诚然，社会制度、文化环境等外部

---

[1] Somé-Guiébré, Esther. Immigrant Children's Construction of Their Identity: The Case of African Children[J]. African Educational Research Journal, 2020（1）：41-45.

[2] 熊易寒.城市化的孩子：农民工子女的身份生产与政治社会化[M].上海：上海人民出版社，2010：101.

[3] 徐选国.借道专业：转型社区的迂回式治理策略[J].中国社会工作，2021（13）：9.

因素会影响流动儿童身份建构，然而流动儿童自身的主体性与能动性在身份建构过程中也会起到重要的作用。

其次，身份建构是流动儿童不断对自我进行修正、反思的过程。吉登斯指出，在现代社会秩序下，自我形成的过程是一种"反身性过程"（reflexive project）。反身性是一种敏感性，具体指社会生活的大多数面向及其与自然的物质关系对受到新信息或知识影响而产生的长时性修正的敏感性。[①]身份建构是个体在自我经验基础上，通过对经历的反身性理解而形成的自我概念。正是经历了对自我的反身性理解，主体建构了一个具有人格意义的"我"。流动儿童对前一阶段的身份建构历程进行总结、反思、修正，以便更好地与客观环境达成一致，进而迎接新的挑战。自我修正反思、自我调整使得身份建构不再是断断续续的片段，而是一个与流动儿童心理、思维、意识融为一体的持续不断的过程。

最后，流动儿童身份调适策略推动身份建构活动向前发展。在身份建构过程中，流动儿童不会因为遇到困难而中断或停止身份建构活动，而是会调适自身的身份建构策略，从而使身份建构过程得以继续。正是通过调适身份建构策略，流动儿童重新获得了"自我"，并带着这个"自我"继续向前去面对新的环境。

三、延时性

空间并不是同质的，而是具有地域差异的。城市空间与农村空间在经济、文化、教育等诸多方面存在地域差异，流动儿童经历从农村空间到城市空间的变化，其身份建构也体现出随空间而变化的特点。这种空间变化所带来的身份变化具有延时性特征，具体表现在流动儿童经历空间变化时，并没有带来身份的即刻变化，在城市空间中并不会立即建构新的身份，而是需要经历身份与农村空间的分离、农村人身份在城市空间的附着以及新的身份建构等一系列过程。

首先，流动儿童离开农村意味着身份与农村空间的分离。流动儿童离开故土，随父母迁居到新的城市空间学习和生活，这个离开农村空间的过程，实质上就是其身份与农村空间分离的过程，在流动儿童"举家搬迁"的流动过程

---

① [英]安东尼·吉登斯.现代性与自我认同：晚期现代中的自我与社会[M].夏璐，译.北京：中国人民大学出版社，2016：19.

中，农村的地域空间不会发生转移，转移的是流动儿童自身，流动儿童在农村空间中的身份将以身体承载的方式转移到城市空间。农村人身份是流动儿童在农村空间建构的身份，农村人身份与农村空间分离，导致农村人身份失去继续得以被建构的空间，此时，流动儿童通常产生身体离开熟悉生存空间的抽离感。

其次，农村人身份在城市空间的附着。农村人身份不会立即被改造、重构，而是有一个缓冲阶段。该阶段流动儿童的农村人身份将附着在城市空间。身份与空间的格格不入，对流动儿童而言是不利的。一是流动儿童自我身份认同难以统一。他们往往在城市人与农村人身份之间左右摇摆、犹豫不决，对自身身份持不确定态度。二是使得流动儿童易成为边缘化群体。由于户籍是以身份的形式被制度化的，而户籍又是教育资源分配的重要依据，流动儿童的农村人身份决定了其难以在城市空间结构下享有平等的教育资源分配机会，户籍身份的限制使流动儿童成为城市教育中的边缘群体。三是不利于流动儿童对新环境的适应。在日常表现方面，受到普通话不流利，流动、留守时间因素的影响，流动儿童比城市儿童存在更多的问题行为[1]；在心理方面，流动儿童对城市环境的适应也不大顺畅，有研究证实流动儿童在孤独感、生活满意度、抑郁、幸福感、焦虑以及学业成绩这六个方面的表现都不及城市儿童[2]。

最后，新的身份将在城市空间中被建构。流动儿童流入城市空间后，根据列斐伏尔的空间生产理论，新的城市空间必然会发挥其生产功能，生产出属于这一空间的新身份。然而，流动儿童是从农村流动到城市的，他们进入城市后往往生活在城市的底层空间，与城市的中上阶层形成强烈反差，处在不平等的空间格局之下，"不平等最生动的说明是它像一个巨大的梯子，在这个梯子上，个体或团体都占据一个更高或更低的横档"[3]。流动儿童在教育资源、社会福利、公共服务的占有与分配上明显处于"更低横档"，外部社会赋予其"打工子弟""农民工子女""借读生"等身份标签，其内部身份建构过程依然面临对城市人身份的期望或排斥以及农村人身份的自尊与自卑并存的复杂局面，流动儿童在城市空间中建构新的身份依然是一个漫长的需要做出努力、反复修正的过程。

---

① 曾守锤.流动儿童的社会适应状况及其风险因素的研究[J].心理科学，2010（2）：456-458.

② 高一然，边玉芳.流动儿童家校合作特点及其对儿童发展的影响[J].中国特殊教育，2014（6）：54-60.

③ [美]查尔斯·蒂利.身份、边界与社会联系[M].上海：上海人民出版社，2008：77.

四、可塑性

有学者称我国城市外来打工者是"沉默的群体",他们从农村流入城市,并且顽强地在城市中生活,城市中的教育、医疗、劳动、社会保障系统将他们排斥在"城市居民"范畴之外,而一些外来打工者也将自己看作城市中的"局外人",面对一些不公平的待遇,他们通常采取不表达、不申诉的态度。[①]他们在城市没有生成价值感,并认为他们的劳动创造只是在维系"城市人"的城市。[②]流动儿童虽然也是城市外来者,但他们与外来打工者有着本质的区别,因为流动儿童是受教育群体,需要接触城市学校教育空间。

虽然学校与社会有着密切的联系,但学校与社会毕竟是不同的空间,相对封闭的空间使得学校成为独立于社会的存在。对于流动儿童而言,学校发挥着重要的功能,是最具影响力的直接经验来源,是一个"主流"社会化机构。学校环境下流动儿童与教师、同伴的交往与社会成员之间的交往也不相同。学校教育承载着育人的使命,教育是指引人向善的实践活动,因而在学校环境下,流动儿童身份建构是具有可塑性的,它不仅仅是一场社会空间的生产活动,也不会是单纯的个人心灵之旅,而是在学校教育的影响下,塑造一个更好、更完善的自我的过程。

第一,学校作为社会调节工具,具有促进流动儿童适应新城市环境的功能。学校教育的本体功能是促进个体个性化。古代精英教育的目的是发展个性,使人成为健全的"人",实现个体的发展。随着近代工业社会的到来,学校教育的本体功能逐渐向工具功能转变,即促进个体社会化,为个体日后成为社会中的特定角色而做准备,学校教育的功能也不再仅仅是促进个体个性化发展,更多的是促进个体成为社会中的人,学校教育成为沟通个体与社会的调节器。[③]学校作为主流的社会化机构,是流动儿童了解城市环境的入口。在学校,流动儿童可以接触到教师、同伴以及其他家长,他们是城市社会的代表与缩影,一定程度上有利于流动儿童体验城市社会的学习、生活以及思维方式。

第二,学校中的教师承担着学生的社会化职责,能够为流动儿童平稳融入城市社会提供支持。学校教育空间为流动儿童身份建构过程提供了必要的人文

---

① 陈映芳."农民工":制度安排与身份认同[J].社会学研究,2005(3):119-132,244.
② 陈映芳,伊沙白,等.城市空间结构与社会融合[J].读书,2019(2):20-31.
③ 陈桂生.教育原理[M].2版.上海:华东师范大学出版社,2000:236.

支持。教师作为受过专业训练的具备一定专业技能的人员，有能力为流动儿童提供教育关爱。在国外，为了提升教师的多元文化感知能力，一些学校开展了提升教师多元文化的技能培训，以提升教师对不同文化背景流动儿童的多元文化需求感知能力。[①]教师只有具备多元文化知识背景，拥有多元文化教育能力，形成多元文化思维方式，才能更好地感知流动儿童的需要，从而为流动儿童提供更加及时的关心与帮助，为其日后顺利成为城市社会中的一员提供支持。

第二节　空间结构与身份建构关系的阐释

一、身体、空间与身份

身体是空间与身份形成关联的重要媒介。身体是有意义的存在，"身体并非一个简单的'实体'，而是被体验为一种应对外部情景和事件的实践模式"[②]。个体正是通过身体来体验周围空间，并在这种实践体验中建构自身身份的。因此，要想阐释空间结构与身份建构关系，身体是不可忽视的切入点。然而，过去很长一段时间，身体的价值被人们忽视了。一方面，身体被认为是思想的阻碍。苏格拉底认为，身体会阻碍人们获得智慧，因为人们身体所见、所闻、所感并不一定是真实的。在柏拉图的灵魂不朽论中，身体也是遭到贬斥的存在，身体被认为是一切烦恼的根源，人们身体感受到的快乐或痛苦，都是"把灵魂钉在身体上的钉子"，如果灵魂受到身体的误导，就会陷入迷乱。[③]另一方面，身体沦为被惩罚的对象，这种现象在近代学校教育中普遍存在，在沃姆斯学校守则中，对体罚的要求仅是不打出伤口，不打断四肢，最主要的体罚方式包括扇耳光、脚踢、紧闭、鞭笞，其中鞭笞扮演着重要角色[④]，教师体罚学生，通过让学生的身体感受痛苦的方式，达成降低学生违规行为频率的目的。

---

① Acar-Ciftci Y. Multicultural Education and Approaches to Teacher Training[J]. Journal of Education and Learning, 2019（4）：136-152.
② [英]安东尼·吉登斯.现代性与自我认同：晚期现代中的自我与社会[M].夏璐，译.北京：中国人民大学出版社，2016：52.
③ [英]伯特兰·罗素.西方哲学史[M].刘常州，译.南昌：江西人民出版社，2017：54.
④ [法]爱弥儿·涂尔干.道德教育[M].陈光金，沈杰，朱谐汉，译.上海：上海人民出版社，2006：136.

身体并非物理意义上具有一定体积的物体或生物学层面的躯体，身体中蕴含着复杂的思维系统和行为控制系统。首先，身体在初期自我认知上发挥着重要作用。自我的具体呈现是需要载体的，对身体轮廓和特征的认知，是儿童对外界世界的最初探索之始。[①]身体是每个人重要的思维系统和行为控制系统，正是通过思维与行为控制，人们才实现了与外界的良性互动。个体身体的行为控制系统所能轻而易举做到的每一个活动，在最初的某个时期，都需要严肃认真的努力才能实现。比如行走、过马路、穿衣、填表格，都需要经历一个过程，而该过程的初期往往是比较艰辛的。[②]其次，身体具有能动性，并不是受外界摆布的工具。人们对身体的惯常控制，实际上是一种能动的内在本质，同时，身体的这种能动性也被他人称为个体的能力。

空间使身体与自我连接起来，人们正是通过身体与空间的互动，来解决生存问题，进而感知自我的存在。一个能够反映身体与空间互动关系的典型例子便是幻肢。幻肢即失去某部分实肢的人会出现实肢依然在原空间位置的幻觉。莫里斯·梅洛-庞蒂用知觉现象学对幻肢做出了解释：人们要继续在它存在于其中的空间中生存，就需要用自己的全部能力来应对空间中的生存问题。[③]小到人体空间，大到外界空间，其道理是相通的，即使身体与空间产生分离，人的知觉依然会感到身体还存在于原来的空间之中。

首先，个体通过身体感知空间，进而认识自我。"我的身体在我看来不但不只是空间的一部分，而且如果我没有身体的话，在我看来也就没有空间"[④]。只有有了身体，才能认识自我。身体不仅是空间中占据一定位置、体积的物体，更重要的是它可以帮助个体获得对空间的感知，个体通过触觉、视觉、听觉感受到自我的存在。自我，毫无疑问需要载体使之具体呈现。人对身体的认知形成人的自我认识源，身体被个体感知到，是个体形成自我认识的前提。然而，仅有对身体的感知还不能形成深入而全面的自我认识，只有在身体-空间

---

① [英]安东尼·吉登斯.现代性与自我认同：现代晚期的自我与社会[M].夏璐，译.北京：中国人民大学出版社，2016：52.
② [英]安东尼·吉登斯.现代性与自我认同：现代晚期的自我与社会[M].夏璐，译.北京：中国人民大学出版社，2016：53.
③ 王晓升.世界、身体和主体——关于主体性的再思考[J].中国社会科学，2021（12）：176-198，203.
④ [法]莫里斯·梅洛-庞蒂.知觉现象学[M].姜志挥，译.北京：商务印书馆，2001：140.转引自：文兴吾."康德的空间问题"与解答——空间"先天感性形式"源于身体的宽窄直观[J].深圳社会科学，2022（2）：126-134.

的关系中形成的自我才是"我",因为在身体-空间关系中,包含着个体有规律的身体控制以及他者的常规性评价,这是形成自我身份认同整体性的基本手段。比如,个体通过调整、控制自己的面部表情或身体姿势,表现出身体与所处空间或场景的适切性,以保证该面部表情或身体姿势在他者的评判中是常态的表现。

其次,被装饰的身体是身份的象征,通过身体的装饰可以构造出分化的空间。身体不仅是自我的身体,也是社会化的身体。在我们生活的空间中,身体无时无刻不在被装饰着。身体的装饰是身份的象征,这里的身份指的是个体的社会身份,它有社会地位层面的含义。"如果医生过去不穿外罩和拖鞋,如果博士过去没有方帽子和四边肥肥的博士袍,他们就从来也不能欺骗这个无法抵御被如此认证了的装束的世界"①。身体的装饰是具有社会意义的,它象征着得到社会普遍认证的身份,而且,身体装饰的差异意味着身份的差异,身体装饰的差异可以构造出分化的空间。"我们知道另外一个世界的存在……一辆漂亮的轿车驶进来,从车上下来的这个人,我们所认识的人中没有任何一个衣着与他相似,……相距只有短短几十米的两个世界差别如此巨大,我们怎么意识不到社会阶级的存在呢?"②人们可以通过身体的装饰判断一个人的身份或社会地位,并且在将自我与他者的身体装饰对照中,更加清晰地意识到自我身份。自身身体装饰与他人形成的差异,便构成了身份的边界,这条边界意味着空间的分化,也可以说是社会身份的区分。

最后,在身体与空间的接触过程中,身体或空间的变化能唤起身份意识。当一个人无法用自己的手臂触碰到远处的物体时,就会想到利用工具来延长手臂使空间距离发生变化,从而触碰到远处的物体。"工具是身体的延伸"③,在漫长的人类进化历史中,从事生产劳动的人们通过工具使身体的功能得以延伸,不断改造着生存空间,这种身体变化赋予人类社会生产者、创造者的身份。空间的改造会唤起人们的身份意识,空间发生变化时,人们会不断审视"我是谁""我从哪里来""我要到哪里去"的问题,不断进行自我身份的审视,比如自己当前的身份是什么、自己想要成为什么身份等,这将演变为个体身份意识的觉醒。

---

① [法]皮埃尔·布尔迪厄.再生产:一种教育系统理论的要点[M].邢克超,译.北京:商务印书馆,2021:118.
② [法]迪迪埃·埃里蓬.回归故里[M].王献,译.上海:上海文化出版社,2020:69-70.
③ [美]爱利克·埃里克森.身份认同与人格发展[M].王东东,胡巍,译.北京:世界图书出版有限公司北京分公司,2021:7.

二、制度空间与身份建构

制度空间往往是依据某些资源的占有情况，或为了维护秩序的正常运行而人为划定的。比如，在世袭制社会，人们的身份是世代传承的，制度将空间一分为二，身处不同空间的个体，拥有不同的身份。在柏拉图的理想世界中，只有那些既有闲暇时间又不必为生计发愁的"城邦自由民"才有可能通过教育获得智慧，奴隶是不能享有教育资源的，他们只能学习必要的烹调技能。拥有资源也成为身份的象征，比如土地资源，人们以土地所有制度形式规定了谁是"主人"、谁是"外来人"。在移民城市布宜诺斯艾利斯，土著玻利维亚人认为自己是这座城市的主人，因为他们认为自己拥有这片土地，是本地人，是这里的主人，而不是从欧洲来的移民①。不论是自由民还是奴隶，土地主人还是外来人，黑人还是白人，都属于制度化身份。制度化身份产生于制度空间，正是对制度空间的人为划分造成了个体或群体间身份的差异。对此，有学者认为，与其说制度空间"建构"了身份，倒不如说制度空间"生产"了身份，因为制度空间下的身份具有某种强制性与规定性，突破制度化身份是有一定难度的。

制度空间具有不平等性，爱弥尔·涂尔干提出空间的社会差异性，认为空间并不是同质的，而是具有地域差异的，空间的形象只不过是特定社会组织形式的投射，由此人们才可以在空间中安排不同社会意义的事物②。人与人之间的不平等是类型差异而非个体特性差异造成的，而类型不平等是一种历史性的、持久性、制度性的不平等。受制于社会发展水平，建国初期我国实行城乡二元分割的户籍制度，城市和农村属于两个世界，并且这种差异是中国社会相当具有代表性的。③由于城乡二元分割的户籍制度，城市对外来流动人口有明显的户籍屏障，这使得城市人与农村人不仅代表着一种身份，也成为一种制度。

随着社会经济发展以及城镇化水平的提升，我国在21世纪初迎来了人口流动的高潮，与人口流动相适应的支持政策与制度改革也在及时跟进，例如，2006年发布的《国务院关于解决农民工问题的若干意见》中明确指出，深化户

---

① [美]查尔斯·蒂利.身份、边界与社会联系[M].谢岳，译.上海：上海人民出版社，2008：137.

② 刘少杰.西方空间社会学理论评析[M].北京：中国人民大学出版社，2020：35.

③ 李强，王昊.中国社会分层结构的四个世界[J].社会科学战线，2014（9）：174-187.

籍管理体制改革，逐步地、有条件地解决长期在城市就业和居住农民工的户籍问题，中小城市和小城镇要适当放宽农民工落户条件，大城市要积极稳妥地解决符合条件的农民工户籍问题。自此，城乡二元分割的户籍制度基本被打破。

进入新时代，维护流动人口平等享有城市公共服务的制度体系不断完善，其中流动人口子女平等享有受教育的权利是社会各界较为关注的。从"两为主"到"两纳入"，流动人口及其子女在享有城市公共服务方面有了较大改观。制度空间的变化使得城乡区隔的边界逐渐淡化，这将为流动人口身份建构带来更多的可能。一来制度空间由城乡二元对立走向城乡相互融合，有利于流动人口建构城市身份认同，更加顺利地融入城市；二来即便流动人口没有建构城市人身份认同，包容的制度空间也将有利于其平等而有尊严地生活在城市，保持向上的信念，实现美好的生活。

三、互动空间与身份建构

人际互动使空间成为有意义的社会空间，个体是在互动空间中逐渐建构自身身份的。身份处在与其他人的关系之中，你-我和我们-他们，每个个人、团体或社会场所都有像他与其他个人、团体或社会场所的关系一样多的身份，当关系发生转变的时候，身份也会随之发生转变。①学校是学生童年、少年时期关系网络的核心，是学生进行社会交往的关键空间。②在这一空间中，学生将定期走到一起，进行一定时间的彼此陪伴，可见学校是一个鼓励学生互动，为学生关系网络的发展提供有利条件的空间。在这一互动空间中，师生互动与同伴互动是两种主要形式。

师生互动的社会意味并不强，"我们不得不承认，甚至在最社会化的群体内部，有许多关系还不是社会化的。在任何社会群体中，有很多人与人的关系仍旧处在机器般的水平，……师生关系，……并不形成真正的社会群体，……它本身并不产生目的的共享和兴趣的沟通"③。师生互动的重要空间是课堂，而课

---

① [美]查尔斯·蒂利.身份、边界与社会联系[M].谢岳，译.上海：上海人民出版社，2008：9.

② Aufenvenne P, Kuckuck M, Leimbrink N.Integration through Peers：A Study on the Integration of Migrant Children in Pupil Networks in four German Secondary Schools[J].American Journal of Educational Research and Reviews，2018（3）：1-13.

③ [美]约翰·杜威.民主主义与教育[M].王承绪，译.北京：人民教育出版社，1990：10.

堂的空间布局使得教师与学生分开，"在传统制度为他安排的空间的特殊性之中（讲台、讲桌以及他在学生目光焦点所处的位置），教师找到了能使他与大学生保持距离并受到尊重的物质和符号条件"[①]。师生之间天然的地位差别导致师生互动不可能实现地位的真正平等。而学生同伴之间的互动有一个显著区别于师生互动的功能，那就是满足了学生对真正平等的需要。相比师生互动，同伴互动的时间更长、频率更高，同伴会在完全开放、平起平坐的条件下进行互动。同伴互动有两种功能：一是保护功能，同伴的互动空间成为流动儿童进行心理调节的避风港，他们遇到困难会向同伴倾诉；二是发展功能，在同伴互动空间中，流动儿童的社会能力得到发展，只有在关系平等的人际关系中，人的社会能力才会得到充分发展，只有在平等、开放、自由的空间中，个人才会获得模仿、质疑、竞争、沟通、展现自我的机会，才会成长为一个社会能力更加健全的自我。

《科尔曼报告》中指出，造成学生学业成就差异的不是学校而是家庭。在家庭教育过程中，不同的亲子互动空间意味着身份会以不同的方式被建构。安妮特·拉鲁以不同阶层家庭的教养模式为视角，审视不同互动空间中儿童身份建构过程。拉鲁将家庭教养模式分为协作培养式与成就自然成长式。[②]在中产阶层家庭中，父母的教养模式是协作培养式，与儿童互动时父母既会向儿童发指令，也会与儿童讲道理，鼓励儿童勇于反驳成年人所说的话，敢于向教育机构提出质疑。而低收入阶层家庭中，父母的教养模式很多是成就自然成长式，他们与儿童互动时只会向儿童发号施令，儿童通常只能接受父母的指令，不能自主做出选择。协作培养式的互动空间与成就自然成长式的互动空间会建构出截然不同的身份，在协作培养式互动空间下，儿童会渐生优越感，更加自信，其成长空间有利于将来成为与其父母一样的中产阶层群体，而在成就自然成长式互动空间下，儿童在人际互动中更多地表现出局促感，更有可能与其父母一样成为底层体力劳动者。

四、文化空间与身份建构

对于城市文化空间的适应，流动儿童主要面临两个方面的问题：语言与习惯。语言是文化的重要组成部分，也是文化跨越空间进行传递的基本媒介。流

---

① [法]皮埃尔·布尔迪厄, J.-C.帕斯隆.再生产：一种教育系统理论的要点[M].邢克超, 译.北京：商务印书馆, 2021：121.
② [美]安妮特·拉鲁.不平等的童年[M].张旭, 译.北京：北京大学出版社, 2010：31.

动儿童流入城市后，通常会进行语言策略的调整以顺利融入城市空间，他们会试图学习城市本地方言或普通话。方言是建立群体内部身份认同的重要机制，也是地域文化的载体。在同一地域，辨识不同群体的最明显标识就是方言，即"开口识人"。[1]方言承载着群体内部成员共同的历史、记忆、叙事、价值观，运用相同的方言进行交流的个体间会形成内群体认同，认为自己是群体中的一员，而不能运用相同的方言进行交流的个体则会被排除在群体之外，造成隔离、排斥。对城市文化空间的适应是需要一定时间的，方言的学习并不是一蹴而就的，这时选择运用普通话进行交流便成为流动儿童退而求其次的策略。虽然普通话的运用不能显示出本地人身份，但可以抹去户籍地身份的印记。运用普通话交流的流动人口通常被认为拥有更多的职业培训机会、更高的职业技能和更好的职业适应力；与此相应，运用普通话进行交流的流动儿童也被认为更加努力向城市文化靠拢、更容易被本地居民接受。[2]

习惯是具有文化内涵的，在布尔迪厄的思想体系中，习惯是一种文化资本，为了突显习惯的文化性，布尔迪厄将习惯称作"惯习"。在城市文化空间中，流动儿童的生活习惯、风俗习惯、阶层习惯成为其身份建构的主要因素。首先，在生活习惯上，流动儿童常出现不爱洗澡、不勤剪指甲、不爱换洗衣服等情况，此类生活习惯导致流动儿童在教师或同学面前形成"不讲卫生"的形象。其次，在风俗习惯上，受农村传统文化影响较深的流动儿童对于一些颇具都市色彩的节日提不起兴趣，城市本地儿童对元旦、儿童节、父亲节、母亲节、感恩节等较为关注，而流动儿童则比较在意传统节日。[3]最后，在阶层习惯上，家庭教育观念与教养方式对流动儿童身份建构起到重要的作用。在家庭教育观念上，受到传统性别偏见的影响，如果流动儿童是家中长女，则需要承担部分家务与照顾弟弟妹妹的义务，使得其养成吃苦耐劳的品质，在班级日常行为中表现出多干脏活累活的行为习惯。调查发现，女生流动儿童在课堂互动中表现得更为积极，能够帮助教师承担管理班级的职责，班级的"主人翁"身份意识强烈。[4]在家庭教养方式上，由于流动儿童父母多从事体力劳动，工作

---

[1] 丁百仁.方言能力、学校融合与流动儿童心理健康发展[J].中国青年社会科学，2022（2）：95-104.

[2] 武小军.语言适应与社会顺应——语言视域下对流动人口"市民化"进程的思考[J].陕西师范大学学报（哲学社会科学版），2020（5）：91-99.

[3] 冯帮.流动儿童城市文化适应调查报告[J].上海教育科研，2011（4）：42-45.

[4] 张丹.教育公平视角下流动儿童受教育质量的性别差异研究——以上海市小学为例[J].华东师范大学学报（教育科学版），2016（1）：62-68，117.

时间较长，无暇顾及子女学业，加之自身文化资本有限，不能为子女提供学业上的帮助，所以流动儿童容易成为"学业失败者"。

五、自我空间与身份建构

"自我"概念涉及两个领域，即心理学中的自我与社会学中的自我。心理学中的自我是内部心理空间的人格系统或人格的一个子系统，自我是个体的人格指涉。[①]社会学中的自我是依托社会经验而形成的自我，社会中的"他者"成为一个重要的自我形成因素，自我正是在"他者"的评价中形成的。可见，自我不仅包含人格、思维，还包含社会性、经验性。自我空间中的身份建构并不表示身份建构的过程是完全主观思维的过程，因为自我本身是社会中的自我，只有在社会经验中才能形成自我。

身份建构本身是具有自我指向的。身份建构指向两个维度，即自我意识中的身份建构与社会环境中的身份建构。自我意识中的身份建构是指个体根据自身已有知识经验，对自我同一性的认识，即个体如何认识自己。社会环境中的身份建构是指个体在与社会其他个体互动、关联的基础上，形成对自我身份的认识。自我空间是身份建构过程中不可忽视的因素。

一方面，自我空间中的已有知识经验是身份建构的原材料。自我不是空洞的实体，也不是纯粹心理上的意念，而是在不断获取材料的情况下逐渐被主体建构的，建构主体身份的材料正是已有知识经验。流动儿童在与老师、同学、社区居民、城管等的互动中积累很多材料，这些材料在不触及身份话题时并不会被激活。当流动儿童遇到关于身份的话题时，这些材料便从流动儿童已有经验库中被提取出来，成为其身份建构的引导性材料。例如，具有不同经验存储的流动儿童对歧视知觉的反应是不同的，不同个体对歧视知觉的感知程度以及歧视是单纯的个体行为还是群体性行为的判断也是不同的。

另一方面，自我采取的身份管理策略是建构不同身份的关键。如果个体通常对自身身份持积极、肯定的态度，给予自身积极的自我评估，在身份建构过程中就会采取有利于自我发展的策略。身份认同理论认为，身份管理策略有五种，分别是改变地位、改变群体成员、改变分类方法、认识比较对象的变化、改变比较的维度。在身份认同理论基础上，有学者对身份管理策略进行了分

[①] 潘泽泉.社会、主体性与秩序：农民工研究的空间转向[M].北京：社会科学文献出版社，2007：113.

类,用以解释弱势群体中的个体如何通过身份管理策略建构自身身份,具体包括三类:个体流动策略(individual mobility)、社会竞争策略(social competition)、社会创造策略(social creativity)。[①]个体流动策略是指处于弱势群体中的个体离开自身所属群体,流动到优势群体中的策略。社会竞争策略是指弱势群体中的个体通过提升群体的地位而获得内群体身份认同的策略。社会创造策略是指弱势群体成员通过创造新的评价标准进行群际比较,从而获得内群体认同的策略。在这三类身份管理策略中,个体流动策略是最常见的弱势群体成员的身份管理策略。比如,流动儿童发现自身所处群体与城市本地儿童相比较为弱势,进而离开流动儿童群体,积极向城市本地儿童群体靠拢。并且,弱势群体成员往往更倾向于采用社会创造策略而不是社会竞争策略,他们会努力寻找本群体的相对优势作为比较的全新标准,按照这一标准与参照群体进行比较,从而获得优越感。例如,流动儿童会将自己作为农村人的吃苦耐劳、抗逆力强等优点与城市儿童相比,以凸显自身身份优势,进而建构出农村人身份。身份管理策略反映了身份建构过程离不开自我空间,身份建构取决于个体自我空间对身份管理策略的选择。

自我空间的身份建构有持续变化的特点。"自我"本身是一个反身代词,既可以是主体,也可以是客体。自我含有人格、思维、心理等成分,同时持续不断地吸取社会经验。自我是具有自反性的,自反性是主体自我对抗与消解的内在特征,是身份认同过程中"我该如何改变自己"显现的问题特征,个体会依据自身所处的社会背景、文化环境进行自我反思,然后再度将自我嵌入社会。

---

① Mummendey A, Klink A, Mielke R, et al. Socio-Sructural Characteristics of Intergroup Relations and Identity Management Strategies: Results from a Field Study in East Germany[J]. European Journal of Social Psychology, 1999(29): 259-285.

第六章 空间结构的力量：流动儿童身份建构的空间机制

在对流动儿童身份建构现状与过程进行分析的基础上，本章重点探讨流动儿童身份建构的空间机制。具体而言，在制度空间层面，从户籍制度与教育制度两个因素进行分析；在互动空间层面，分别探讨师生互动空间、同伴互动空间、亲子互动空间三个要素对流动儿童身份建构的影响；在文化空间层面，分别探讨语言和习惯对流动儿童身份建构的影响；在自我空间层面，分别探讨流动儿童自身已有知识经验及其采用的身份调适策略对其身份建构的影响。

第一节 制度化身份：流动儿童身份建构的制度空间机制

一、户籍制度的变迁：打破身份再生产机制

在我国，人口流动可以分为户籍流动与非户籍流动两种，户籍流动是流动人口户籍发生变化，也就是所谓的"迁移"，非户籍流动单纯指流动人口的空间置换，户籍并未发生变化，也就是"流动"。[①]显然，流动儿童属于非户籍流动，虽然人在流入地，但持有流出地户籍，常常表现为"人户分离"的状态。在制度空间下，流动儿童是生活在城市的农村儿童，这使得流动儿童身份具有

[①] 刘嘉杰，刘涛，曹广忠.中国人口户籍迁移与非户籍迁移的比较[J].地理学报，2022（10）：2426-2438.

"双面人"特征。在再生产语境下，身份根据既有材料在一定的结构性运作下进行代际传递。制度空间划分了不同的身份，因而打破身份的再生产机制就需要必要的制度支撑。

新中国成立以来，我国户籍制度由严格控制转向逐渐放开。20世纪50年代，出于社会管理的实际需要，我国实行城乡二元户籍制度。到了21世纪初，社会经济发展需要大量劳动力，农村剩余劳动力大量流入城市，成为流动人口，他们在城市中的就业、子女入学、医疗服务、社会保障等成为亟待解决的社会问题，原有城乡严格对立的户籍制度显然已经不再适用于新时期人口流动态势的需要，户籍制度的变革势在必行。

新时期，我国不断推进户籍制度改革，以保障流动人口在城市工作与生活的各项基本权利。2006年发布的《国务院关于解决农民工问题的若干意见》中提到，深化户籍管理制度改革，逐步地、有条件地解决长期在城市就业和居住农民工的户籍问题，中小城市和小城镇要适当放宽农民工落户条件，大城市要积极稳妥地解决符合条件的农民工户籍问题，改进农民工居住登记管理办法。2014年国务院发布的《关于进一步做好为农民工服务工作的意见》中指出，以坚持城乡一体、改革创新为基本原则，适应推动城乡发展一体化的需要，着力改革城乡二元体制机制，逐步建立完善有利于农民工市民化的基本公共服务、户籍、住房、土地管理、成本分担等制度。农民工及其随迁家属在输入地城镇未落户的，依法申领居住证，持居住证享受规定的基本公共服务。在2025年国务院颁布的《关于进一步深化农村改革 扎实推进乡村全面振兴的意见》中提到，健全农业转移人口市民化机制，完善全国公开统一的户籍管理政务服务平台，推行由常住地登记户口提供基本公共服务制度，全面取消在就业地参保户籍限制，依法维护进城落户农民的土地承包权、宅基地使用权、集体收益分配权，探索建立自愿有偿退出的办法。至此，我国结束了以往以户籍为参照的城乡人口身份对立格局，这不仅有利于流动人口进入城市后的身份建构及城市融入，更重要的是打破了原有的身份再生产机制，城市资源分配与公共服务体系不会再因流动儿童的农村户籍而将其拒之门外，这将为流动儿童身份建构过程扫除制度化障碍。

二、教育制度的接纳：淡化身份边界

户籍制度的运行原则同样适用于教育场景。流动儿童进入城市学习与生活，对城市教育制度接纳或是排斥的体验更加深切。在实际调查中，流动儿童对"上好学"的需求较为强烈，对于B12题"我感觉城市公立学校不欢迎我们这些外地来的学生"的回答中，有274人选择"完全符合"，占26.3%；352人选择"比较符合"，占33.8%；321人选择"不太符合"，占30.9%，93人选择"完全不符合"，占8.3%。可以看出多数流动儿童主观上认为城市公立学校会排斥流动儿童，另外也有30.9%的流动儿童并不认同自己受到城市学校的排斥，他们认为城市教育制度是接纳自己的。数据详见表6-1。

表6-1 流动儿童对城市学校接纳的感知状况

题项	选项	频次	百分比（%）
我感觉城市公立学校不欢迎我们这些外地来的学生	完全符合	274	26.3
	比较符合	352	33.8
	不太符合	321	30.9
	完全不符合	93	8.9

注：这里由于四舍五入，百分比之和并不是100%。

可以看出，流动儿童对于城市教育制度的接纳情况持不同态度，这反映出流动儿童在融入城市教育体系的过程中有的自信有的自卑，对城市优质教育资源有的充满期望有的信心不足。可见，推进与户籍制度配套的教育制度改革，加大城市教育体系对流动儿童的接纳程度势在必行。

首先，在教育起点上，保障流动儿童与城市儿童享有平等的接受优质教育的机会。

总体而言，为流动儿童争取城市优质教育机会的努力可以分为两个阶段：第一阶段解决流动儿童"上学"的问题；第二阶段解决流动儿童"上好学"的问题。在第一阶段，要保障流动儿童享有平等的受教育权利。20世纪末，大量流动人口涌入城市，流动人口子女在城市就学的需求与城市教育资源不能满足流动儿童需求之间的矛盾愈发尖锐，在这样的背景下，1998年我国出台《流动儿童少年就学暂行办法》，旨在解决流动儿童在城市的就学问题，理论上流动儿童获得了与城市儿童平等的教育机会。流动儿童平等享有教育机会不应仅停留在"上学"层面，还要保证流动儿童能够"上好学"。为此，2001年国务院发布的《关于基础教育改革与发展的决定》中提出"两为主"政策，即流动儿童受教育问题要以流入地区政府管理为主，以全日制公办中小学为主。此后，

第六章　空间结构的力量：流动儿童身份建构的空间机制

在2003年的《关于进一步做好进城务工就业农民子女义务教育工作的意见》、2010年的《国家中长期教育改革和发展规划纲要（2010—2020年）》中强调继续坚持"两为主"政策，保证流动儿童平等享有城市优质教育机会。2014年国务院发布的《关于进一步做好为农民工服务工作的意见》指出，公办义务教育学校要普遍对农民工随迁子女开放，与城镇户籍学生混合编班，统一管理。这就避免了由农村户籍带来的歧视，帮助流动儿童获得"上好学"的教育机会。

其次，在教育过程中，在城市获得升学机会是流动儿童及其家庭相当关注的问题。在20世纪初，由于全球工业化与城市化进程的加快产生了移民浪潮，受传统观念的影响，外来移民在流入地并未中断与其家乡流出地的联系，在流入地一显身手之后，这些移民会选择返回家乡，或者是在流入地与流出地之间像钟摆一样来回往返流动。①随着工业化、城市化的不断发展，流动人口的流向逐渐发生变化，他们会选择长久留在流入地，融入当地社会，不会再返回家乡。第二次世界大战后的伦敦流动人口便是一个典型案例，大量流动人口流入战后百废待兴的伦敦，他们在工厂、码头从事体力劳动，最初人们的预期是这些流动人口只是短暂的临时打工者，当工作结束时他们便会重返家乡，然而，实际情况却是，他们当中的许多人留了下来，在伦敦长期工作、组建家庭，他们的子女在当地接受教育，融入城市社会，并建构相应的身份认同。②在我国也出现了类似的发展趋势，随着越来越明显的"家庭化"流动态势，我国人口流动发生实质性变革，主要表现为夫妻外出进城务工，待在城市站稳脚跟后将其子女接到城市接受教育，他们的流动并不仅仅是为了到城市找工作，而是期望通过自己的努力让家庭在城市中长久定居，并融入城市生活，成为"市民"。③可见，城市并不是流动儿童的暂居地，而是流动儿童及其整个家庭期望的长久居住地。因而流动儿童流入城市不仅面临短期的就学问题，更面临未来的中考、高考乃至就业问题。

通过调查发现，流动儿童认为城市异地升学政策依然有待优化，在对B11题"这个城市的异地升学考试对我们外地学生来说不公平"的回答中，349人选择"完全符合"，占33.6%；370人选择"比较符合"，占35.6%；225人选择

---

① [美]查尔斯·蒂利.身份、边界与社会联系[M].谢岳，译.上海：上海人民出版社，2008：178.
② 董洁.从"农民工"到工人——城市化进程中流动人口的语言身份认同[J].语言战略研究，2021（3）：25-34.
③ 武小军.语言适应与社会顺应——语言视域下对流动人口"市民化"进程的思考[J].陕西师范大学学报（哲学社会科学版），2020（5）：91-99.

"不太符合",占21.6%,96人选择"完全不符合",占9.2%。数据详见表6-2。通过数据来看,认为城市异地升学考试对自己不公平的流动儿童占大多数,仅有9.2%的流动儿童认为当下的城市异地升学考试制度对自己公平,因而继续改进流动儿童异地升学相关政策应当成为后续工作中关注的问题。

表6-2 流动儿童对城市异地升学制度的看法

题项	选项	频次	百分比(%)
这个城市的异地升学考试对我们外地学生来说不公平	完全符合	349	33.6
	比较符合	370	35.6
	不太符合	225	21.6
	完全不符合	96	9.2

最后,好的教育结果应当是教育制度运行的价值诉求,也是教育公平的集中体现。教育应当促进社会变迁、促进人的全面发展,流动儿童通过在城市接受教育,应当拥有教育获得感,与城市儿童同样享有人生出彩的机会。由于学生是千差万别的,追求好的教育结果并不是取消学生之间的差别,让每一个学生取得同样的结果,而是让所有学生在发展上都达到基本标准,通过接受教育,在未来就业、晋升方面都能够把握机会。[①]目前,通过制度层面的努力,部分流动儿童对自己学业成绩较满意,认为自己日后能考入大学的流动儿童更希望返回家乡考高中,从而顺利实现自己的大学梦。

"我觉得以自己目前的成绩,考普高应该不成问题,但是有个问题——总有一天我要参加高考的,如果在城市读高中,将来回老家高考的话就不占优势了,毕竟教材、考卷什么的都不一样,我怕会不适应。所以我还是选择回老家读高中,然后考大学。"(个案S20)

然而,也应当看到,并不是所有流动儿童都对自己的学业成绩胸有成竹,还有流动儿童抱着试一试的心态去考城市普通高中,如果失败则准备进入城市职业高中或是中专继续学业。在访谈中,有流动儿童讲了自己的打算。

---

① 褚宏启.新时代需要什么样的教育公平:研究问题域与政策工具箱[J].教育研究,2020(2):4-16.

第六章 空间结构的力量：流动儿童身份建构的空间机制

"我希望能考上普高，但是以我现在的成绩恐怕很难，民办高中我能考上，但是学费又太贵了，爸妈供不起我的。所以还是打算考普高，没考上的话就去职高，没想过回老家，老家的职高还不如城市里的呢！我多半会留在城里参加中考，将来进职高。"（个案S10）

第二节 沉默的群体：流动儿童身份建构的互动空间机制

一、师生互动空间：被教师忽视的学生

为了了解流动儿童师生互动空间的现实样态，本研究编制B8题"只要不违反纪律，老师一般不会注意到我"，对于该题项的回答，有282人选择"完全符合"，占27.1%；400人选择"比较符合"，占38.5%；227人选择"不太符合"，占21.8%；131人选择"完全不符合"，占12.6%（见表6-3）。从中可以看出，多数流动儿童认为教师不怎么注意自己，流动儿童成为容易被教师忽视的学生。

表6-3 流动儿童师生互动现状

题项	选项	频次	百分比（%）
只要不违反纪律，老师一般不会注意到我	完全符合	282	27.1
	比较符合	400	38.5
	不太符合	227	21.8
	完全不符	131	12.6

访谈过程中，教师对流动儿童的学习成绩与行为表现方面做了如下评价。

"他们的学习确实是让人头疼的问题，'5+2=0'这种说法我特别赞同，在学校时好好的，过个周末再到周一回校的时候，讲的知识点

183

流动儿童身份建构研究

就全没了! 要是放寒暑假就更别提了,开学收心都得一个月。每学期开学那段时间,很多流动儿童根本不在学习状态,学习就是这么一步一步落下的。我觉得主要还是家长不管,城里家长都抢着给孩子报课外辅导班,周末陪孩子学习,流动儿童家长的教育观念就差得远了,孩子基本是'散养'状态,把时间都玩过去了。这事我也叫过他们家长,谈过话,但也没什么起色,而且事后我问学生,有的学生说回家被家长打了一顿。久而久之,我也就不管了。"(个案T6)

"他们中间学习的还是占大多数的,但是课后拓展明显不够,光指望老师课堂讲的基础知识是不够的,课后多下功夫才能应付各种题型,这方面流动儿童做得不好,成绩整体处于班级中下游。"(个案T5)

首先,在学业成绩方面,教师将流动儿童学业成绩不佳归咎于"家长不管"。在学生离开学校进入家庭教育的时间里,由于"家长不管",出现了流动儿童的"5+2=0"现象以及寒暑假学业成绩倒退问题。卡尔·亚历山大等学者提出了学生假期成绩下滑的季节模型(seasonal parterns of learning),认为放假期间,学生会处于"无学校化状态"(unschooled),学生的成绩普遍会下滑,而下滑的程度与学生家庭背景有关。①中上阶层家庭的家长会为学生安排丰富多彩的假期生活,包括科学类、艺术类、体育类等学习班,学生在假期中依然处于学习状态,而低收入阶层家庭的家长则很少为学生安排假期学习内容,所以中上阶层家庭学生假期后学业成绩下滑不明显,甚至阅读科目成绩还会出现上升,而低收入阶层家庭学生的成绩很多会出现较大幅度的下滑,特别是阅读科目的成绩会出现严重倒退,不同家庭背景的学生也就形成了暑假学业成绩差距。②教师也会将流动儿童与城市儿童做对比,认为在学业成绩上流动儿童与城市儿童之间存在差距。

"我要求学生课前预习课文、熟读课文,流动儿童这方面做得不好,上课读课文磕磕绊绊,教学计划难以推进。再有就是刷题量跟不上,考试一换题型就懵了,流动儿童整体的学习成绩是比不上城市儿童的。"(个案T8)

---

① Alexander K L, Entwisle D R, Olson L S. Schools, Achievement, and Inequality: A Seasonal Perspective[J].Educational Evaluation and Policy Analysis, 2001 (2): 171-191.
② Alexander K L, Entwisle D R, Olson L S. Lasting Consequences of the Summer Learning Gap[J].American Sociological Review, 2007 (4): 167-180.

其次，在行为表现方面，流动儿童是教师眼中"听话"的学生。

"纪律这块还可以，违反纪律点名批评一下，严重一点的请家长，流动儿童还是比较听话的，一般不和老师对着干。"（个案T4）

在师生互动方面，流动儿童并不积极，缺乏与教师积极互动的意愿，教师对流动儿童同样缺乏必要的关注与互动。

"班里成绩最好的同学坐第二排，成绩最差的同学坐在最后一排，老师不管他们，也免得他们扰乱课堂秩序，影响其他学习的同学。我坐在第五排，老师对我还可以，不怎么批评我。"（个案S4）

"平时没什么事的话，老师是不会主动找我的。我可不希望和老师交谈什么，要是老师找我，那肯定是我犯错了，肯定是劈头盖脸一顿痛骂。"（个案S13）

"如果遇到不懂的问题，我不愿意找老师，我怕老师说我上课没认真听讲。其他事情也不愿意找老师解决，我觉得老师和我不太亲近。"（个案S24）

流动儿童眼中的师生互动是有些许疏离感的。"对我还可以""不会主动找我""不希望和老师交谈什么""不愿意找老师""不太亲近"等都反映出流动儿童与教师互动空间联系的链条是脆弱的，师生间互动并不紧密。流动儿童既不是教师的"心头大患"，也没有较高的学业成就以吸引教师的关注、赢得教师的赞赏。

二、同伴互动空间：可有可无的局外人

学校不仅为学生提供了将来进入社会所需要的知识与技能，也为学生之间建立同学关系提供了一个相对制度化的社会交往空间。本研究中的流动儿童处于基础教育阶段，城市儿童与流动儿童有很多的机会进行互动。同伴互动会在异质性群体空间中进行，班级群体异质性的上升不仅为跨群体交往提供了更多的机会，也会因为个体感受到的威胁越来越强，使得同质性交往的可能性越来越大。①

---

① 张帆.家庭背景、班级情境与青少年的跨群体交往[J].社会，2022（1）：180-211.

学校中的同伴互动源于学生对平等的需要。与学生日常互动较为频繁的是教师、家长及同伴，三者之中只有同伴之间才可能是完全平等的。为此，学生出于对平等的需要，会积极加入同伴群体中。同伴群体对流动儿童适应社会起着重要的作用，能够发展流动儿童的社会能力，建构流动儿童对自我的认知。在同伴互动空间中，流动儿童表达自我能力、展示自我能力、竞争与合作能力、互动沟通能力都将获得发展。流动儿童正是在与城市同伴群体的互动中认识自我、体验流动儿童身份的。学校中的同伴互动空间影响着流动儿童"可能成为谁"。对于学生而言，同伴群体是具有社会化特征的"圈子"，特别是对于流动儿童来说，学校中的同伴群体具有不可替代的社会适应功能，因为学校中存在相当数量的城市本地儿童群体，正是在与城市本地儿童群体的互动中，流动儿童感知城市社会，逐渐形成对城市人群体的认知，从而在一个具有城市人群体元素的环境中建构自身身份。

流动儿童的同伴互动主要包括两种形式：一是流动儿童与流动儿童之间的同质性同伴互动；二是流动儿童与城市儿童之间的异质性同伴互动。公立学校流动儿童的同伴交往以异质性同伴互动为主。

一些流动儿童的同伴选择基于共同的兴趣爱好。

> "我不是按照城市同学和外地同学的标准去找朋友的，我主要是看兴趣，大家兴趣相投，就可以在一起玩，这很简单，没有考虑太多。"（个案S10）

也有一些流动儿童会受到异质性同伴的孤立与排斥。

> "班里很多人都知道我爸爸是送外卖的。下课的时候，有人会趁我不在座位，搞恶作剧——在我的书包上用记号笔写上"外卖"两个字。一般我回来就会发现。有一次我没有留意，放学直接把书包背上了，就有几个同学大笑着说我背着书包去送外卖了，我当时都气哭了。"（个案S11）

为了探清流动儿童同伴互动现状，本研究设计了B9题"在同学们中间，我是个可有可无的人"。在对该问题的回答中，367人选择"完全符合"，占35.3%；313人选择"比较符合"，占30.1%；228人选择"不太符合"，占21.9%；132人选择"完全不符合"，占12.7%（见表6-4）。从数据中可以看出，多数流动儿童与同学互动的自我效能感较低,自我存在感较低,认为自己是同伴互动中可有可无的人。在异质性同伴互动中,流动儿童有"局外人"的互动体验,这说明流动儿童依然存在融入城市同伴群体的困难。

表6-4 流动儿童同伴互动现状

题项	选项	频次	百分比(%)
在同学们中间, 我是个可有可无的人	完全符合	367	35.3
	比较符合	313	30.1
	不太符合	228	21.9
	完全不符合	132	12.7

通过访谈发现,流动儿童在与城市儿童互动过程中对自我效能评价不高,在群体中的存在感不强,"局外人"的形象成为流动儿童与城市儿童互动空间边界的写照。流动儿童认为在异质性同伴互动中,自己是无法融入的"局外人",这将对其环境适应带来负面影响。

一方面,流动儿童可能在一个被排斥、被孤立的互动空间中成长,这将给流动儿童适应城市学校环境进而融入城市社会带来心理障碍。

"刚转来的时候,我不会做广播体操。每到做操的时候,我动作不对,就有好多同学取笑我。我很苦恼。老师让我跟他们学,可是我问他们的时候,根本没人好好教我,反而又取笑我。"(个案S19)

另一方面,在异质性同伴互动中受挫的流动儿童很可能转而选择只跟和自己同样身份的流动儿童进行互动交往,久而久之形成一个仅限于流动儿童内部的封闭互动圈,这可能引发流动儿童与城市儿童的对立。

"我喜欢和我一样的外地人在一块玩,他们不会对我搞恶作剧。城市的同学,单个的还好,要是有好几个一起玩,就会合伙欺负我。我不喜欢他们。和以前相比,现在没什么朋友了,在校时大家玩什么我就跟着玩什么,没有一直能在一起玩的朋友。因为我跟他们有很多不一样的地方,玩不到一块去。"(个案S11)

流动儿童在与城市同伴互动中形成对城市社会的认知,也会将对城市儿童群体的认知延伸至整个城市社会。

"我觉得还是农村人好,城里人心肠坏,而且他们也不喜欢我们。有一次我爸爸被车撞了,我和妈妈赶到那儿的时候,爸爸躺在地上,额头受了伤,送的外卖也撒了一地。我们都很着急,但那个车主就说我们是为了讹钱,说我们心眼坏,我看他们才是心眼坏呢!"(个案S11)

三、亲子互动空间:只需成为听话的孩子

(一)家庭社会经济地位

父母职业是衡量家庭社会经济地位的重要标准。在父母职业方面,流动儿童父母多为从事体力、半体力劳动的劳动者,其家庭社会经济地位处于中下层。从本研究调查的流动儿童父亲职业基本信息数据可以看出,大多数流动儿童父亲的职业集中在体力、半体力劳动领域。有学者按照人们在劳动分工、资源占有、权威等级、生产关系和制度分割中的位置等将当代中国职业群体划分为十个阶层,由高到低分别是国家与社会管理者阶层、经理人员阶层、私营企业主阶层、专业技术人员阶层、办事人员阶层、个体工商户阶层、商业服务业人员阶层、产业工人阶层、农业劳动者阶层以及城市无业失业半失业人员。① 按照这个阶层划分标准,流动儿童家庭处于社会中下层。

对流动儿童居住条件进行统计的数据显示,租房的占45.7%,买房的占36.7%,借住在亲戚家的占6.2%,父母单位提供房子的占6.7%,其他住房情况的占4.7%。可见,家庭租房住的流动儿童所占比例最高。对于问题:"你居住的地方城市人多还是外来务工人员多"的回答中,有223人选择"城市人多",占21.4%,250人选择"外来务工人员多",占24.0%,350人选择"城市人和外来务工人员数量差不多",占33.7%,选择"不清楚"的有217人,占20.9%。从统计结果可以看出,大部分流动儿童居住地周围的城市本地居民与外来务工

---

① 任春荣.社会分层对学生成绩的预测效应——一项基于追踪设计的研究[M].北京:教育科学出版社,2015:3.

人员数量接近。正是这种社区居民结构,导致流动儿童对家庭经济地位的主观感知存在自相矛盾的一面。

一方面,流动儿童对家庭社会经济地位持乐观态度。流动儿童对家庭社会经济地位的感知是十分具体的,这也与其群体的年龄阶段特征有关,流动儿童尚不具备深刻理解"家庭社会经济地位"概念的能力,他们头脑中关于家庭社会经济地位的衡量标准是具象化的、物质化的,如生活上的吃饭、穿衣、玩具、金钱等。有流动儿童在与同社区的同伴比较后得出这样的观点:"我觉得我家条件挺好的,住在周围的邻居小伙伴有的东西我都有,没觉得自己少啥。"(个案S6)也有流动儿童与农村老家的同伴比较后说:"自从我来城市以后,觉得自己吃的、穿的、用的比过去在农村时不知好了多少倍,每次过年回老家,老家的朋友们可羡慕我了!"(个案S9)

另一方面,流动儿童认为自己的家庭经济条件不如城市学生。这是因为流动儿童在对家庭经济地位做判断时的参照体系不同:当与自己一样的外来务工人员子女相比时,流动儿童主观感知自己与其他外来务工人员子女的家庭经济条件相似,是平等的;当与农村同伴相比时,流动儿童主观感知自己比农村同伴的家庭经济条件更加优越;当与城市本地儿童相比时,流动儿童主观感知自己与城市本地儿童的家庭社会经济是存在差距的,城市本地儿童家庭经济条件明显比自己优越。

(二)家庭亲子互动模式

基于家长与其子女互动模式的不同,有学者将家长教养方式分为四种类型,即权威型、专制型、溺爱型和忽视型。[①]权威型家长在与子女互动时,注重对子女的引导,严慈相济,给子女制定一定的规则纪律,同时在子女需要帮助时,给予其必要的帮助。专制型家长在与子女互动的过程中,要求子女服从家长的绝对权威,他们遇事不与子女商量、讨论、沟通,而是按照自己的意愿做决定,要求子女顺从。如果子女出现反抗意识,家长会以专断、粗暴的方式予以镇压。溺爱型家长会在子女成长过程中给予帮助、关心、爱护,但是对子女的学业或行为也没有提出一定的要求。忽视型家长则更多的是关注自己,对子女缺乏必要的关爱与支持,也不对子女提出要求或是为子女树立榜样、定下规矩。

---

① 向蓉,雷万鹏.家庭教养方式如何影响儿童问题行为[J].教育与经济,2021(5):49-57.

通过调查发现，流动儿童所处的亲子互动空间是专制与忽视并存的。家长较少对子女进行说理性教育，也缺乏亲子间的交流探讨。对于家长的意愿，子女需要做到顺从，做"听话"的孩子。

"有一次我们一家去爸妈的朋友家做客，吃过晚饭爸妈想继续和朋友聊会天，可我却觉得一点儿意思都没有，想回家。我被爸爸当着很多外人训斥了，我当时觉得很难过。"（个案S32）

"只要我不在学校闯祸，爸妈就不怎么管我。但是闯祸了，当然一般都是违反纪律，爸妈可就不饶我了。有一回语文考试，因为我考试时纪律不好，考试的时候管不住自己的嘴，转过头去和后排的同学讲话，还有做抠手指的小动作，被老师叫家长了。爸爸从学校回来后，狠狠地揍了我一顿，说是让我长长记性，以后少在外面出乱子，他可没空老去学校为我处理这些事。"（个案S19）

流动儿童亲子互动空间还具有一个显著的特征，即家长权威的任意性。巴尔兹·伯恩斯坦指出，无论是在中产阶层家庭还是在低收入阶层家庭，父母权威都是存在的，不同的是父母权威所产生的价值。在中产阶层家庭，父母权威会产生秩序与规则，以规范其子女的日常行为，使生活表现得更加井然有序。而低收入阶层家庭父母权威则没有产生特定的价值，表现出一种漫无目的的任意性。①在访谈调查过程中，研究者遇到如下情形。在正式访谈之前，研究者先与访谈对象的父亲进行沟通，以便对方明白来意；流动儿童父亲在得知研究者的研究目的后，直接喊孩子过来，然后说道："配合姐姐回答问题，听到没有！好好回答每一个问题，听到没有！仔细一点！别什么都不当一回事，成天不像话，快去！"孩子听到父亲近乎训斥的安排，不停地点头，没有讲一句话，与父亲也没有表情或动作的交流。

乔治·米德将人们互动时的姿势分为有声音的姿势和无声音的姿势。有声音的姿势通常是指人类用以互动的语言，无声音的姿势则是表情、动作、神态等，虽然它们没有声音，但依然具有互动价值，其以无声的形式同样传达

---

① Bernstein B.Class, Codes and Control (Volume 1), London: Routledge & Kegan Paul, 1971.转引自：熊易寒.城市化的孩子：农民工子女的身份生产与政治社会化[M].上海：上海人民出版社，2010：101.

第六章 空间结构的力量：流动儿童身份建构的空间机制

了互动信息。①在上面的情境中，受访者虽然一句话都没有说，但对父亲权威的顺从清晰可见，他用点头这一无声音的姿势，与父亲展开了一场命令服从式的互动。并且，互动过程中体现了家长权威的任意性，即使孩子并没有犯错误，家长依然借时机施展权威，对孩子训斥一番。对于流动儿童家长来说，父母权威仅仅是一种外化的手段，父母权威的价值仅仅停留在让孩子顺从的层面，并没有让子女的行为保持一定的秩序，也没有给其子女带来惭愧或羞愧的情感体验。

除了专制型亲子互动以外，流动儿童还容易成为被忽视的一方。忽视型家长表现为对子女缺乏必要的重视和关心，多将注意力聚焦于自己。本研究通过B10题"父母总是忙别的事情，不怎么关注我"来考察流动儿童与家长互动情况，360人选择"完全符合"，占34.6%；307人选择"比较符合"，占29.5%；238人选择"不太符合"，占22.9%；135人选择"完全不符"，占13.0%（见表6-5）。可以看出，多数流动儿童认为父母没有给自己足够的关注。

表6-5 流动儿童亲子互动现状

题项	选项	频次	百分比（%）
父母总是忙别的事情，不怎么关注我	完全符合	360	34.6
	比较符合	307	29.5
	不太符合	238	22.9
	完全不符	135	13.0

然而，在亲子互动上，家长与子女出现了截然不同的观点。父母对流动儿童的忽视并不是想象中那样表面化，而是存在更深层次的原因。

首先，父母劳动时间过长，对子女的关注力不从心。

> "我在菜市场有个摊位，每天凌晨2点就得出门去批菜了，一整天下来，闲不着。我一个人忙不过来，孩子妈妈也和我一起干，晚上到家都快8点了。忙一天了，哪里还有力气管孩子学习？睡一会儿就又得起来批菜去了。也不是不想管孩子，实在是没时间，一天忙下来就

---

① [美]乔治•H.米德.心灵、自我与社会[M].赵月瑟，译.上海：上海译文出版社，2018：49-56.

剩那点睡觉的时间了。为了给孩子做点力所能及的,我们单独给孩子租了一间房,供他学习。因为快中考了,我们也希望他安心学习,毕竟我们每天半夜起来,怕打扰到孩子休息。"(个案P2)

其次,家庭文化资本薄弱,对子女学业手足无措。本研究中流动儿童的父母学历多为初中、高中水平,大专已经算得上是"高学历",大学本科学历的父母少之又少,流动儿童父母学历普遍偏低,家庭文化资本相对薄弱。这种情况下,流动儿童父母对其子女学业的应对大致可以分为三种类型。

其一,无助型。父母为自己不能像中产阶层家长那样为子女提供学业上的帮助而感到失落,自己也想为子女提供文化资本上的支持,然而由于自身学历不高,爱莫能助,表现出较强的无助感。

"也想帮帮孩子,但是孩子学的东西我都不懂啊,特别是英语,我一句也不会,数学、语文学的知识明显比我那时候学的要难很多,我一看那些题,自己脑子还得转转弯呢!感觉孩子学的知识真的很难,我家孩子五年级了,我基本辅导不了他,只能靠他自己了。"(个案P6)

其二,推托型。将本该由家长承担的部分学业辅导职责推托给教师或课外辅导机构。子女学业辅导的职责并不属于传统的家长职责,它是由社会变迁与教育发展而衍生的新的家长职责。有家长认为孩子的学业应当由教师全权负责,不应该是家长的职责,表现出对教师的强烈不满。

"孩子我送到学校了,成绩不好反倒怪我们家长,我们都会了,还要学校,要老师干什么?在家家长教不就完了?"(个案P4)

也有家长将学业辅导的职责推托给课外辅导机构。

"孩子成绩不好,老师找我说过这个事情,好几次了,我自己又辅导不了孩子功课,就直接送补习班了,我能做的就这些了。要是还被老师叫家长,我也没办法了。"(个案P10)

其三,放弃型。这种类型常见于子女学业成绩不佳或是重男轻女家庭。如果子女没能在学业上取得令父母满意的成绩,父母就倾向于让孩子拥有一技之长。

"他(孩子)学习不行,学着费劲得很,将来学门手艺,混口饭吃,也不是不可以。本来像我们这样的家庭,父母都没啥文化,孩子要是学习好那是祖宗保佑,学得不好也算正常,毕竟'龙生龙、凤生凤'嘛!"(个案P1)

还有部分家长对自己女儿的学业持放弃态度,这与一些流动儿童家庭中存在的"重男轻女"传统观念不无关系。

"女孩子嘛,我们也没抱啥大希望。以她现在这个成绩,考高中有点悬,读一读就行了。女孩子有那么高文化也没什么用。"(个案P8)

此外,在多子女流动儿童家庭中,女孩或长子分担家务的现象较为普遍。子女帮助父母做家务可以分为两种类型,即实践性家务与道义性家务。实践性家务是子女帮助父母完成具有实践意义的家务,这种家务具有锻炼身体、培养劳动意识的作用。而道义性家务是在亲缘纽带关系下,子女出于履行道德义务而长期稳定承担本该由父母承担的家庭劳动职责。流动儿童承担的家务多属于道义性家务。由于多子女家庭带来更多的照看工作,流动儿童家中的长子、长女便会承担部分家务。

研究者:"平时都是你来餐馆帮爸爸干活吗?没有其他人帮忙吗?"

个案S4:"都是我来帮忙。妹妹才1岁多,妈妈需要在家照看妹妹,爸爸这边一个人忙不过来。"

问:"刚才我在旁边吃饭,看你一边写作业一边起身帮客人加饭、结账,赶上饭点人这么多,你又要写作业,能吃得消吗?"

个案S4:"每天都这样,我都习惯了。"

问:"没想过自己回家安静完成作业,不来爸爸这里帮忙?"

个案S4:"那不行,那样妈妈就要来帮忙,妹妹怎么办?要是再雇一个帮忙的,除去工钱,餐馆就不挣什么钱了。"

第三节　骨子里的"农村人"：流动儿童身份建构的文化空间机制

一、语言策略选择：和而不同的"马赛克式"融入

"熔炉"（melting-pot）是19世纪末20世纪初美国移民同化研究的主流话语。但事实证明，它终究是一个神话，相较之下，主张"亚文化与中心文化和谐共生"的文化多元主义（cultural pluralism/multiculturalism），即"马赛克式"或"织锦模式"更接近现实。①流动儿童流入城市后并没有融入城市的"熔炉"，形成城市人身份认同，流动儿童的城市融入依然是"马赛克式"或"织锦模式"的，形成一种与城市文化并存且保持自身边界的文化空间。

家庭与学校是流动儿童运用语言的主要环境，本研究通过B13题"在家我喜欢用普通话而不是家乡方言与父母交谈"与B14题"在学校我喜欢用普通话与同学交谈，而不是家乡方言"来考察流动儿童在不同环境下的语言策略运用情况。

对于B13题"在家我喜欢用普通话而不是家乡方言与父母交谈"的回答，有190人选择"完全符合"，占18.3%；253人选择"比较符合"，占24.3%；456人选择"不太符合"，占43.8%；141人选择"完全不符合"，占13.6%（见表6-6）。从统计数据可以看出，只有少数流动儿童在家与父母用普通话交谈，多数流动儿童在家用家乡方言与父母进行交谈。

表6-6　家庭环境中流动儿童语言策略选择

题项	选项	频次	百分比（%）
在家我喜欢用普通话而不是家乡方言与父母交谈	完全符合	190	18.3
	比较符合	253	24.3

---

① 章淼榕，杨君.从群体心理到认同建构——多学科视角下的身份认同研究述评[J].广东社会科学，2022（2）：202-214.

第六章　空间结构的力量：流动儿童身份建构的空间机制

续表

题项	选项	频次	百分比（%）
在家我喜欢用普通话而不是家乡方言与父母交谈	不太符合	456	43.8
	完全不符合	141	13.6

流动儿童父母有着较长的农村生活经历，且他们的在校接受教育一般也是在农村完成的，已经习惯用家乡方言进行交流。进入城市后改用普通话或城市本地方言对他们来说较为困难，因而流动儿童家庭环境中的交流多用家乡方言。也有24.3%的流动儿童选择"比较符合"，这部分儿童有可能正在努力建构城市人身份。

为了了解流动儿童在学校环境中采用的语言策略，本研究设置B14题"在学校我喜欢用普通话与同学交谈，而不是家乡方言"。对于这一题项，299人选择"完全符合"，占28.8%；368人选择"比较符合"，占35.4%；147人选择"不太符合"，占14.1%；226人选择"完全不符合"，占21.7%（见表6-7）。

表6-7　学校环境中流动儿童语言策略选择

题项	选项	频次	百分比（%）
在学校我喜欢用普通话与同学交谈，而不是家乡方言	完全符合	299	28.8
	比较符合	368	35.4
	不太符合	147	14.1
	完全不符合	226	21.7

从表中数据可知，多数流动儿童在学校愿意选择用普通话与同学交谈，流动儿童选择用普通话进行交流的原因既有主动的成分，也有被动的成分。一方面，流动儿童主动运用普通话与同学交流，可以拉近与城市儿童的心理距离，有利于其学校文化适应；另一方面，普通话在学校是具有主导地位的互动符号，运用普通话进行交流成为流动儿童快速融入班级群体的交往策略。

通过对照流动儿童在家庭与学校两种环境下所采用的语言策略可以发现，流动儿童在家庭环境与学校环境中采取的语言策略刚好相反：在家庭环境中，流动儿童倾向于讲家乡方言；而在学校环境中，流动儿童更喜欢讲普通话。学校环境更加促进流动儿童城市人身份建构，家庭环境则使流动儿童农村人身份得到保存。这样，流动儿童与城市文化空间呈现"马赛克式"融入态势，他们努力融入城市文化空间，同时又保持着自身的文化边界。

二、城乡习惯差异：身份边界的激活

对于B15题"我需要改变自己在农村时的一些习惯才能适应城市学校的生活"，选择"完全符合"的有326人，占31.3%；选择"比较符合"的有339人，占32.6%；选择"不太符合"的有207人，占19.9%；选择"完全不符合"的有168人，占16.2%（见表6-8）。

表6-8　流动儿童城乡习惯差异情况

题项	选项	频次	百分比（%）
我需要改变自己在农村时的一些习惯才能适应城市学校的生活	完全符合	326	31.3
	比较符合	339	32.6
	不太符合	207	19.9
	完全不符合	168	16.2

从表中数据可以看出，多数流动儿童选择了"完全符合"或"比较符合"，这表明大多数流动儿童需要改变自己在农村中的生活习惯才能适应城市学校的生活，反映出城市与农村在生活习惯上的冲突与差异成为流动儿童适应城市学习生活的重要影响因素。

"这里学的东西比老家的难，而且作业也多。在老家和我差不多大的同学都没什么作业的，下午放学了就玩，不像现在，我做作业要做到很晚。补习班也很多，周末也不能玩，都有课外班，我周围的同学差不多都是这样。一周下来累死了，在老家就不会。"（个案S14）

"来到这里上学后我不太适应作息时间，老家的学校中午都是放学回家吃午饭、休息的，然后下午再去学校上课，但是这里中午就不

第六章 空间结构的力量：流动儿童身份建构的空间机制

会回家。我现在还是中午想回家吃午饭，下午总是瞌睡，感觉很不适应。"（个案S27）

"感觉城里人不热情，没啥人情味。我来城里六年了，周围的邻居我还是不熟悉，最多就是打个招呼，大家不会互相串门。这和我在老家一点儿也不一样，老家的邻居们会经常串门，你到我家，我到你家，这样感觉特别亲近，彼此之间特别热情。"（个案S15）

城市与农村在形态上存在较大的差异。斐迪南·滕尼斯按照存在形态的不同将社会形态分为共同体与社会，从而将共同体从以往的"社会"概念中分离出来，成为独立的概念。如果我们将它理解为真实的与有机的生命，那么它就是共同体的本质；如果我们将它理解为想象的与机械的构造，那么这就是社会的概念。①如果共同体中成员存在"主观感受到的（感情的或传统的）共同属于一个整体的感觉"，那么这种组织属于共同体，如果"是理性（价值理性或目的理性）驱动的利益平衡，或者理性驱动的利益联系，这时的社会关系，就应当称为'社会'"②。农村的乡土文化是基于血缘、地缘关系而确立起来的自然关联，在它的内部生成了一套适用于自身的熟人社会运行法则，其存在形态是自然的、有机的。而城市的现代都市文明则充满了人为产生的模式、机制、准则，其存在形态是机械的、人为的。可见，在这个差异性的层面上，城市更趋近于"社会"的概念，而农村更加接近于建立在血缘与地缘基础上的"共同体"。

流动儿童从农村流入城市，经历了空间结构变化，客观环境的变化迫使其从原有的熟悉、确定、可控的乡土文化空间中抽离，去适应新的陌生、不确定、不可控的都市文化空间，这是一个"脱域"（disembedding）的过程。吉登斯认为，在"脱域"过程中，个体将"社会关系从地方性的场景中挖掘出来，然后再使社会关系在无垠的时空地带中进行再链接、再重组"③。文化空间的变化，使流动儿童将自身从乡土文化中"挖掘出来"，在更广阔的都市文化空间中"再链接""再重组"。两种文化要经历长期的冲突、磨合，流动儿童才能适应城市社会的思维与习惯，这是一个充满艰辛的过程。

---

① [德]斐迪南·滕尼斯.共同体与社会——纯粹社会学的基本概念[M].张巍卓，译.北京：商务印书馆，2019：68.
② [德]马克斯·韦伯.社会学的基本概念[M].胡景北，译.上海：上海人民出版社，2020：87.
③ [英]安东尼·吉登斯.现代性的后果[M].南京：译林出版社，2000：18.转引自：潘泽泉.社会、主体性与秩序：农民工研究的空间转向[M].北京：社会科学文献出版社，2007：168.

第四节 "我"可以成为谁：流动儿童身份建构的自我空间机制

一、已有知识经验：建构"我"的原始材料

为探究已有知识经验对流动儿童身份建构的影响，本研究编制了情境题。情境题将被试设计为某一情境的旁观者，是客观中立的存在，因而可以更加准确地反映被试对问题的看法。为了探究流动儿童的身份判断标准，设置B4题"小刚出生在农村，出生不久爸爸妈妈就到城市里打工，住房是租的。小刚一直在农村老家由爷爷奶奶照看，直到入学年龄才被接到城市里上学。小刚的妹妹小玲是在城市出生的，一直生活在城市。对于小刚和小玲是哪里人，你认为（　　）"。对于该题项回答的统计情况如表6-9所示。

表6-9 流动儿童已有知识经验中的身份认知（1）

选项	频次	百分比（%）
在哪里出生就是哪里人，小刚是农村人，小玲是城市人	81	7.8
户口在哪里就是哪里人，小刚和小玲都是农村人	419	40.3
在哪里买房子就是哪里人，小刚和小玲都是农村人	65	6.3
住在哪里就是哪里人，小刚和小玲都是城市人	237	22.8
说不清	238	22.9

B4题涉及出生地、在城市购房情况、户籍所在地、居住地等因素对流动儿童身份判断的影响。从表6-9中的统计数据可知，有81名流动儿童依据出生地判断身份，占7.8%；有419名流动儿童依据户籍所在地来判断身份，占40.3%；有65名流动儿童依据在城市购房情况来判断身份，占6.3%；有237名流动儿童根据现居住地判断身份，占22.8%；另有238名流动儿童选择了"说不清"，占22.9%。可以发现，依据出生地和购房情况判断身份的流动儿童比例较低，依据现居住地判断身份和身份判断标准不明确的流动儿童占比较高。依据户籍所在地判断身份的流动儿童所占比例是最高的。可见，户籍是流动儿童判断身份的最重要标准，很多流动儿童认为户籍所在地是农村的就是农村人，户籍所在

地是城市的才是城市人。现居住地也是流动儿童进行身份判断的主要标准，他们认为现在居住在农村的就是农村人，居住在城市的就是城市人，这可能与流动儿童的现实空间经历有关系，一些流动儿童正在感受城市空间，他们接触城市社会，与城市人进行互动、交流，也正在为融入城市社会而努力，他们会将自己归类为城市人，积极建构城市人身份。另外，选择"不清楚"的流动儿童也占有较大比例，说明这部分流动儿童尚未有一个较为明确的身份判断标准，对身份的感知是迷茫、不确定的，这与本研究对流动儿童身份建构总体现状的实证研究结果是相吻合的，部分流动儿童并没有对身份有较为统一、确切的认识，并且随着他们已有知识经验的不断过滤、修正、更新、再认识，身份判断的标准也将随之变化。从统计数据来看，以出生地作为身份判断标准的流动儿童数量很少，这是因为流动儿童的农村生活经验较少，也没有像其父辈那么深厚的乡土情怀，他们在城市的时间更长，对出生地仅有模糊的碎片化记忆，这也从侧面反映了流动儿童对待身份是较为理性的。在城市购房情况对流动儿童身份判断的影响也比较小，他们并不认为购买城市住房就算城市人，即使拥有城市住房，也不能给流动儿童带来家的感觉，也不会让他们认为自己是城市人，这反映了一些流动儿童在城市社会所体验到的空间区隔比较严重。

B5题"当你遇到下面的场景：城管正在处罚一个外地摆摊的果农，罚款并没收水果。对此你认为（　　）"旨在考察流动儿童根据自身已有知识经验，对权力空间中农村人身份的认知。对这一题项的统计数据如表6-10所示。

表6-10　流动儿童已有知识经验中的身份认知（2）

选项	频次	百分比（%）
城管应该这么做，因为摆地摊违反国家规定，破坏城市环境	232	22.3
双方都有道理，城管是依法办事，果农是为了生活	208	20.0
城管不应该这么做，这是欺负外地农民	336	32.3
城管不应该这么做，因为果农没偷没抢，靠自己的双手吃饭	143	13.8
说不清	121	11.6

由表6-10中的数据可知，认为"城管应该这么做，因为摆地摊违反国家规定，破坏城市环境"的有232人，占22.3%；认为"双方都有道理，城管是依法办事，果农是为了生活"的有208人，占20.0%；认为"城管不应该这么

做，这是欺负外地农民"的有336人，占32.3%；认为"城管不应该这么做，因为果农没偷没抢，靠自己的双手吃饭"的有143人，占13.8%，另有121人选择了"说不清"，占11.6%。可以看出，认为城管不应该处罚外地果农的流动儿童数量最多。具体而言，对城管处罚外地果农的行为持赞同态度的流动儿童占42.3%，持不赞同态度的占46.1%，在对城管的行为持否定态度的前提下，流动儿童对此态度的进一步解释又是不同的，32.3%的流动儿童认为城管处罚果农属于欺负农村人的行为，13.8%的流动儿童是站在果农的立场做出解释，认为果农没偷没抢靠自己的双手生活，是不应该被城管处罚的。持这两种观点的流动儿童数量相差较大，这说明流动儿童在判断城市人行为与农村人行为时，并不仅是表面化的"谁对谁错"的问题，而是更深层次的群体身份对立问题。在流动儿童的已有认知中，农村人身份与城市人身份是对立的，并且农村人身份是处于弱势地位的，是被城市人"欺负"的对象。这种现象会加重流动儿童在身份建构过程中面临的心理冲突，流动儿童可能陷入农村人身份与城市人身份二选一的困境之中，而且这两种在流动儿童看来是对立的身份很可能跨越个体范围，演化为流动儿童群体与城市儿童群体之间的对立，这对流动儿童与城市儿童的互动和交往是不利的。

通过编制B6题"当你遇到下面的场景：大街上一个城市人和一个农民工在吵架，你认为（　　）"，考察在非权力空间中流动儿童对城市人身份与农村人身份的认知状况。这一题项的统计数据如表6-11所示。

表6-11 流动儿童已有知识经验中的身份认知（3）

选项	频次	百分比（%）
是城市人的错，城市人欺负外地人	52	5.0
是农民工的错，一定是农民工有错在先，城市人才和他（她）吵架的	240	23.1
先弄清楚他（她）们是为什么吵架，再判断谁对谁错	422	40.6
说不清	326	31.3

由表6-11可知，有52名流动儿童认为"是城市人的错，城市人欺负外地人"，占5.0%；有240名流动儿童认为"是农民工的错，一定是农民工有错在先，城市人才和他（她）吵架的"，占23.1%；有422名流动儿童认为"先弄清楚他（她）们是为什么吵架，再判断谁对谁错"，占40.6%；另有326名流动儿

童选择"说不清",占31.3%。由此可知,较多流动儿童在面对城市人与农村人之间的冲突时能够理性对待,他们不会盲目认为谁对谁错,而是根据具体情况做出判断。这与对城管与农民的冲突做出的判断形成对照,当城市人与农村人的对立不涉及权力色彩时,流动儿童不认为农村人是被城市人欺负的对象,从统计结果可以看出认为"是城市人的错,城市人欺负外地人"的流动儿童人数是最少的,只占5.0%,这反映了在流动儿童已有知识经验中,存在农村人与城市人平等的知识库存,当面对农村人与城市人的冲突时,不会预设两个群体的对与错,而是更加倾向于理性判断。有31.3%的流动儿童选择"说不清",这说明这部分流动儿童仍然不能对农村人与城市人的冲突做出清晰的判断。另外,有23.1%的流动儿童认为"是农民工的错,一定是农民工有错在先,城市人才和他(她)吵架的",这表现出这部分流动儿童对农村人身份的不自信,在其身份建构过程中,很可能会选择脱离农村人群体向城市人群体靠拢的身份进取策略,积极建构城市人身份。

对于B7题"当你遇到下面的场景:小华是班里的城市学生,小丽是农村学生。课间二人有如下对话。小华说:'不应该在田里烧秸秆,烧秸秆污染空气。'小丽说:'应该烧秸秆,农村人都烧秸秆,城市的工业废气、汽车尾气更污染空气。'对此你认为( )",认为"小华说的对,因为焚烧秸秆造成空气污染,是违反规定的不文明行为"的人数为300人,占28.8%;认为"小丽说的对,因为焚烧秸秆简单方便,而且还能为来年的庄稼提供养料"的人数为182人,占17.5%;认为"小丽说的对,相比农村人,城市人造成的空气污染更严重"的人数为222人,占21.3%,另有336人选择"说不清",占32.3%。统计数据详见表6-12。

表6-12 流动儿童已有知识经验中的身份认知(4)

选项	频次	百分比(%)
小华说的对,因为焚烧秸秆造成空气污染,是违反规定的不文明行为	300	28.8
小丽说的对,因为焚烧秸秆简单方便,而且还能为来年的庄稼提供养料	182	17.5
小丽说的对,相比农村人,城市人造成的空气污染更严重	222	21.3
说不清	336	32.3

可以看出，大多数流动儿童能够较为理性地站在客观公正的角度对待焚烧秸秆的问题，认为焚烧秸秆造成空气污染，是违反规定的不文明行为。17.5%的流动儿童认为农村人应该焚烧秸秆，并且站在农村人的角度做出了解释，认为这能给农民带来好处，这部分流动儿童更有可能建构农村人身份，认为农村人是自我身份归属。也有21.3%的流动儿童的观点仍然包含农村人与城市人身份的矛盾与对立，认为农村人焚烧秸秆的行为正确，原因是城市人比农村人造成更加严重的环境污染。这部分流动儿童并不是站在理性、公正的角度去评判焚烧秸秆的行为，他们的评价标准来源于对农村人群体与城市人群体矛盾对立的比较，以此为依据，对城市人做出否定评价，其中隐含对农村人群体的肯定与袒护。这部分流动儿童更倾向于建构农村人身份，他们会调适群际身份比较标准，以肯定自身所在的群体。另有32.3%的流动儿童选择"说不清"，所占比例较高，这可能是多方面因素造成的。首先，这部分流动儿童可能正处于身份建构过程中的身份感知、身份冲突、身份调适阶段，尚未形成稳定的身份认同，因而其观点不具有内群体倾向。其次，可能这部分流动儿童没有形成稳定、一致、统一的身份认同，他们在农村人与城市人身份之间犹豫不决，身份认同具有不确定的特点，因而很难做出判断。最后，与其父辈相比，流动儿童的农村生活经历较少，流动儿童头脑中关于农村生活的知识储备有限，因而无法做出确定的判断。

综上所述，流动儿童自身已有知识经验是其进行身份建构的因素之一，流动儿童会依据已有知识经验对情境问题做出判断，并对自己进行身份归类：或将自己归类为城市人，站在城市人视角看问题，或将自己归类为农村人，建构农村人身份认同，站在农村人的视角做出判断。流动儿童在已有知识经验基础上建构身份这一过程反映出以下问题：其一，户籍所在地依然是流动儿童判断身份的重要标准，想要流动儿童更好地融入城市社会学习生活，就必须打破户籍屏障；其二，在部分流动儿童已有知识经验中，农村人群体与城市人群体存在的冲突是根深蒂固的，这使得流动儿童在身份建构过程中将面临更多的心理冲突，只有在流动儿童身份建构过程中，为其提供必要的支持，才能促进其建构稳定、健康的身份认同，从而养成健全人格；其三，农村人群体在流动儿童已有知识经验中属于弱势群体，在城市权力空间的运行过程中，农村人在流动儿童眼中是"被欺负"的形象，这种权力空间中的身份不对等很容易延伸至其他领域，如流动儿童与城市儿童互动空间，容易造成人际冲突甚至群际冲突，不利于流动儿童的城市适应与融入。

二、身份调适策略：身份材料的自我加工过程

流动儿童作为社会行动者，其身份建构不仅是外部空间结构作用的结果，也是自我身份管理策略的选择。虽然青春期晚期是身份认同危机的明显阶段，但是身份认同并不是从这个阶段开始的，也不会在这个阶段结束，对于个体而言，身份认同很大程度上会无意识地贯穿其一生。①流动儿童身份建构过程是一个反复进行自我解构、调适、再建构的过程，在社会行动中流动儿童不断修正、反思，从而建构身份认同，这一过程将是持续一生的。

由社会建构理论可知，流动儿童具有通过积极的身份认同获得自尊的内在需求，从而更加积极、健康地融入城市生活与学习。本研究通过实际调查发现，除了外部机制对流动儿童身份建构产生作用以外，流动儿童自身也会采取身份调适策略，通过持续不断地进行身份调适、修正，形成身份认同。总的来说，流动儿童的身份调适策略分为三种：一是身份进取策略，这些流动儿童会选择向城市人身份靠拢，积极努力成为城市人，进而适应城市学习和生活；二是身份防御策略，这些流动儿童并不期望成为城市人，而是倾向于维持原有的农村人身份认同，在行动中极力维护自身农村人自尊，保护自身农村人身份免受侵犯；三是调适身份比较标准，这些流动儿童会调适农村人与城市人身份的比较标准，从一系列群体身份比较标准中挑选出有利于农村人群体的标准，作为自身建构身份认同的依据。

不同群体身份比较标准也会影响流动儿童身份建构。为了真实反映流动儿童内心中城市人与农村人身份比较的标准，本研究在已有访谈资料以及文献资料基础上，总结得出了四个具有代表性的身份比较标准，分别为智力因素、道德品质因素、学业成就因素、家庭经济资本因素。为了更贴近流动儿童生活实际，便于其理解问题，本研究将选项转化为流动儿童更易于理解的表达方式，即"聪明""懂事""成绩好""有钱"。本研究设计题项B2"与你相比，你觉得城市同学更（　）"与B3题"与城市同学相比，你觉得自己更（　）"，两个题项所给的选项均为"聪明""懂事""成绩好""有钱"，以期通过这两个题项探索不同群体身份比较标准对流动儿童身份建构的影响。

在对B2题的回答中，有156人选择"聪明"，占15.0%；有140人选择"懂

---

① [美]爱利克·埃里克森.身份认同与人格发展[M].王东东，胡藐，译.北京：世界图书出版有限公司北京分公司，2021：135.

事"占13.5%；有294人选择"成绩好"，占28.3%；有450人选择"有钱"，占43.3%。统计数据详见表6-13。从统计数据中可知，在流动儿童心里，城市同学群体与自己相比的优势在于"成绩好"和"有钱"，其中选择"有钱"的流动儿童比例最高，说明流动儿童在家庭经济基础这一身份比较标准上，认为自己是不如城市同学的。同时，选择"聪明"、"懂事"选项的流动儿童分别占比15.0%、13.5%，低于其他两个身份比较标准，说明流动儿童对自己在智力与品质两个方面依然持有肯定态度，他们并不认为城市同学必然比自己更聪明、更懂事。

表6-13 流动儿童主观感知的城市学生身份比较优势

题项	选项	频次	百分比（%）
与你相比，你觉得城市同学更（ ）	聪明	156	15.0
	懂事	140	13.5
	成绩好	294	28.3
	有钱	450	43.3

对于B3题的回答，选择"聪明"的有321人，占30.9%；选择"懂事"的有451人，占43.4%；选择"成绩好"的有198人，占19.0%；选择"有钱"的有70人，占6.7%。统计数据详见表6-14。可以看出，与城市同学相比，流动儿童认为自己的最大优势在于"懂事"，其次是"聪明"，这两项分别占比43.4%、30.9%，而认为自己比城市同学"成绩好"的流动儿童数量则少了许多，共198人，占比19.0%，认为自己比城市同学"有钱"的流动儿童数量最少，共70人，仅占比6.7%。这说明在智力、道德品质、学业成就、家庭经济资本四个身份比较标准上，流动儿童更倾向于肯定自身的道德品质与智力，而对学业成就与家庭经济资本则显得不自信。

表6-14 流动儿童主观感知的自我身份比较优势

题项	选项	频次	百分比（%）
与城市同学相比，你觉得自己更（ ）	聪明	321	30.9
	懂事	451	43.4

续表

题项	选项	频次	百分比（%）
与城市同学相比，你觉得自己更（ ）	成绩好	198	19.0
	有钱	70	6.7

对B2题与B3题进行综合比较分析可知，流动儿童对于城市人或农村人身份的比较优势是有着自己的比较标准的，在与城市同学进行身份比较的过程中，流动儿童认为自己最大的优势在于"懂事"，这属于个体道德品质维度上的标准，而流动儿童认为城市同学与自己相比最大的优势在于"有钱"，这属于家庭经济资本维度上的比较标准。可见，流动儿童认为自己群体的身份比较优势在于道德品质方面，城市儿童群体的身份比较优势在于家庭经济资本方面。

基于不同的身份比较标准，流动儿童建构出与之相应的身份认同。流动儿童在建构农村人身份认同的过程中，会倾向于选择道德品质维度的比较标准，突出自身群体优势，进而建构对农村人身份的认同。

"农村人吃苦，其实城市里好多脏活累活都是农村人干的，盖房子、清扫街道，这些活不起眼，但是对人们的生活很重要。"（个案S19）

同时，流动儿童也会通过贬低城市儿童的比较优势或者突出城市儿童的相对劣势从而获得农村人身份认同。

"城市的同学总是浪费东西，那么好的东西还能用呢就扔掉了。"（个案S2）

而在建构城市人身份过程中，一些流动儿童采用相反的身份比较标准，他们通过否定农村儿童比较优势而解构农村人身份认同。还有一些流动儿童通过肯定城市儿童的比较优势而建构城市人身份认同。

"农村来的朋友都老土，什么也不懂，我喜欢和城里朋友一起玩，他们知道的东西特别多，跟他们一起玩我也长见识。"（个案S26）

第七章 流动儿童身份建构的教育干预策略

第一节 打破制度化身份壁垒，建立公平包容的制度空间

一、从流动儿童立场与需求出发，平衡制度理性的内在张力

制度理性内部可以分为制度的工具理性与价值理性。制度的工具理性是从制度管理功效最大化出发，具有目标明确、操作程序精准以及可计量化结果的特征，优先考虑成本与收益，强调制度的可操作性与实用性，以是否达到预期管理效果作为评判制度的标准。而制度的价值理性则从以人为本的价值观出发，注重人性价值的彰显，维护人的权利，强调制度服务于人的核心宗旨，最终将是否给人带来福祉作为评判制度的标准。长期以来，有关流动儿童各项制度的制定，多是从如何达到管制目的的工具理性出发，忽视了流动儿童的主体性与能动性，流动儿童成为制度的被动承受者，其自身的特征、价值一直被有意无意地忽视了。

个体的需要不是停留在最基本的生存与安全保障层面，还有更高层次的精神与情感需要。就制定流动儿童相关制度而言，不仅要考虑到流动儿童来到城市社会后的吃饭穿衣、人身安全的底线需要，还要考虑其适应城市的学习与生活、获得归属感、人格尊严受到他人尊重，以及获得自我实现的高层次需要。在流动儿童就学的需要方面，流动儿童需要的不仅是在城市有学上，还包括对优质教育资源的需要。因而在流动儿童相关制度的制定上，要充分考虑流动儿

童的真实需要,从流动儿童立场出发,把握好制度理性中工具理性与价值理性的张力。为此,流动儿童有关制度的制定要充分考虑流动儿童需要的特殊性。2015年美国发布的《每个学生都成功法》(*Every Student Succeeds Act*,ESSA)中,对流动儿童需要的表达由之前的"special educational needs"改为"unique educational needs",体现了制度制定过程中对流动儿童特殊性的价值理性考量,突出了满足流动儿童独有的、特殊的需求。[①]对于流动人口而言,城市已经不再仅仅是一个临时落脚点,流动儿童需要的也不只是眼下的学习与发展,更着眼于未来的升学与就业,因此为流动儿童提供的公共教育应当为其终身学习奠定基础,为流动儿童提供必要的生涯教育规划指导,为流动儿童适应城乡空间结构变化提供教育支持。

二、深化户籍制度改革,维护流动儿童公平受教育的权利

流动儿童虽然身在城市,但是其身份在制度上依然属于农村,与身份相对应的是其享有的权利、福利,流动儿童享有的教育权利、福利与城市儿童相比存在差异。为此,只有深化户籍制度改革,才能维护流动儿童公平受教育的权利。

首先,建立以居住证为依据的流动儿童就学准入机制。随着城镇化进程的深入,原有僵化的户籍制度已然不符合人口流动形势的新需求,为此,国家进行了户籍制度改革。2011年2月,《国务院办公厅关于积极稳妥推进户籍管理制度改革的通知》指出,要下大力气解决农民工子女在城市入学方面的问题,还规定今后出台有关就业、义务教育、技能培训等政策措施,不要与户口性质挂钩,继续探索建立城乡统一的户口登记制度。2014年出台的《国家新型城镇化规划(2014—2020年)》明确规定,将农民工随迁子女义务教育纳入各级政府教育发展规划和财政保障范畴,保障流动儿童以公办学校为主接受义务教育。对未能在公办学校就学的流动儿童,保障其在普惠性民办学校接受义务教育的权利。2014年7月,为适应推进新型城镇化需要,国务院出台《关于进一步推进户籍制度改革的意见》,强调发展目标是:进一步调整户口迁移政策,统一城乡户口登记制度,全面实施居住证制度,稳步推进义务教育、就业服

---

① 陈留定,于海波.美国流动儿童教育"综合需求评估"项目述评[J].中国特殊教育,2021(3):53-59.

务、基本养老、基本医疗卫生、住房保障等城镇基本公共服务覆盖全部常住人口。为了保障公民合法权益,推进城市公共服务普遍惠及常住人口,2014年12月,国务院法制办正式公布了《居住证管理办法(征求意见稿)》建立了以居住证为载体的基本公共服务提供机制,明确规定,公民离开户籍地到其他城市居住半年以上,符合有稳定就业、稳定住所、连续就读条件之一的,可以申领居住证,居住证持有人可与当地户籍人口享受同等的免费义务教育、平等劳动就业等基本公共服务,并可逐步享受同等的就业扶持、住房保障、养老服务、社会福利、流动儿童(青少年)在当地参加中考和高考的资格等权利。

其次,将教育权益福利的分配与户籍剥离,使流动儿童获得与城市儿童平等的对待。城乡二元户籍制度造成的不仅仅是身份上的不同,更是捆绑于户籍之上的城市公共服务与福利的差别。①要保证流动儿童公平受教育权利,就必须剥离户籍所附带的福利和特权。一是要树立以人为本的发展理念,不论是农村儿童还是城市儿童,都是未来国家的建设者和接班人,教育权益与福利的分配应当坚持人性化原则,满足流动儿童最急需、最迫切、最直接的现实需要。二是全面取消流动儿童在城市参与教育权益与福利分配的户籍限制,流动儿童应当以城市居民身份而不是外来农村人身份参与教育活动。

三、加快异地升学考试制度改革,跟进完善相关配套支持机制

随着流动儿童数量规模的不断扩大,流动儿童在流入地城市完成义务教育人数不断增多,流动儿童在接受完规定年限教育后在流入地城市参加升学考试的问题日益突出。

2012年8月出台的《关于做好进城务工人员随迁子女接受义务教育后在当地参加升学考试工作的意见》,提出保障流动儿童在接受义务教育后参加升学考试的权利,鼓励各地因地制宜制定流动儿童在当地参加升学考试的具体条件,制定具体办法。充分尊重流动儿童对考试地的选择权,对于返回流出地参加升学考试的流动儿童,流出地和流入地政府及相关部门要积极配合,做好政策衔接,保障流动儿童考生能够按时参加流出地升学考试,有条件的流入地可提供借考服务。此后,各地先后出台流动儿童异地升学考试方案,允许流动儿

---

① 韩嘉玲,余家庆.离城不回乡与回流不返乡——新型城镇化背景下新生代农民工家庭的子女教育抉择[J].北京社会科学,2020(6):4-13.

童（青少年）在流入地城市参加中考、高考。然而，国家教育政策与地方政府、不同地方政府之间难免存在衔接上的冲突，教育资源供给与流动儿童实际教育需求之间也存在一定冲突，导致流动儿童异地升学制度还存在继续完善的空间，因而加快异地升学考试制度改革，跟进完善相关配套支持机制刻不容缓。

应当注意的是，异地升学制度的不完善只是流动儿童异地升学难题的表面原因，如果彻底取消异地升学门槛，势必使得大量考生涌入教育资源优渥的沿海经济发达城市或者考试竞争不激烈的城市，造成新的教育不公平，因而在改革异地升学考试制度的同时，必须跟进完善相关配套支持机制。首先，将异地升学考试与户籍分离，改以学籍为流动儿童异地升学报名条件。流动儿童大多在城市入学一定年限，因而对于流动儿童来说，拥有城市学校的学籍不是问题，问题仅在于流动儿童不具备城市户籍。为此，以学籍为流动儿童异地升学考试的报名条件，将使流动儿童升学与户籍分离，解决升学与户籍捆绑的问题，促进流动儿童获得在城市继续接受教育的平等权利。其次，提升流入地政府公共服务能力，建立财税制度的成本分担机制，流动儿童教育问题的本质是流入地政府的公共服务承载能力问题，是农村转移人口市民化的成本问题，因而必须改革财税制度和教育投入制度，建立健全包括教育在内的农业转移人口市民化成本分担机制。此外，还要大力发展流入地城市中等阶段教育，为流动儿童提供充足的中等教育入学机会。

第二节　发挥家校协同育人力量，建立关怀与民主的互动空间

一、加强教师反思与机制支持，建构关怀接纳的师生互动空间

首先，教师要转变教学与管理理念，以包容的心态接纳流动儿童。教师与流动儿童在教学过程中面临双重师生冲突：一是一般意义上的师生冲突，即教师"教"与学生"学"之间的矛盾；二是教师与流动儿童之间存在特有的文化隔阂，教师"教"的过程趋向于符号性、抽象性，而流动儿童的文化则具有乡土性、直观性与简略性，与教师文化形成鲜明反差。受现代工具理性价值观念影响，教师通常将注意力聚焦于如何实现教学过程的顺畅性与有效性，缺乏对

流动儿童的可接受性做出考量,导致教师的"教"与流动儿童的"学"之间产生文化机制的隔阂,而教师却往往执着于课堂教学进度与效率,全然不觉这种文化机制的差异,这导致师生之间"不情愿的冲突"。①

教师对流动儿童存在刻板印象,容易将流动儿童与城市儿童区分管理。教师认为流动儿童具有自卑、内向、勤奋、诚实和孤僻的性格特质,在学业表现、家庭环境、生活习惯上,教师对流动儿童的印象较差,认为流动儿童不如城市儿童。②在刻板印象支配下,教师容易将流动儿童与城市儿童进行比较,并针对不同身份采取不同的管理策略,而这种实践又会不断强化刻板印象,长此以往,流动儿童与城市儿童的边界会越来越清晰,容易产生造成群际冲突,教师的负面评价也会反馈到流动儿童身上,容易导致流动儿童自我否定、自暴自弃。对此,教师应当正视自身与流动儿童之间存在的双重矛盾,理解流动儿童的阶层处境,在教学过程中给予流动儿童适当的补偿。在班级管理中,对流动儿童与城市儿童要一视同仁,接纳流动儿童,平等对待流动儿童,还要发现流动儿童身上的优点与长处,激励其更好地发挥长处,对于不足之处要恰当反馈,反馈中也要对流动儿童的努力和成绩予以肯定,并向流动儿童详细解释其错误或不足之处,引导其形成恰当、正确的思维。

其次,教师要关心鼓励流动儿童,为流动儿童提供情感支持。教师作为流动儿童学习生活中的重要"他者",对流动儿童产生重要影响。教师对流动儿童的冷漠、排斥、忽视会抑制流动儿童的行为动机,而当教师对流动儿童持鼓励和关怀态度时,流动儿童的内在动机得到强化,会更加充分地挖掘自己内在的潜能,积极主动地提升自我。在流动儿童身份建构过程中难免会遇到困难,教师应当给予流动儿童及时有效的关怀和鼓励,而不是视而不见。研究中建构"不是农村人,也不是城市人"的流动儿童内心饱受折磨,他们急需教师提供必要的情感支持,以帮助他们平稳适应新的城市学习环境。教师的关怀应当及时而全面。一方面,教师的关怀要及时。在流动儿童来到城市环境初期,与农村空间中的血缘关系、地缘关系等网络相脱离,还要面临城市社会再嵌入风险,此时的流动儿童最需要获得教师的关怀、鼓励、肯定,教师的关怀有利于提升流动儿童的学校适应能力,在教师的关怀下,流动儿童能够更加积极主动地融入新的学习环境。另一方面,教师的关怀要全面。流动儿童在学业成绩、

---

① 明庆华,胡勇.流动儿童与教师冲突的归因与消解[J].中国教育学刊,2016(6):38-41.
② 汪传艳,林芸.流动儿童发展的再审视——基于中小学教师刻板印象的研究[J].当代教育论坛,2019(4):50-59.

家庭环境、生活习惯上要逊色于城市儿童，这要求教师不仅关心流动儿童的学业成绩，还要关注流动儿童家庭生活情况，督促流动儿童养成良好的生活习惯，对流动儿童要有耐心，理解流动儿童的不利处境多是家庭造成的，而不是流动儿童自身能力欠缺。对于流动儿童的缺点与不足之处，教师要有包容的心态，不能因为流动儿童的缺点而否定其品质、能力，避免由于教师排斥、否定引发流动儿童出现心理或行为问题。

最后，改革现有教师评价体制，避免教师对流动儿童的排斥心理。一是改革教师评价体制，弱化以追求绩效为核心的教师评价理念。以绩效为核心的教师评价标准是以优胜劣汰的思维逻辑为主导的，而流动儿童相较于城市儿童本身就属于弱者，如果继续以追求绩效为教师评价的核心驱动，必将产生"马太效应"，流动儿童将会被人为地边缘化，甚至遭到教师的区别对待。二是创新现有教师评价体制内容，使教师评价内容适当向流动儿童倾斜。已有教师评价内容主要包括教师的专业技能、师德师风、组织管理等，在流动儿童比例高的学校，应当根据自身实际情况，增设有关流动儿童发展的教师评价内容，从而使流动儿童的发展得到机制上的支持与保障。

二、提升父母的亲职教育能力，营造民主型亲子互动空间

首先，改变物质驱动的家庭教育观念，注重子女未来长远发展。流动儿童家长认为教育的功能在于带来物质利益，即读书是为了赚钱，这是一种功利化的教育观念，在这种观念的驱动下，流动儿童家庭过于关注教育能够给子女及家庭带来的物质收益。当教育没有带来他们预期的物质收益时，他们便会产生"读书无用论"的价值判断。为此，应当改变"读书是为了赚钱"这种单纯物质驱动的教育观念，看到教育在提高流动儿童心智、能力、情感以及行为习惯上的功能。这样才能端正流动儿童的学习态度，知道学习是获得自我实现与人格健全发展的有效途径，而不仅仅是谋取物质利益的工具。

其次，提升父母的亲子沟通能力，引导父母尊重子女的意见与想法。流动儿童家庭中的亲子沟通多是单向度的父母裁决，而不是双向互动协商的，父母缺乏沟通能力。由于父母不知道怎样与子女进行良性互动，所以在遇到较为复杂的互动问题时，父母通常"以不变应万变"地运用家长权威对子女进行压制，长此以往将导致亲子沟通不畅，父母无法走进子女的心灵世界，许多流动儿童在与父母的互动中处于沉默不语的状态，既不合作也不沟通。因而，父母

要尊重子女的意见，聆听子女的心声，允许、鼓励子女表达自己的见解与想法，营造民主型亲子互动空间。

再次，加强父母对子女行为的管理能力，化解亲子互动冲突。流动儿童家长权威具有随意性的特点，表现为遇事不分青红皂白，极有可能出于情绪化而随意滥用家长权威，这容易产生亲子互动冲突。特别是对于处在青春期、情绪不稳定的流动儿童而言，家长权威的随意性极有可能产生亲子对抗甚至过激行为。为此，提升父母对子女行为的管理能力是相当重要的。受到自身学历水平、教育能力的限制，流动儿童父母往往不了解如何管理子女，这便需要第三方公益教育机构的支持。它们依托当下发达的网络教育平台，为流动儿童父母提供子女行为管理的系统课程。例如美国的"魔法教养1-2-3"项目，专门为流动儿童父母群体设计儿童问题行为的案例课程，通过案例中的情境，帮助父母掌握在现实情境中改善子女行为的具体策略，如暂时隔离、差别强化等。①提升父母辨别子女问题行为的能力，针对问题行为利用家长权威，恰当处理子女问题行为，而不是漫无目的地随意使用家长权威，有利于制止子女的消极行为，化解亲子互动冲突，增进亲子感情。此外，流动儿童父母还需要加强对子女的榜样教育，仅依靠外力支持是不够的，只有父母以身作则，为子女树立良好的行为榜样，才能使积极行为内化为流动儿童自己认可的行为准则。

最后，提升流动儿童父母的教育参与程度与质量。一方面，流动儿童父母的教育参与程度较低，往往不能了解子女学业的具体情况，这就需要父母提高教育参与意识，关注子女的学业进展，参与到子女的教育当中来。当前，父母参与子女学习多具有外部强制性、被动性的特点，流动儿童父母多是被要求监督子女完成作业并签字，或者按要求到学校参加活动等，这些都将父母作为被动的客体，削弱了流动儿童父母教育参与的积极性和主动性，为此应当唤起流动儿童父母教育参与的主动性，让其意识到自身在子女教育中的重要性，激发其教育参与的意识。学校可以通过现有的网络平台资源，宣传父母教育参与的相关知识，促使父母参与子女的学习与生活；社区应当鼓励流动儿童父母与其子女一起参加公共活动。另一方面，调查发现很多时候流动儿童父母并不是不想参与，而是缺乏教育参与的能力，他们受限于自身的受教育水平，辅导子女课业的能力有限，而且有研究也证实了流动儿童父母参与对学业成绩的促进作

---

① 汪传艳，雷万鹏. 美国流动儿童家庭教育指导服务的内容及其特征分析[J]. 外国教育研究，2020（8）：28-41.

用低于其他儿童[1]。这说明,流动儿童父母的教育参与不仅仅是程度不够,更重要的是教育参与质量偏低。根据流动儿童家庭实际状况,可以通过父母对子女的情感期待与民主型亲子沟通的方式来提升父母教育参与的质量。虽然流动儿童父母难以抽出大量时间参与子女学业,但是通过情感期待与鼓励,以及恰当的亲子沟通,同样可以达到激发流动儿童学习内驱力的效果。学校在此过程中也应当发挥其职能,通过举办家庭教育指导会、家长讲堂等形式传播教育参与知识,通过典型案例的宣传分享教育参与经验。

三、优化家校合作体制机制,缓解家校沟通矛盾

首先,家长要纠正家校合作观念的偏差,意识到自己在家校合作中的重要作用。有流动儿童家长认为,教育是学校与教师的职责,自己将孩子送到学校,孩子的教育应当由学校与教师全权负责,这是流动儿童家长家校合作观念的偏差。有研究发现,在与学校充分沟通的家长中,教师主动沟通的情况更多。[2]许多家长认为他们的主要责任在于对孩子道德品质的培养,至于其子女在学业方面的发展应当是教师的责任,他们不习惯教师与自己在子女学业上是平等合作的关系,常常表现出对教师或教师职业的高度尊重。正因如此,这类家长参与学校活动并不积极,特别是当教师安排的某些活动打乱他们正常的生活节奏时。[3]家长应当及时关注子女学业生活动向,利用微信等,积极向教师反映情况,获得教师的协助。

其次,丰富家校合作内容,创新家校合作模式。目前。家校合作模式主要包括规定条文、学校通知、家校网络交流平台、家长委员会等。这些家校合作模式要么忽视了家长的主导地位,要么没有将教师与学校的功能充分发挥出来,因而应当丰富家校合作内容,创新家校合作模式。仅仅局限于旧模式的家校合作,会加剧流动儿童家长的边缘化,其积极性将会严重减退,这对流动儿童的学业发展是不利的。在国外,流动儿童家长与学校展开合作有着较为丰富

---

[1] 童星.父母参与对我国中小学生学业成绩的影响——基于29篇定量研究的元分析[J].基础教育,2022(4):76-83.
[2] 高一然,边玉芳.流动儿童家校合作特点及其对儿童发展的影响[J].中国特殊教育,2014(6):54-60.
[3] Vera E M, Heineke A, Carr A L, et al. Latino Parents of English Learners in Catholic Schools: Home vs. School Based Educational Involvement[J]. Journal of Catholic Education, 2017(2):1-29.

的内容与形式,其中一些家校合作模式颇具创新理念。如在美国印第安纳州福特韦恩地区的社区学校,实施了"家庭帮助家庭计划"(Families Helping Families),让迁入本地区两年以上的流动家庭与新迁入的流动家庭结对,学校通过安排学生与家长午餐聚会的方式,促进新生流动儿童与有流动经验的儿童取得联系获取帮助,这有利于增强新生流动儿童的校园文化适应力与城市社会融入能力。① 一些师资短缺的地区通过利用在校大学生资源辅助流动儿童家校合作,比如美国的加利福尼亚州实施了"迷你教师计划"(MCP),选拔一批在校大学生在暑期对流动儿童进行学业辅导,并担负起联络流动儿童家庭与学校的职责。②

最后,增进教师与家长的相互理解,增强教师与家长的沟通技能。流动儿童家长与教师之间的理解鸿沟不仅体现在城乡地域上,更表现在阶层差异上。与流动儿童家庭相比,城市中产家庭与教师所处阶层更相似,城市中产阶层家长在与教师沟通时表现得更加顺畅,更乐于与教师主动联系,而流动儿童家长则不愿意与教师主动沟通。一方面,迫于生计,流动儿童家长从事的工作劳动时间长,劳动强度大,即使自己对子女的学业满怀期待,也常常面临力不从心、投入程度低等问题。另一方面,教师与家长不同阶层的沟通方式往往容易引发家校沟通矛盾,在经历不愉快的家校沟通体验后,教师通常会选择有意无意地避开与流动儿童家长沟通,导致家校沟通隔阂深化。教师是从事教育教学工作的专业人员,教师的专业角色规定了其应当具备与家长沟通的技能技巧,流动儿童家庭在各方面处于城市社会的弱势地位,因而单纯依靠流动儿童家长的力量去改善家校沟通是不现实的,必须发挥学校的职责功能,提升教师的沟通技能技巧。学校应当将家校合作制度化,建立家长与学校、教师对话合作的机制,定期举行学校与家长对话的活动,为家长提供咨询服务,提供教师与家长沟通技能技巧培训平台,增强教师与流动儿童家长的沟通能力。针对流动儿童家长在家校合作中的被动地位,学校应当鼓励流动儿童家长成为家校合作的活动设计者与决策者,让其意识到被动参与和主动设计决策的不同效果,激发家长参与家校合作的主动性。

---

① Fowler-Finn T. Student Stability vs.Mobility[J].School Administrator,2001(7):36-40.转引自:石人炳.美国关于流动儿童教育问题的研究与实践[J].比较教育研,2005(10):29-33.
② Congress of the U. S., Washington D.C. Senate, Title I: Migrant Education Program, Washington: Office of Elementary and Secondary Education,1981:4.转引自:于海波,陈留定.美国流动儿童教育融入问题的解决路径及启示[J].社会科学战线,2019(8):234-242.

第三节　创设融合包容的文化空间，促进流动儿童平稳适应学校文化

一、守护多元融合的学校文化，激发流动儿童学校适应动力

其一，学校要树立多元融合的教育理念，平等对待流动儿童，消除歧视。学校文化为其成员的精神成长提供空间、时间和养料，学校文化建设是完善价值系统、让生活值得一过的最佳方案。[①]学校文化为学生精神成长提供空间，因而学校文化应当是面向精神价值的，然而，在当今时代，学校文化往往难以逃离物质、绩效、升学率的操控。学校文化本应充满平等、公正、多元、互助、接纳、包容精神，并在这样的多元融合文化下，让每个学生拥有公平的受教育机会，平等地享有通过努力获得成功的权利，未来可以充满自信地面对社会生活。学校应努力守护学校文化净土，消除在招生录取时对流动儿童的排斥，避免将流动儿童单独编班，人为制造差异化的教育空间。

其二，教师要积极关注流动儿童，满足流动儿童差异化需要，促进流动儿童平稳适应学校环境。教师是流动儿童建构身份认同的重要"他者"，教师的言行对流动儿童会产生深远的影响。流动儿童是千差万别的，其个体内在需要各不相同，教师要积极关注流动儿童，满足其差异化需要。不同学业成就的儿童对于教师的期待是不同的，高学业成就儿童希望教师对自己保持高水平的激励，激发其学习动力，而低学业水平的儿童则更希望从教师那里获得理解与鼓励。[②]为此，教师应当因人而异地满足流动儿童的差异化需要，促进流动儿童与城市儿童的协作与融合，促使流动儿童尽快适应学校生活。

其三，同伴要善意接纳流动儿童，为流动儿童适应学校提供情感支持。学者吉普森通过研究发现，美国少数族裔儿童会在一定情况下遵守主流群体的行为方式，而在其心里仍然保持本族裔的身份认同，这一现象被称为"适应但不

---

① 张东娇.学校文化建设成就美好教育生活[J].中国教育学刊，2019（4）：48-52.
② [法]玛丽·杜里-柏拉，阿里斯·冯·让丹.学校社会学[M].2版.汪凌，译.上海：华东师范大学出版社，2001：136.

同化"(accommodation without assimilation)。①在本族裔群体中,努力学习的学生被认为是向白人群体靠拢的行为,而实际上这些努力学习的儿童只是希望通过自己的努力获得本族裔群体成员的认可,其依然保持着本族裔身份认同。在流动儿童群体内部,同伴之间要加强相互理解与包容,用正确的心态来看待其他流动儿童积极建构城市人身份的行为倾向,而不是将其视为"叛徒"而孤立或仇视对待。城市儿童要主动接纳流动儿童,淡化城乡身份区分意识,避免做出为满足自己的虚荣心而伤害流动儿童自尊的行为。学校要为流动儿童提供更多建立同伴关系的机会,充分利用学校、班级、社团活动,培养不同年级、不同班级学生互助合作的能力。教师可依托课堂教学与丰富多彩的班级活动,消除流动儿童交往障碍,促进流动儿童与城市儿童的文化融合,培养学生珍爱友谊的情感与态度,在互动合作中感受到彼此的善意,体会到城乡文化融合带来的新鲜感与满足感。

二、提供系统的社会支持网络,建构开放包容的城市空间

外来务工人员流入城市需要适应城市本地文化,而城市本地文化并不是他们已经习惯了的那种乡土文化,与乡土文化的分离容易引发他们的失落感与内疚感,而一些城市居民对外来务工人员的排斥、隔离,也容易给他们带来压力。他们的这种负向影响很容易传递到其子女身上,导致流动儿童感觉自己不属于学校。流动儿童还会受到偏见、歧视、消极态度的影响。一项研究指出,有大约45%的参与者认为外来流动人员给城市带来负面影响,外来流动人员应当被排除在主流群体之外。②加强流动儿童的城市文化适应,离不开社会力量的支持。要发挥社会力量的积极作用,促使城市居民以开放包容的心态真正接纳流动儿童。

首先,建立政府、学校、家庭、社会四位一体的支持网络。政府要履行职责,完善政府对流动儿童的社会救济。流动儿童群体与城市底层群体有诸多相似之处,政府可以整合利用城市现有社会救济体制机制,加强对流动儿童群体

---

① Nilda F-G. School kids: Identity development in Latino students[M]. New York: Teachers College Press, 2002: 10.
② Erol M, Köstekçi Ş, Erol A. Perception of Turkish Primary School Students towards Syrian Students: The Role of Educational Activities Integrated with Children's Books[J]. Shanlax International Journal of Education, 2021(4): 91-101.

的救济与支持，在建构政府支持网络时，考虑到流动儿童群体的特殊性及其特殊需求。学校要为流动儿童提供更为完善的心理支持，在流动儿童比例较高的学校，可以增加心理辅导教师的编制名额，为流动儿童提供便捷的心理支持服务与疏导。社区要充分发挥公共服务功能，连接社区与家庭，为流动儿童提供更多的社会支持。社区要积极建设家庭服务平台，为流动儿童父母提供更广泛的支持，积极招募家庭教育服务志愿者，为流动儿童提供更为优质的课外辅导服务，同时整合社区内外资源，在社会范围内征集专业的家庭教育指导机构，为流动儿童父母提供专业的儿童心理健康咨询服务，开展培养亲子互动能力的培训讲座，促使流动儿童父母更新教育观念，改善亲子关系，促进流动儿童父母以恰当的方式与其子女进行沟通交流。

其次，以积极视角看待流动儿童群体文化，加强媒体的正向宣传，防止流动儿童身份污名化。目前学界已经关注到流动儿童的积极品质，流动儿童群体不再是学业失败、自卑、自闭、孤独、行为越轨的存在，而是具有较强的抗逆力与心理韧性，有着乐观人生态度的群体。即便个别流动儿童放弃学业，也是流动儿童在客观因素阻碍下的"被动自我选择"。公立学校的流动儿童是一个极为敏感的群体，他们更容易受到外部异质环境与文化的刺激，导致受到污名化对待，因而心理脆弱。同时，受到学校主流文化的熏陶，他们也容易产生超乎常人的学业抱负，引导恰当的话，可能成为优秀的学生，甚至实现真正的阶层突破。①主流媒体要发挥正向舆论功能，引导社会大众以积极的视角看待流动儿童文化，正视流动儿童家庭为城市社会做出的贡献，引发社会大众的同理心与共情，使社会大众真正接纳流动儿童，保护流动儿童敏感的心灵免受伤害，帮助流动儿童成为更加自信、优秀的人。

第四节 增强流动儿童自我主体意识，建构具有积极心态的自我空间

一、提高自我认知水平，发现自我的主体性

自我是社会学与心理学领域的重要概念。在社会学领域，自我是受到外部

---

① 熊春文.两极化：流动儿童群体文化背后的教育制度结构[J].探索与争鸣，2021（5）：31-34.

客观世界直接影响的存在，个体是在与外部世界的互动关系中不断认识自我的。乔治·米德认为自我的产生是一个社会过程，意味着个体与群体的相互作用，群体是比个体更加具有合作性、精细化与结构性的组织，个体会在所属群体与社会情境中组织自我，自我的形成意味着人从生物个体转变为心灵有机体。在心理学领域，学者同样承认外部客观世界对自我的影响，但是更关注自我的建构与内部形成过程。埃里克森认为自我是人格发展的重要组成部分，自我承担着个体建构的重要功能，是个体适应社会环境的保证，只有实现自我意识的同一性，才能形成完整的人格。自我可以通过自我意识体现出来。自我知觉理论（self-perception theory）认为，自我可以分为自我认识、自我体验、自我调控，我们每个人都是自己情绪和行为的观察者，通过与外部世界的接触，为自己的内心提供行动参考。①

教育发展史见证了个体作为受教育者主体性的发现历程。中世纪封建社会对个体主体性的压制迫使自我长期处于未被发现的状态中，直到文艺复兴带来近代教育的曙光，受教育者的主体性才被重新发现，从夸美纽斯的教育应当顺应受教育者身心发展规律，遵循时序性，到卢梭的尊重儿童天性，受教育者的主体性逐渐成为教育活动的首要议题。流动儿童是受教育者，其具有主体性、能动性，学校、教师、家长都有责任让流动儿童意识到自我，意识到他们是具有主体性的。一切来自外部的支持与帮助只能起到辅助作用，流动儿童自我意识的觉醒才是关键之所在。流动儿童要形成正确的自我认知，意识到自己是自己的主人，自己是具有自我判断、自我身份管理能力的主体。现实中，流动儿童容易形成过低的自我评价，认为自己"低人一等"，因而产生强烈的自卑心理，为此流动儿童应当不断提升自我认知水平，正确认识与评价自己，肯定自己的价值，这是形成自信、积极适应新环境的基础。

二、增强外群体认同，促进群体间良性互动

长期以来，城市人群体一直对流动人口存在偏见，认为流动人口给城市安全和卫生带来负面影响，流动儿童的进入给城市教育资源分配带来压力，而一些流动儿童对城市人的认知也存在错置现象，即完全站在自己位置主观地评价

---

① 潘泽泉.社会、主体性与秩序：农民工研究的空间转向[M].北京：社会科学文献出版社，2007：115.

他人，认为城市人冷漠、不热情等。这些都是外群体认同偏低的表现，这容易导致不同群体间的互动频率较低，彼此独立封闭，甚至对立。

同伴群体是影响流动儿童身份建构的重要力量，良性互动的同伴群体有利于流动儿童适应环境，建构积极稳定的身份认同。首先，以积极的心态接纳外群体，增强流动儿童群体与城市儿童群体的可渗透性。群体可渗透性用来表示不同群体成员之间相互流动的顺畅程度。本研究发现，建构"是农村人，不是城市人"身份的流动儿童的群体可渗透性较低，这类流动儿童多不愿与城市儿童互动交往，长此以往会成为封闭孤立的个体。这将不利于这类流动儿童适应城市新的学习和生活。为此，偏向于农村人身份认同的流动儿童应当打破对城市儿童的偏见与刻板印象，以开放、包容的心态接纳对方，既要看到对方的优点，也要接纳对方的缺点，遇到矛盾要友好互动、协商解决。流动儿童要利用学校的社会化功能，以学校环境为起点，逐渐适应城市社会，淡化群体边界。其次，合理运用身份调适策略，提升社会认同。社会认同理论认为，如果与其他社会群体进行比较时，个体认为自身所属群体处于劣势，那么个体将倾向于采取各种策略以改变群际比较结果，进而提升自身社会认同。群体可渗透性高感知个体比低感知个体更倾向于使用调适比较标准的身份调适策略[①]，以内群体的比较优势作为群际比较标准。比如，农村流动儿童多以农村人勤劳、简朴、善良的优秀品质作为群际身份比较标准，而淡化物质生活的比较标准，这样不但可以保持对城市儿童群体的开放、包容积极心态，而且能够增强自信心，提升社会认同。最后，流动儿童与城市儿童应当相互尊重，提升流动儿童与城市儿童群体间的群际容忍度，促进群体间的良性互动。群际容忍度是不同群体在互动中尝试理解外群体，对外群体的容忍程度。群际容忍包括两种形式：一是允许，指不同群体以不平等互动关系为基础，一方对另一方顺从；二是尊重，指不同群体以相互平等为前提，双方相互尊重。流动儿童应当平等看待自己与城市儿童，不必顺从讨好，也不必敌视疏远，特别是那些积极向城市儿童群体靠拢的流动儿童，在采取身份进取策略的过程中，不应当刻意讨好对方从而迷失自我，应在双方地位平等的前提下，以相互尊重的态度进行互动交往。

---

① 崔丽娟，张昊.群体认同下流动儿童身份管理策略研究[J].福建师范大学学报（哲学社会科学版），2019（5）：62-68.

三、树立自信，正确对待成长逆境

在人生的每个阶段，个体都会面临与之相对应的自我认同危机，但个体形成自我认同的过程并不是阶段性的，而是贯穿其一生的，因为自我生存于特定社会文化结构之中，并不断在社会文化结构中进行调适最终达到平衡。自我并非固定不变，也不会完全被动地接受外部世界的安排，自我的形成是动态、变化、循环往复、不断修正的过程，因而流动儿童要从生命历程视角去看待自己，正确对待成长中的逆境。

正在努力或曾经努力融入城市的流动儿童往往建构"是农村人，也是城市人"或者"不是农村人，也不是城市人"的身份认同，他们或者正在努力积极融入城市新环境，或者在融入城市新环境过程中遇到挫折。对于这部分流动儿童而言，树立自信、正确对待成长逆境尤为重要。首先，流动儿童要肯定自己的价值，坚定自信。由于空间结构变化，流动儿童不得不面对新的环境，努力去适应新环境，融入新的集体，城乡社会的巨大差异导致流动儿童经常面临孤独、不合群、胆怯、文化冲击等问题。这属于流动带来的正常成长逆境，流动儿童要正视这些困难，以积极的心态去面对困难，迎接挑战，相信自己可以通过努力改变自身命运。其次，发现自身比较优势，提高自我效能感。流动儿童不能将自己视为无用的人，要摒弃自我放弃的错误价值观念，看到自身比较优势，并充分利用这些优势度过成长逆境，提升自我效能感。最后，克服外部环境干扰，培养抗逆力。抗逆力是个体成长过程中抵抗外部环境干扰，保持个体原有结构和功能的自我运行机制。在流动儿童身份建构过程中，难免会受到外部环境干扰，给自身适应新的城市环境带来挑战和困难，这时流动儿童应当坚定自信，做出正确而理性的成长选择，以积极的心态建构身份认同。

第八章　研究结论与展望

第一节　研究结论

本研究关注人口流动时代背景下的流动儿童身份建构问题，选取空间结构作为分析流动儿童身份建构的视角。为了保证研究的科学性、严谨性，本研究对流动儿童、身份建构与空间结构做出明确界定，以空间生产理论、社会认同理论、符号互动理论为研究的理论基础，通过扎根理论研究法、问卷调查法、访谈法、个案研究法等，对流动儿童身份建构问题进行深入研究。本研究的主要结论总结如下。

一、流动儿童身份建构过程理论模型

在充分了解扎根理论研究法的基础上，本研究选取目前就读于D市公立中小学的34名流动儿童作为扎根理论研究访谈对象。为了深入研究主题，获得流动儿童学校空间与家庭空间的详细真实资料，本研究在34名流动儿童访谈对象中抽取与之相对应的教师9名、家长12名。研究者对访谈内容做了详细记录，访谈期间伴随参与式观察，构成本研究流动儿童身份建构过程的原始资料。在丰富的原始资料基础上，借助NVivo 12.0软件，对原始资料进行扎根理论三级编码，生成流动儿童身份建构过程理论模型。

二、流动儿童身份建构现状与特征

总的来看，多数流动儿童依然持农村人身份认同。在身份感知维度，流动

儿童的身份边界感知、身份落差感知、歧视知觉均处于中等偏上水平；在身份冲突维度，流动儿童的认知冲突、代际冲突、心理冲突处于中等偏上水平；在身份调适维度，各题项均值处于中等偏上水平，流动儿童面临身份冲突，会选择必要的调适策略来化解自身农村人身份带来的心理冲突；在身份认同维度，流动儿童身份认同各题项均值相对较低，表明流动儿童并没有形成相对一致的身份认同。

三、流动儿童身份建构的过程及其特征

本研究通过问卷调查与个案研究的方法，剖析流动儿童身份建构的过程。通过分析问卷调查所得数据，考察流动儿童群体在身份建构各阶段所经历的变化，进而描绘流动儿童群体的整个身份建构图景。在此基础上，总结归纳流动儿童身份建构的特征。首先，不论身份感知水平是高还是低，流动儿童都存在较高程度的身份冲突。其次，面对身份冲突，流动儿童可能会同时采取多种身份调适策略。最后，流动儿童构建身份认同并非一个简单的线性过程，而是一个复杂多变、反复调整的漫长过程。

四、流动儿童身份建构是空间结构作用的结果

基于在理论上分析空间结构与身份建构的关系，综合利用"流动儿童身份建构调查问卷"以及深度访谈所得数据与资料，本研究发现流动儿童身份建构过程是在空间结构的作用下完成的，制度空间、互动空间、文化空间、自我空间都会对流动儿童身份建构产生重要影响。

第二节 研究局限与展望

一、研究局限

首先，持续性追踪研究有待跟进。本研究通过深度访谈收集了大量原始资料，但受人力、物力成本以及时间成本的限制，缺乏对研究对象的持续性追踪

调查。身份建构是一个整体的、动态的、变化的过程，在一定阶段后会发生变化，本研究对身份建构动态变化性的解释力有待提升。

其次，调查样本具有局限性。本研究选取D市17所中小学的1040名流动儿童作为调查样本，受不同地域环境、文化特征以及教育政策因素的影响，不同城市流动儿童身份建构或存在差异性。而且本研究样本特征主要包括性别、年级、居住环境、家庭背景、留城意愿等方面，样本多元性有待提升，因而本研究结论的普遍性还存在一定的局限性。

再次，建构理论模型过程具有主观性。本研究运用扎根理论研究法生成流动儿童身份建构过程理论模型，研究原始资料主要来源于D市公立中小学的34名流动儿童。虽然经过多轮访谈，但在对访谈资料的整理、分析过程中，仍然受到研究者已有知识储备与主观因素的影响，扎根理论研究法属于典型的性质研究方法，其理论生成过程难免具有一定的主观性。

最后，理论模型应用面临一定的挑战。由身份感知、身份冲突、身份调适、身份认同构成的流动儿童身份建构过程理论模型已被本研究检验具有科学性、可靠性。然而，身份建构的本质是动态的，身份建构是伴随个体不断反思、不断修正的过程，因而该理论模型在运用上仍然面临对其动态适用性的考验。

二、研究展望

首先，扩大被试样本，加强研究结论的普遍性。本研究选取D市17所中小学的1040名小学四年级至初中三年级的流动儿童作为调查样本，对流动儿童身份建构问题进行研究，面临研究结论的普遍性挑战。例如：不同发展水平城市流动儿童身份建构是否存在差异？本研究结论是否同样适用于其他城市的流动儿童？不同受教育阶段流动儿童身份建构是否存在差异？学前教育阶段及高中阶段流动儿童身份建构现状如何？为了加强研究结论的普遍性，将在后续研究中选取不同城市、不同受教育阶段流动儿童作为研究对象，扩大研究范围，深化研究过程。

其次，展开持续追踪研究，回应流动儿童身份建构的动态持续性。本次研究是初步探索阶段，后续还需做大量追踪研究，以回应流动儿童身份建构的动态持续性。例如：本研究深入访谈的34名流动儿童是否存在对其身份建构做出修正的现象？在经历时间、环境的变化后，流动儿童成长后将如何审视之前的身份建构状况？这将是后期持续跟踪研究中重点关注的问题。

最后，深入理解空间结构，为流动儿童身份建构研究开拓新视角。空间不仅是几何学、物理学、社会学研究领域的话题，更是一个值得深入思考的哲学问题。本研究试图以结构的思维去理解空间，这只能算是理解空间的一种方式，也算是本研究在理解角度上的尝试，而对空间的认识，则需要依托更加深入的理论研读。如何更好地将空间结构运用于流动儿童身份建构的实证分析，是日后需要解决的问题。

参考文献 REFERENCES

[1] 国务院第七次全国人口普查领导小组办公室.2020年第七次全国人口普查主要数据[M].北京：中国统计出版社，2021.

[2] 杨方.城市流动儿童的情感与身份认同[M].南京：南京大学出版社，2017.

[3] [法]迪迪埃·埃里蓬.回归故里[M].王献，译.上海：上海文化出版社，2020.

[4] [英]怀特海.教育的目的[M].庄莲平，王立中，译注.上海：文汇出版社，2012.

[5] [德]马克斯·韦伯.经济与社会（第一卷）[M].闫克文，译.上海：上海人民出版社，2009.

[6] [澳]约翰·特纳.自我归类论[M].杨宜音，王兵，林含章，译.北京：中国人民大学出版社，2010.

[7] 叶菊艳.教师身份建构的历史社会学考察[M].北京：北京师范大学出版社，2017.

[8] [美]查尔斯·蒂利.身份、边界与社会联系[M].谢岳，译.上海：上海人民出版社，2008.

[9] [法]亨利·列斐伏尔.空间的生产[M].刘怀玉，等译.北京：商务印书馆，2021.

[10] 刘少杰.西方空间社会学理论评析[M].北京：中国人民大学出版社，2020.

[11] [美]乔治·H.米德.心灵、自我与社会[M].赵月瑟，译.上海：上海译文出版社，2005.

[12] [英]凯西·卡麦滋.建构扎根理论：质性研究实践指南[M].边国英，译.重庆：重庆大学出版社，2009.

[13] [美]朱丽叶·M.科宾，安塞尔姆·L.施特劳斯.质性研究的基础：形成扎根理论的程序与方法[M].朱光明，译.重庆：重庆大学出版社，2015.

[14] 陈向明.质的研究方法与社会科学研究[M].北京：教育科学出版社，2000.

[15] [英]安东尼·吉登斯.现代性与自我认同：现代晚期的自我与社会[M].夏璐，译.北京：中国人民大学出版社，2016.

[16] [德]斐迪南·滕尼斯.共同体与社会——纯粹社会学的基本概念[M].张巍卓，译.北京：商务印书馆，2019.

[17] [德]马克斯·韦伯.社会学的基本概念[M].胡景北，译.上海：上海人民出版社，2020.

[18] [美]格伦·H.埃尔德.大萧条的孩子们[M].田禾，马春华，译.南京：译林出版社，2002.

[19] 张奇.SPSS for Windows：在心理学与教育学中的应用[M].北京：北京大学出版社，2009.

[20] 吴明隆.结构方程模型——AMOS的操作与应用[M].2版.重庆：重庆大学出版社，2010.

[21] 童强.空间哲学[M].北京：北京大学出版社，2011.

[22] 包亚明.文化资本与社会炼金术——布尔迪厄访谈录[M].包亚明，译.上海：上海人民出版社，1997.

[23] [法]皮埃尔·布尔迪厄.国家精英：名牌大学与群体精神[M].杨亚平，译.北京：商务印书馆，2020.

[24] [法]皮埃尔·布尔迪厄，J.-C.帕斯隆.再生产：一种教育系统理论的要点[M].邢克超，译.北京：商务印书馆，2021.

[25] [德]康德.纯粹理性批判[M].邓晓芒，译.北京：人民出版社，2004.

[26] [英]伯特兰·罗素.西方哲学史[M].刘常州，译.南昌：江西人民出版社，2017.

[27] [美]约翰·杜威.民主主义与教育[M].王承绪，译.北京：人民教育出版社，1990.

[28] [美]安妮特·拉鲁.不平等的童年[M].张旭，译.北京：北京大学出版社，2010.

[29] 熊易寒.城市化的孩子：农民工子女的身份生产与政治社会化[M].上海：上海人民出版社，2010.

[30] 任春荣.社会分层对学生成绩的预测效应——一项基于追踪设计的研究[M].北京：教育科学出版社，2015.

[31] [美]爱里克·埃里克森.身份认同与人格发展[M].王东东，胡蘋，译.北京：世界图书出版有限公司北京分公司，2021.

[32] 潘泽泉.社会、主体性与秩序：农民工研究的空间转向[M].北京：社会科学文献出版社，2007.

[33] [法]皮埃尔·布迪厄.社会学的问题[M].曹金羽，译.上海：上海文艺出版社，2022.

[34] 陈桂生.教育原理[M].2版.上海：华东师范大学出版社，2000.

[35] 刘怀玉.历史唯物主义的空间化问题[M].南京：江苏人民出版社，2022.

[36] 裴娣娜.教育研究方法导论[M].合肥：安徽教育出版社，1995.

[37] [法]玛丽·杜里-柏拉，阿里斯·冯·让丹.学校社会学[M].2版.汪凌，译.上海：华东师范大学出版社，2001.

[38] [法]爱弥儿·涂尔干.道德教育[M].陈光金，沈杰，朱谐汉，译.上海：上海人民出版社，2006.

[39] 李春玲.我国社会结构现代化转型进程[J].湖南社会科学，2021（1）：104-110.

[40] 李春玲.中国社会分层与流动研究70年[J].社会学研究，2019（6）：27-40，243.

[41] 营立成.作为社会学视角的空间：空间解释的面向与限度[J].社会学评论，2017（6）：11-22.

[42] 许伟，罗玮.空间社会学：理解与超越[J].学术探索，2014（2）：15-21.

[43] 褚宏启，贾继娥.新型城镇化与教育管理改革[J].教育发展研究，2015（23）：1-6.

[44] 马晓娜，何雪松，李伟涛.教育现代化视域下流动儿童"管"的变革[J].中国教育学刊，2021（3）：57-61.

[45] 姚薇薇.北京城市打工子弟学校的现状和问题[J].北京社会科学，2010（3）：78-81.

[46] 高雪莲.区隔的童年：城市儿童与乡村流动儿童的课余世界[J].北京社会科学，2017（9）：24-33.

[47] 丁百仁.教育再生产的双重逻辑——以流动儿童与城市儿童假期活动安排为例[J].教育与经济，2019（1）：87-96.

[48] 彭拥军，刘冬旭.寻找平衡点：优化流动儿童教育处境的可能策略[J].教育研究与实验，2020（3）：59-63.

[49] 杨明.家校环境对流动儿童积极心理资本的影响[J].中国健康教育，2019（6）：517-520.

[50] 汪传艳，林芸.流动儿童发展的再审视——基于中小学教师刻板印象的研究[J].当代教育论坛，2019（4）：50-59.

[51] 曾守锤.流动儿童的社会适应状况及其风险因素的研究[J].心理科学，2010（2）：456-458.

[52] 高一然，边玉芳.流动儿童家校合作特点及其对儿童发展的影响[J].中国特殊教育，2014（6）：54-60.

[53] 杨菊华，王毅杰，王刘飞等.流动人口社会融合："双重户籍墙"情景下何以可为?[J].人口与发展，2014（3）：2-17.

[54] 杨建科，李慧.从"失语者"到"屏民老铁"——边缘青年群体基于快手平台的文化公民身份构建[J].中国青年研究，2021（2）：22-29.

[55] 于春洋，于亚旭.从双分联动到多态重叠：个体身份研究范式转向[J].新疆大学学报（哲学·人文社会科学版），2022（1）：64-71.

[56] 黄亚婷.全球化与大学教师学术身份重构：情境变革与分析框架[J].外国教育研究，2015（3）：86-97.

[57] 李沁柯，夏柱智.破碎的自我："小镇做题家"的身份建构困境[J].中国青年研究，2021（7）：81-88.

[58] 章淼榕，杨君.从群体心理到认同建构——多学科视角下的身份认同研究述评[J].广东社会科学，2022（2）：202-214.

[59] 张光珍，姜宁，梁宗保，等.流动儿童的歧视知觉与学校适应：一项追踪研究[J].心理发展与教育，2016（5）：587-594.

[60] 迟新丽，洪欣，谢爱磊.身份识别与情感归属——影响深港跨境学童身份认同的因素分析[J].青年研究，2019（1）：76-83.

[61] 袁晓娇，方晓义.亲子身份认同代沟与流动儿童孤独感：亲子关系的中介作用[J].中国特殊教育，2017（8）：85-91.

[62] 许程姝，邬志辉.农村文化资本与文化生产——基于农村儿童"差别优势"的理论构型[J].教育学报，2021（3）：144-153.

[63] 安黎，冯健."空间错配"视角下城中村流动人口职住关系研究——以北京市挂甲屯村、皮村为例[J].城市发展研究，2020（12）：123-131.

[64] 胡逸群，刘冰洁，赵彦云.中国流动人口心理融入的空间分布特征研究[J].统计与决策，2022（1）：59-63.

[65] 朱镕君.走出乡土、文化脱域与城乡融合——农村教育精英的社会流动张力研究[J].教育研究与实验，2021（6）：11-19.

[66] 刘剑玲，卢鉴策.县域义务教育布局优化：空间生产理论的视角[J].当代教育科学，2023（1）：56-64.

[67] 陶慧，孙业红.身体与空间的互构：具身教学的创新路径研究[J].黑龙江高教研究，2022（1）：156-160.

[68] 李宏亮.空间重构：学校教育变革的新动能[J].教育理论与实践，2022（28）：14-19.

[69] 陈映芳，伊沙白.城市空间结构与社会融合[J].读书，2019（2）：20-31.

[70] 陈映芳."违规"的空间[J].社会学研究，2013（3）：162-181.

[71] 张智林."排座位"中的空间等级与父母焦虑——基于N市M中学的人类学考察[J].湖北社会科学，2021（10）：54-62.

[72] 朱镕君.城乡之间：底层文化资本生成的空间机制[J].中国青年研究，2021（4）：98-105.

[73] 王权坤，胡雪瑶，艾少伟.身份、流动与权力：街头摊贩的空间实践[J].人文地理，2020（6）：35-43.

[74] 鲜文.武汉市"四苗"接种不合格因素分析[J].中国公共卫生，1989（9）：15-16.

[75] 韩嘉玲，张亚楠，刘月.流动儿童与留守儿童定义的变迁及新特征[J].民族教育研究，2020（6）：81-88.

[76] 张淑华，李海莹，刘芳.身份认同研究综述[J].心理研究，2012（1）：21-27.

[77] 候斌英.去往真实的和想象的空间的旅程——析爱德华·苏贾的"第三空间"理论[J].新疆大学学报（哲学人文社会科学版），2010（38）：109-113.

[78] 宋胜晖.乡村教师专业身份自我建构的三维空间审视[J].中国成人教育，2020（9）：93-96.

[79] 刘思达.社会空间:从齐美尔到戈夫曼[J].社会学研究,2023(4):142-159,229.

[80] 关颖.构建学习型城市对城市发展的战略意义[J].天津社会科学,2003(3):65-69.

[81] 刘怀玉,鲁宝.简论"空间的生产"之内在辩证关系及其三重意义[J].国际城市规划,2021(3):14-22.

[82] 严孟帅.符号互动理论对教育戏剧育人的作用[J].北京社会科学,2022(8):83-93.

[83] 吴康宁.个案究竟是什么——兼谈个案研究不能承受之重[J].教育研究,2020(11):4-10.

[84] 陈向明.扎根理论在中国教育研究中的运用探索[J].北京大学教育评论,2015(1):2-15.

[85] 谢爱磊,陈嘉怡.质性研究的样本量判断——饱和的概念、操作与争议[J].华东师范大学学报(教育科学版),2021(12):15-27.

[86] 曹茂甲,姜华.高校青年教师专业发展动力体系探析[J].教育科学,2021(3):89-96.

[87] 程猛.农村出身:一种复杂的情感结构[J].青年研究,2018(6):64-73+93.

[88] 韩毅初,温恒福,程淑华,等.流动儿童歧视知觉与心理健康关系的元分析[J].心理学报,2020(11):1313-1326.

[89] 张岩,谭顶良.歧视知觉与流动儿童学校适应的关系:希望的调节作用——以江苏省为例[J].中国特殊教育,2019(5):59-64.

[90] 李春玲.改革开放的孩子们:中国新生代与中国发展新时代[J].社会学研究,2019(3):1-24.

[91] 韩嘉玲.离城不回乡与回流不返乡——新型城镇化背景下新生代农民工家庭的子女教育抉择[J].北京社会科学,2020(6):4-13.

[92] 向玲,赵玉芳.使用加工分离程序对低地位群体内/外群体偏爱的研究[J].心理科学,2013(3):702-705.

[93] 陈世平,崔鑫.从社会认同理论视角看内外群体偏爱的发展[J].心理与行为研究,2015(3):422-427.

[94] 肖维,蔡莉.师范生身份认同的表征、困境及其纾解[J].黑龙江高教研究,2022(4):106-112.

[95] 风笑天.个案的力量：论个案研究的方法论意义及其应用[J].社会科学，2022（5）：140-149.

[96] 徐选国.借道专业：转型社区的迂回式治理策略[J].中国社会工作，2021（13）：9.

[97] 王晓升.世界、身体和主体——关于主体性的再思考[J].中国社会科学，2021（12）：176-198，203.

[98] 文兴吾."康德的空间问题"与解答——空间"先天感性形式"源于身体的宽窄直观[J].深圳社会科学，2022（2）：126-134.

[99] 李强，王昊.中国社会分层结构的四个世界[J].社会科学战线，2014（9）：174-187.

[100] 陈映芳."农民工"：制度安排与身份认同[J].社会学研究，2005（3）：119-132.

[101] 张翕，陆铭.新人口形势下的公共教育供给[J].华东师范大学学报，2022（10）：65-76.

[102] 武小军.语言适应与社会顺应——语言视域下对流动人口"市民化"进程的思考[J].陕西师范大学学报（哲学社会科学版），2020（5）：91-99.

[103] 冯帮.流动儿童城市文化适应调查报告[J].上海教育科研，2011（4）：42-45.

[104] 张丹.教育公平视角下流动儿童受教育质量的性别差异研究——以上海市小学为例[J].华东师范大学学报（教育科学版），2016（1）：62-68，117.

[105] 刘嘉杰，刘涛，曹广忠.中国人口户籍迁移与非户籍迁移的比较[J].地理学报，2022（10）：2426-2438.

[106] 董洁.从"农民工"到工人——城市化进程中流动人口的语言身份认同[J].语言战略研究，2021（3）：25-34.

[107] 褚宏启.新时代需要什么样的教育公平：研究问题域与政策工具箱[J].教育研究，2020（2）：4-16.

[108] 张帆.家庭背景、班级情境与青少年的跨群体交往[J]社会，2022（1）：180-211.

[109] 向蓉，雷万鹏.家庭教养方式如何影响儿童问题行为[J].教育与经济，2021（5）：49-57.

[110] 陈留定，于海波.美国流动儿童教育"综合需求评估"项目述评[J].中国特殊教育，2021（3）：53-59.

[111] 周驰亮,杨茂庆.回流儿童社会适应的影响因素与支持策略——基于生态系统理论视角[J].河北师范大学学报（教育科学版）,2022（4）:99-107.

[112] 明庆华,胡勇.流动儿童与教师冲突的归因与消解[J].中国教育学刊,2016（6）:38-41.

[113] 石人炳.美国关于流动儿童教育问题的研究与实践[J].比较教育研,2005（10）:29-33.

[114] 张东娇.学校文化建设成就美好教育生活[J].中国教育学刊,2019（4）:48-52.

[115] 童星,缪建东.父母参与对流动儿童学校适应的影响——教师关怀的中介作用[J].教育学术月刊,2020（1）:12-17.

[116] 汪传艳,雷万鹏.美国流动儿童家庭教育指导服务的内容及其特征分析[J].外国教育研究,2020（8）:28-41.

[117] 熊春文.两极化:流动儿童群体文化背后的教育制度结构[J].探索与争鸣,2021（5）:31-34.

[118] 崔丽娟,张昊.群体认同下流动儿童身份管理策略研究[J].福建师范大学学报（哲学社会科学版）,2019（5）:62-68.

[119] 王峰.16城流动儿童入学难度测评:杭州、西安最友好,北京、上海难度大[R].21世纪经济报道,2020-12-02（6）.

[120] 王卫国,万东华,Rana Flowers.中国儿童发展指标图集[R].北京:国务院妇女儿童工作委员会办公室,国家统计局,联合国儿童基金会,2018.

[121] 邱德峰.学生作为学习者的身份建构研究[D].重庆:西南大学,2018.

[122] 郝振.流动儿童的社会融入及其策略选择研究[D].上海:华东师范大学,2015.

[123] 中华人民共和国教育部.2020年全国教育事业发展统计公报[EB/OL].（2021-08-27）[2022-07-01].http://www.moe.gov.cn/jyb_sjzl/sjzl_fztjgb/.

[124] Aufenvenne P, Kuckuck M, Leimbrink N, et al.Integration through Peers:A Study on the Integration of Migrant Children in Pupil Networks in four German Secondary Schools[J].American Journal of Educational Research and Reviews,2018（3）:1-13.

[125] Bottia M C.Immigrant Integration and Immigrant Segregation:The Relationship between School and Housing Segregation and Immigrants' Futures in the U.S[M].Poverty & Race Research Action Council,2019.

[126] McGillicuddy D, Machowska-Kosciak M. Children's Right to Belong?—The Psychosocial Impact of Pedagogy and Peer Interaction on Minority Ethnic Childre's Negotiation of Academic and Social Identities in School[J].Education Science, 2021 (11): 1-19.

[127] López R M. The (Mis) Treatment and (Non) Education of Unaccompanied Immigrant Children in the United States[R].National Education Policy Center, 2021.

[128] Turcotte M. Education and Labour Market Outcomes of Children with an Immigrant Background by Their Region of Origin[R].Statistics Canada, 2019-11-15.

[129] Saavedra A C.Migrant Children in a Chilean School: Habitus, Discourses and Otherness[J].Journal of Sociology, 2022 (3): 342-358.

[130] Muhammad M N M, Wizra Saeed S, Mohsin M S. Status of Muslim Immigrants' Children with Learning Difficulties in Vienna[J]. US-China Education Review B, 2013 (5): 319-325.

[131] Acar-Ciftci Y. Multicultural Education and Approaches to Teacher Training[J]. Journal of Education and Learning, 2019 (4): 136-152.

[132] Rangel M A, Shi Y. Early Patterns of Skill Acquisition and Immigrants' Specialization in STEM Careers[J]. Proceedings of the National Academy of Sciences, 2019 (2): 484-489.

[133] Homma T. Education-Welfare for Immigrant Children: How Schools Are Involved in the Daily Lives of Immigrants[J]. Educational Studies in Japan: International Yearbook, 2021 (15): 95-107.

[134] Aponte G Y. Centering the Marginalized Identities of Immigrant Students of Color in the Literacy Classroom[J].Texas Education Review, 2018 (2): 90-97.

[135] Flores-Gonzalez N. School Kids/Street Kids Identity Development in Latino Students[M]. New York: Teachers College Press, 2002.

[136] Somé-Guiébré E. Immigrant Children's Construction of Their Identity: The Case of African Children[J]. African Educational Research Journal, 2020 (1): 41-45.

[137] Mummendey A, Klink A, Mielke A. Socio-Structural Characteristics of Intergroup Relations and Identity Management Strategies: Results from a Field Study in East Germany[J].European Journal of Social Psychology, 1999 (29): 259-285.

[138] Alexander K L, Entwisle D R, Olson L S. Schools, Achievement, and

Inequality: A Seasonal Perspective[J]. Educational Evaluation and Policy Analysis, 2001（2）: 171-191.

[139] Alexander K L, Entwisle D R, Olson L S. Lasting Consequences of the Summer Learning Gap[J].American Sociological Review, 2007（4）: 167-180.

[140] Vera E M, Heineke A, Carr A L, et al. Latino Parents of English Learners in Catholic Schools: Home vs. School Based Educational Involvement[J]. Journal of Catholic Education, 2017（2）: 1-29.

[141] Erol M, Köstekçi Ş, Erol A. Perception of Turkish Primary School Students towards Syrian Students: The Role of Educational Activities Integrated with Children's Books[J]. Shanlax International Journal of Education, 2021（4）: 91-101.

附录A　流动儿童身份建构访谈提纲

流动儿童部分

1. 你家乡是哪里？可以介绍一下你的家乡吗？
2. 请说说你刚来到城市时的情景，有什么让你印象深刻的事？你的感受如何？
3. 与在老家时相比，你来到城市后，生活有什么变化吗？表现在哪些方面呢？对此你有什么感受呢？
4. 在你的伙伴中，城市人多还是农村人多？你更喜欢城市伙伴还是农村伙伴？能说说你与他们之间的故事吗？
5. 你觉得老师对你怎么样？能具体说说吗？
6. 爸爸妈妈常与你交谈吗？他们最关心你什么方面？能具体说说吗？
7. 你觉得农村人好还是城市人好？为什么这么说呢？
8. 来到城市后，你回过老家吗？回老家有什么感受？
9. 现在的你与刚来到城市时候的你有什么变化吗？你觉得为什么会发生这些变化呢？
10. 你觉得现在自己是农村人，还是城市人？为什么这么说呢？
11. 你想成为城里人吗？你觉得怎么样才能称得上是城里人？

家长部分

1. 您经常过问孩子学习上的事儿吗？
2. 您对孩子的学校、老师满意吗？
3. 您认为教育孩子最好的方法是什么？

4.您希望孩子读到什么学历？您相信"学习改变命运"吗？您认为您的孩子能够靠学习改变命运吗？

5.说说您在城市生活的一些感受和经历。

6.孩子会一直在城市完成学业直到上大学，还是会回老家呢？是什么让您做出这个决定的？

教师部分

1.流动儿童给您留下的整体印象是什么？

2.您觉得流动儿童和城市学生有哪些不同？

3.您觉得流动儿童家庭教育方面存在哪些比较严重的问题？

4.您班里的流动儿童平时表现如何？

附录 B　流动儿童身份建构调查问卷

亲爱的同学：

你好！感谢你抽出宝贵的时间填写此问卷。这份问卷是对你学习生活状况的调查，并非测试题，答案没有对错之分，请根据你对问题的理解，选择最符合你真实情况的答案。你提供的所有信息会绝对保密，请放心作答。衷心感谢你的配合！

第一部分：基本信息

A 部分：以下是对你的一些基本情况的调查，请你选择符合你真实情况的选项。

A1. 你的性别是（　　）

A. 男　　　　　　　　　　　B. 女

A2. 你的年级是（　　）

A. 四年级　　　　　　　　　B. 五年级

C. 六年级　　　　　　　　　D. 初一

E. 初二　　　　　　　　　　F. 初三

A3. 你是否为独生子女？（　　）

A. 是　　　　　　　　　　　B. 不是

A4. 你家的房子是？（　　）

A. 租的　　　　　　　　　　B. 买的

C. 借住在亲戚家　　　　　　D. 父母单位提供的房子

E. 其他

A5.你来到这座城市多长时间了?(　　)

A.1年以下　　　　　　　　　B.1～3年

C.4～6年　　　　　　　　　　D.7～9年

E.10年及以上

A6.父亲的学历是?(　　)

A.小学及以下　　　　　　　　B.初中

C.高中（含中专、职业学校）　D.大学专科

E.大学本科及以上

A7.母亲的学历是?(　　)

A.小学及以下　　　　　　　　B.初中

C.高中（含中专、职业高中）　D.大学专科

E.大学本科及以上

A8.父亲的职业是?(　　)

A.管理人员　　　　　　　　　B.工人

C.职员（商业、服务业）　　　D.个体户

E.农民　　　　　　　　　　　F.无业

G.其他

A9.母亲的职业是?(　　)

A.管理人员　　　　　　　　　B.工人

C.职员（商业、服务业）　　　D.个体户

E.农民　　　　　　　　　　　F.无业

G.其他

A10.你居住的地方城市人多还是外来务工人员多?(　　)

A.城市人多　　　　　　　　　B.外来务工人员多

C.城市人和外来务工人员数量差不多　D.不清楚

A11.你今后打算(　　)

A.一直生活在本市　　　　　　B.还会和父母搬到其他城市

C.回老家读初中或高中　　　　D.没想过，听父母安排

B部分：在下列题项中选出与你实际情况最相符的一项，填在（　　）里。

B1.你觉得自己目前(　　)

A.是农村人，不是城市人　　　B.是农村人，也是城市人

C.不是农村人，是城市人　　　D.不是农村人，也不是城市人

E.说不清

B2. 与你相比,你觉得城市同学更(　　)

A. 聪明　　　　　　　　　　　　B. 懂事

C. 成绩好　　　　　　　　　　　D. 有钱

B3. 与城市同学相比,你觉得自己更(　　)

A. 聪明　　　　　　　　　　　　B. 懂事

C. 成绩好　　　　　　　　　　　D. 有钱

B4. 小刚出生在农村,出生不久爸爸妈妈就到城市里打工,住房是租的。小刚一直在农村老家由爷爷奶奶照看,直到入学年龄才被接到城市里上学。小刚的妹妹小玲是在城市出生的,一直生活在城市。对于小刚和小玲是哪里人,你认为(　　)

A. 在哪里出生就是哪里人,小刚是农村人,小玲是城市人

B. 户口在哪里就是哪里人,小刚和小玲都是农村人

C. 在哪里买房子就是哪里人,小刚和小玲都是农村人

D. 住在哪里就是哪里人,小刚和小玲都是城市人

E. 说不清

B5. 当你遇到下面的场景:城管正在处罚一个外地摆摊的果农,罚款并没收水果。对此你认为(　　)

A. 城管应该这么做,因为摆地摊违反国家规定,破坏城市环境

B. 双方都有道理,城管是依法办事,果农是为了生活

C. 城管不应该这么做,这是欺负外地农民

D. 城管不应该这么做,因为果农没偷没抢,靠自己的双手吃饭

E. 说不清

B6. 当你遇到下面的场景:大街上一个城市人和一个农民工在吵架,你认为(　　)

A. 是城市人的错,城市人欺负外地人

B. 是农民工的错,一定是农民工有错在先,城市人才和他(她)吵架的

C. 先弄清楚他(她)们是为什么吵架,再判断谁对谁错

D. 说不清

B7. 当你遇到下面的场景:小华是班里的城市学生,小丽是农村学生。课间二人有如下对话。小华说:"不应该在田里烧秸秆,烧秸秆污染空气。"小丽说:"应该烧秸秆,农村人都烧秸秆,城市的工业废气、汽车尾气更污染空气。"对此你认为(　　)

A.小华说的对,因为焚烧秸秆造成空气污染,是违反规定的不文明行为

B.小丽说的对,因为焚烧秸秆简单方便,而且还能为来年的庄稼提供养料

C.小丽说的对,相比农村人,城市人造成的空气污染更严重

D.说不清

B8.只要不违反纪律,老师一般不会注意到我( )

A.完全符合　　　　　　　　　B.比较符合
C.不太符合　　　　　　　　　D.完全不符合

B9.在同学们中间,我是个可有可无的人( )

A.完全符合　　　　　　　　　B.比较符合
C.不太符合　　　　　　　　　D.完全不符合

B10.父母总是忙别的事情,不怎么关注我( )

A.完全符合　　　　　　　　　B.比较符合
C.不太符合　　　　　　　　　D.完全不符合

B11.这个城市的异地升学考试对我们外地学生来说不公平( )

A.完全符合　　　　　　　　　B.比较符合
C.不太符合　　　　　　　　　D.完全不符合

B12.我感觉城市公立学校不欢迎我们这些外地来的学生( )

A.完全符合　　　　　　　　　B.比较符合
C.不太符合　　　　　　　　　D.完全不符合

B13.在家我喜欢用普通话而不是家乡方言与父母交谈( )

A.完全符合　　　　　　　　　B.比较符合
C.不太符合　　　　　　　　　D.完全不符合

B14.在学校我喜欢用普通话与同学交谈,而不是家乡方言( )

A.完全符合　　　　　　　　　B.比较符合
C.不太符合　　　　　　　　　D.完全不符合

B15.我需要改变自己在农村时的一些习惯才能适应城市学校的生活( )

A.完全符合　　　　　　　　　B.比较符合
C.不太符合　　　　　　　　　D.完全不符合

第二部分：量表题

序号	题项	完全不符	不太符合	基本符合	比较符合	完全符合
G1	我认为城市人和农村人的差别很大	1	2	3	4	5
G2	在周围都是城市人的环境里让我感到不舒适	1	2	3	4	5
G3	来到城市后，我总有种低人一等的感觉	1	2	3	4	5
G4	来到城市后，我感觉自己属于城市里的穷人	1	2	3	4	5
G5	我觉得城市的朋友不如老家的朋友那样看重我	1	2	3	4	5
G6	我感到有城市里的同学看不起我	1	2	3	4	5
G7	我所在学校的老师们对我都很公平	1	2	3	4	5
C1	在老家亲朋好友面前我是个城市人	1	2	3	4	5
C2	在和城市同学一起玩的时候，我会感到自己是个农村人	1	2	3	4	5
C3	如果可以重新选择，我希望自己是个城市人	1	2	3	4	5
C4	我为自己有农村人身上的好品质而感到骄傲	1	2	3	4	5
C5	我担心其他同学知道我是农村人后会不喜欢我	1	2	3	4	5
C6	每当谈起老家的时候，我和父母很难形成共鸣	1	2	3	4	5
C7	父母是农村人对我成为城市人是不利的	1	2	3	4	5
T1	如果来到一个完全陌生的环境，我会介绍自己是从城市来的	1	2	3	4	5
T2	我喜欢模仿城市同学的行为	1	2	3	4	5
T3	我喜欢把自己城市人的一面展示给别人看	1	2	3	4	5
T4	当听见有人说农村人坏话时，我会反驳他（她）	1	2	3	4	5
T5	我向同学隐瞒我是从农村来的	1	2	3	4	5

续表

序号	题项	完全不符	不太符合	基本符合	比较符合	完全符合
T6	我更喜欢用"外地人"而不是"农村人"来形容自己	1	2	3	4	5
T7	我认为农村人比城市人更加勤劳朴实	1	2	3	4	5
T8	我认为农民工为城市基础设施建设做出了重要贡献	1	2	3	4	5
R1	我觉得我和城市人是一样的,没有区别	1	2	3	4	5
R2	当听见有人说农村人好或坏时,我觉得就像在说我自己一样	1	2	3	4	5
R3	在城市生活久了有感情,城市就是我家	1	2	3	4	5
R4	这个城市对我来说没有家的感觉,农村老家才是我的家	1	2	3	4	5
R5	我会努力学习城市的生活习惯,以便今后能更好地融入城市生活	1	2	3	4	5
R6	今后回老家生活和学习对我来说是更好的选择	1	2	3	4	5